平成時代史

Daikichi Irokawa
色川大吉

アーツアンドクラフツ

目次

◉編年史　5

◉ドキュメント　75

装丁◉林二朗

編年史

はじめに

明治史や昭和史は多くの著者によって書かれている。とくに昭和史は日本人には好かれるテーマであった。いまから思えば、それらの時代は（一八六九―一九八九年の一二〇年間）日本という国の右肩上がりの時代だった。その急速な成長ぶりは世界の人びとから羨望され、「歴史の奇蹟」だと言われたほどだった。その勢いが止まって内部充実と自足の時代に入ったのだが、反面、成長いちじるしい中国やインドなどにくらべて停滞と自信喪失の閉塞状態を意識されるようになった。それが「平成」の時代であろう。世界の構造が変わり、日本をとりまく環境が劇的に変わったのだから当然だと言えよう。失望することはない、日本はあらたな技術開発と国際貢献を模索する成熟の段階に入ったのである。

＊　　＊

「平成」とは人類がグローバルな世界に生きるようになった時代である。平成三一年とは、大正期より一六年も長く、戦前昭和の二〇年より長い。世界史の画期となった米ソ冷戦時代終焉の一九八九年から、未曾有の大地震、大津波による東日本大震災（原発の大爆発）が世界を驚愕、震撼させた二〇一一年までを含む。世界の重大事件が直ちに日本に響き、日本の重大事件が世界にすぐ跳ね返るという時代である。

思い返してもみよう。一九八九年の東西冷戦構造の終焉によって世界の覇権国家になったアメリカが、一九九一年に起こした湾岸戦争など、日本にどんな影響を及ぼしたか。湾岸戦争はイラク戦争に発展し、二〇〇三年春からは米英両軍がイラクに侵攻、全土を占領し、翌年イラク新政権に主権を移譲したが、戦火はおさまらず、米軍戦闘部隊の主力が撤退するのは二〇〇九年六月に入ってからであった。その間、日本は直接、間接に米国に振りまわされたのである。

また、二〇〇一年九月一一日のアメリカの最大都市ニューヨークへの同時多発テロ事件が、日本にも深刻な影響をあたえなかったろうか。アメリカが〝くしゃみ〟をしたら、日本は〝風邪をひく〟と揶揄されたほどだ。この直後からの小泉内閣の右往左往ぶりを見れば歴然である。

経済でもそうだ。二〇〇八年九月のリーマン・ブラザーズ投資銀行の経営破綻に端を発したニューヨーク株式市場の大暴落（リーマン・ショック）は、世界同時不況をもたらした。日本経済はその痛手をまともに受け、なかなか恢復できなかった。日米関係ばかりではない。急成長した中国やインド、ブラジル、発展しつつある東南アジアやアフリカ諸国の国内問題が、すぐ日本にも影響するようになった。文字通りグローバルな時代にわたしたちは生きているのである。

こうしたことを念頭において、世界史の中の「平成」という時代を、すこし自分に引きつけて振り返ってみたのが、この小論である。

一、冷戦の終焉とバブル崩壊

一九八九年、昭和天皇が一月七日に死去し、長かった昭和時代（一九二六―八九）も終わった。平成という時代がはじまったのだが、その年は奇しくも戦後四四年も続いた米ソの冷戦時代に幕が下りて、世界史に一区切りつくという画期的な年でもあった。

この一九八九年の二月ごろから、ソ連、東欧では体制変革への動きがはげしさを増した。ハンガリーで共産党一党支配が終わり、複数政党制が復活する。三月にはソ連でも複数候補制による初の代議員選挙が実施され、六月にはポーランドの総選挙で反体制派の労組「連帯」が圧勝した。八月には東ドイツ市民が大挙オーストリアを経て西ドイツに脱出し、東欧民主化運動の発端をひらいた。

「ベルリンの壁」が崩されるのは、そのわずか三ヵ月後である。こうした情勢をうけて一二月三日、ブッシュ、ゴルバチョフら米ソの首脳がマルタ島*で会談し、平和共存と民主化の新時代の到来を宣言したのである。

ただ、中国では違う動乱に発展した。中国民主化の〝星〟と学生たちから慕われた胡耀邦前総書記が一九八九年四月一五日急死すると、学生たちは追悼大会を開いた。鄧小平ら党の実力者たち（鄧小平は中央軍事委員会主席）が民主化の行き過ぎを批判したため、学生たちが反発、北京の天安門広場にデモをし、胡耀邦*の名誉回復を要求して天安門広場に大結集した。中国の学生や市民たちも東欧の人びとのように民主と自由を熱烈に願望してい

マルタ島　地中海中央部の島で、マルタ共和国最大の島。温暖な気候で観光地として知られる。

胡耀邦　一九一五―八九年。中国の政治家。共産主義青年団出身で、要職に就くも、文化大革命で失脚。七二年に復権するが、第一次天安門事件で再度失脚。七七年に再復活。最終的には党主席、総書記を務めた。

趙紫陽　一九一九―二〇〇五年。中国の政治家。三八年に中国共産党に入党。若くして広東省の要職に就くが、文革で失脚。七一年に復権し、四川省で農業改革に腕を振るった。八七年に党総書記に就任、民主化を望む学生の要求に耳を傾け、八九年の天安門事件では直接説得に赴くが、この行為が失脚の原因となった。

李鵬　一九二八―二〇一九年。共産党の指導的立場にあった

たのである。それに、新総書記となった趙紫陽*が学生に同情的な態度を示したため、学生に多くの市民も加わり一〇〇万人集会になった。

五月一九日、李鵬*首相と趙紫陽総書記が天安門広場に行き、ハンスト中の学生たちに自重を呼びかけたが手遅れだった。北京訪問中のゴルバチョフが帰国するのを待って、同日、中央政治局会議で対策を協議、李首相と趙総書記が対立、保守派の李首相が多数の支持を得て、二〇日早朝、テレビで戒厳措置を発表、一〇時、戒厳令を布告、人民解放軍に出動を命じた。その後、にらみ合いがつづいたが、六月四日、李首相らは武力鎮圧を指令、戦車をくりだして学生、市民らの集団に突入、流血の大惨事を招いた。人民解放軍が自由を要求した人民大衆を虐殺する（犠牲者一〇〇〇名余りとか）、六月四日の天安門事件は中国史上、忘れることのできない汚点となった。国家主席楊尚昆、首相李鵬、中央軍事委員会主席鄧小平らは党総書記趙紫陽を解任した。

こうした一部反動、逆行があったにもかかわらず東欧でもっとも遅れていたルーマニアでも民主革命が起こり、内戦の末、独裁政権も崩壊し、チャウシェスク大統領は捕らえられて銃殺された。その衝撃的な事件は、この年一二月二五日の実写による映像で生々しく報道された。わたしたちは手に汗握って見守っていたものである。

こうした世界の激動のなかにあって、日本国民はどうしていたろうか。異状ともいえる経済バブルに踊っていたし、政権は旧態依然たる自民党派閥のたらいまわしで、「NOといえる日本」*などと言うものも一部いながら、新時代に対応することが出来なかった。

わたし自身の、この時代と関連したことも記録しておきたい。一九八〇年以来引き継い

父親が早世したため、周恩来の養子として育った。四五年に共産党入党、その後モスクワに留学。そこで学んだ水力発電技術で電力開発に貢献した。八八～九八年に国務院総理。二〇〇三年に政界を引退。

「NOといえる日本」　書名『「NO」と言える日本』から。当時のソニー会長盛田昭夫と石原慎太郎の共同執筆で、アメリカ流のビジネス・スタイルに異論を唱えベストセラーとなった。光文社刊。

できた「日本はこれでいいのか市民連合（日市連）」の代表として、この年は街頭に出ることが多かった。とくに昭和天皇の臨終にあたっては、「天皇は死んでも、戦争の責任は消えない」という横断幕をもって街頭デモを繰り返した。

　また、新天皇への代替わりのとき、古い皇室典範による「皇位継承に異議あり」とし、「剣璽等承継の儀」（一月七日午前一〇時、皇居松の間で実施された三種の神器の継承）などの前に、「新天皇の即位は主権のある国民の同意を受けるべきで、それを代行する国会の承認が先決だ」という提言を新聞に発表。宮内庁や内閣の態度をきびしく批判した。こうした一連の行動によって私は右翼から狙われる身となった。

　この年は昭和へのさよならの年でもあった。昭和の歌姫、美空ひばりが六月、五二歳で病死したし、漫画とアニメの恩人、手塚治虫が惜しまれつつ死去（二月）している。また一九八九年はフランス革命二〇〇年記念の年でもあったので、その国際シンポジウムの東京、京都会議にも参加した。

　その夏、〝シルクロード友の会〟の友人たちとわたしはカラコルムからパミール越え、天山、中央アジアを縦断して、ロシア領に入り、アムール川を日本海までくだるという大旅行をした。暮の一二月からは、一〇年の長きにわたり一〇〇万人の犠牲者をだしたという停戦後のイラン、イラク国境を、バスで北から南に下り、林立する戦死者の墓碑銘に戦争のむなしさを痛感した。

　この年、わが友、作家の色川武大*が四月に急死した。また水俣病調査団の一員であった市井三郎*や秩父事件研究の先達井上幸治*とも九月に死別した。

色川武大　一九二九―八九年。作家。一九七八年に『離婚』で直木賞を受賞。代表作は『怪しい来客簿』『狂人日記』など。雀士としても知られ、阿佐田哲也（朝だ、徹夜）の筆名で『麻雀放浪記』などの麻雀小説を執筆した。

市井三郎　一九二二―八九年。哲学者。成蹊大学教授。独特の歴史観である「キーパーソン理論」を展開した。『歴史の進歩とは何か』（岩波新書）、『伝統的革新思想論』（布川清司との共著、平凡社）などがある。

井上幸治　一九一〇―八九年。歴史学者。西洋史を専門分野とするが、同時に明治一七年（一八八四）に起こった「秩父事件」をテーマに多くの研究を発表した。『秩父事件―自由民権期の農民蜂起』（中公新書）が著名。

一九九〇年、平成二年、この年の前半はバブル経済最後の繁栄期といわれる。日本人の海外渡航者が一〇〇〇万人を超えたというのも、その金余りを反映している。大阪圏の地価が前年比五六%も上昇したという異常ぶりであった。三月、大蔵省が「不動産融資の総量規制」を各金融機関に通達したが、遅きに失した。そうした状況なのに日米構造協議の最終報告で「一〇年間での公共投資四三〇兆円という目標を自民党の海部内閣は米に約束」させられている。そうしたツケがいまの膨大な国債に積み上げられた。自民党政権の責任である。当時のアメリカはニューヨークダウ二〇〇〇ドル台という長期低迷状態にあった。

経済企画庁*は景気拡大が四三ヵ月続き、岩戸景気を抜いて戦後二番目の長さになったと、はしゃいでいたし、金をジャブジャブ垂れ流した金融界も財界も官僚も麻痺していた。だが、バブル景気はそこまでで、後半に入って株価は急落(一〇ヵ月で半値に暴落)、不動産関連の企業をはじめぞくぞくと倒産していった。わたしが買った都心のマンションの小さな一室も、一六〇〇万円から二億二〇〇〇万円に急騰し、またすぐ一〇〇〇万円台に急落するという一幕を演じている。

この年の正月、「昭和天皇にも戦争責任あり」と発言した長崎の本島市長*が右翼に襲撃された。そのころソ連は大統領制を新設、市場経済導入を決定するという歴史的転換を行なった。さらに一歩進めて、翌年、米ソ首脳会談で戦略兵器削減条約(START)に合意している。一〇月には東西ドイツが統一し、一一月には全欧安全保障協力会議がパリ憲章に調印し、「冷戦終結」を公式に宣言した。こうして世界平和が約束されるかと思われた。

経済企画庁　経企庁。二〇〇一年まで存在した中央省庁の一つ。省庁再編後、内閣府が承継。

本島市長　本島等。一九二二―二〇一四年。一九七九年から九五年まで長崎市長を四期務めた。八八年、市議会での共産党市議の質問に答える形で、天皇の戦争責任に言及した。直後から長崎には右翼の街宣車が集まり、その警備費用について自民党市議団が批判、警備が手薄になった隙をついて、右翼団体の男が本島を背後から銃撃した。本島は奇跡的に命をとりとめた。後にカトリック教徒らしく、犯人を許すと表明した。

ところが、イラク軍がクウェートを占領したため湾岸危機が発生し、多国籍軍（米軍中心の）が派遣された。日本政府も米国に恫喝されて（「血を出さないのなら金を出せ」）、まず多国籍軍に一〇億ドル、周辺諸国に約二〇億ドルの援助を約束させられている。

わたしはこの秋、テレビ朝日の「朝まで生テレビ」の徹夜討論に参加し、「激論！　どこへ行く⁉　自衛隊」「激論！　象徴天皇制とニッポン」などで右派論客と対決したりしたためか、翌年の正月元旦から「色川大吉が死んだそうで、おめでとう」という電話があった。わたしの、特に昭和天皇批判や天皇制廃止への遠慮ない発言が刺激したらしく、脅迫電話の絶えることがなかった。応答したくても「売国奴」と怒鳴りまくられて話にならない。「明日はないものと思え」とか。「天罰を下す」とか。研究室にまで押しかけてきた。こんな連中に恐れをなし、マスコミなどで直言する知識人が、どんどん減っていった。

この年、右翼の特異な個性、赤尾敏*が死んだ。九〇余歳。最晩年の赤尾の熱烈な街頭演説を目の前で聴いて、その〝純情〟に打たれた。忘れ難いのは八月、一〇余年親交した不知火海佐敷の老漁民、下田善吾さんの病床を見舞い、涙の別れをしたことである。

一九九一年、平成三年は、湾岸戦争とバブル後の経済混乱に揺れる日本であった。二月、米国を中心とした多国籍軍は、わずか一ヵ月あまりでフセインの誇るイラク軍を制圧した。その米国に脅され、わが国は結局、追加戦費九〇億ドルに加え、一〇〇億ドル以上の法外な金を拠出させられた。首相は腰抜けの海部俊樹で、四月、ペルシャ湾岸に海上自衛隊の掃海艇を派遣したりもした。

赤尾敏　一八九九―一九九〇年。右翼活動家。大日本愛国党総裁として、長い間、東京銀座・数寄屋橋で連日街頭演説を続けたことで知られる。

一一月、同じ自民党の宮沢喜一内閣に交替したが、宮沢も憲法九条違反スレスレのPKO協力法案を強行可決した。公明党はこれに賛成したが、社共両党（一五二議席）は牛歩戦術で執拗に抵抗した。わが日市連（日本はこれでいいのか市民連合）も反戦デモをくりかえしたが大勢は動かなかった。また、前年から継続されていた高木仁三郎*らの「脱原発法」制定の署名運動が三三〇万人に達したのに、国会はこの請願を取り上げようとしなかった。福島第一原発が大爆発する二〇年前のことである。

この年はバブル経済の破綻にともなう大企業の不正行為が次々と暴露され、ついに橋本龍太郎蔵相は一連の金融、証券「不祥事」で引責辞任に追い込まれた。三菱商事や野村證券など証券四社、日本興業銀行、富士銀行、商社イトマン、東洋信用金庫、大阪府民信組などが続々と摘発された。四月には、最後の〝バブルの巨塔〟といわれた超高層の東京都庁がオープンしたが、これを見上げる都民のふところは侘びしかった。

この年、六月、ユーゴでクロアチアやスロベニアが独立を宣言、内戦が始まり、ボスニアなどで大虐殺が行われた。七月、ワルシャワ条約機構が解体。一二月二五日、ゴルバチョフがソ連大統領を辞任、翌日、最高会議はソ連邦の消滅を宣言した。

そのころ日本では、文部省肝いりの新学習指導要綱の教科書検定で「日の丸　君が代」を国旗、国歌と明記させたが、学校現場では小、中学生の登校拒否がひろがり、その数は過去最高の四万人を超えていた。毛沢東夫人の江青*が自殺したのが五月、六月には雲仙普賢岳の大火砕流で報道関係者ら四三人の犠牲者が出た。また一〇〇万部を超えたという宮沢りえのヌード写真集『Santa Fe』が発売されたのもこの平成三年である。

高木仁三郎　一九三八―二〇〇〇年。物理学者。核化学を専門とするが、政府・電力業界の原発推進策に反対の立場で、脱原子力運動の理論的支柱となった。地震のもたらす原発の危険性を主張し、今次の福島第一原発の事故を予見していたと評価する声が高い。

江青　一九一四―九一年。毛沢東の四番目の妻。後に文化大革命を主導した政治局員、「四人組」の一人として活動したが失脚。逮捕され八一年に死刑判決を受けた。

わたし自身はテレビの徹夜討論などで、西部邁、野村秋介*（野村は獄中一八年の右翼武闘派、後に朝日新聞社内でピストル自殺）、西尾幹二ら右派論客たちと論争している。

四月、ニューオリンズの国際歴史学会に出席するため渡米、帰国後、高峰秀子や千田是也*らと面談。夏は車でポルトガルから、スペイン、フランスを通りスイスへ。西独のボンやハンブルグに友人たちを訪ね、ハンガリーのブダペストに遊んだ。こうした欧州旅行の過程で世界に大きな変動が起こっているのを感じとった。

この年、日本近代史研究会の同人で三〇年来の親友、宗教史家の村上重良*を見送った。

一九九二年、平成四年は東京佐川急便事件、ＰＫＯ協力法、平成不況、地価下落、エイズ患者急増などが話題になったが、この一月、宮沢首相が韓国を訪問、ノテウ大統領に従軍慰安婦問題で公式に謝罪したのは良かった。だが、ブッシュ大統領の前で頭を下げ、国連平和維持活動（ＰＫＯ）協力法を成立させ、自衛隊第一陣をＰＫＯ部隊として海外に派兵した。憲法九条をないがしろにしたこうした行動に、市民運動や知識人有志が立ち上がった。これを機に加藤周一*、三木睦子*、井上ひさしらによる「九条の会」が生まれる。

国内では証券不祥事があいつぎ、地価下落の本格化や東京佐川急便事件（金丸信が起訴され、議員辞職）などが重なった上に、政府発表では大銀行の不良債権が一二兆円（実際はその一〇倍）もあり、日本経済は奈落に落ちようとしていた。

一方、アメリカではブッシュ大統領が一般教書演説で、東西冷戦での勝利を宣言。地球環境サミットや食料サミットなどを開催。さらにカナダ、メキシコと北米自由貿易協定（Ｎ

野村秋介　一九三五―九三年。右翼活動家。「行動派」と呼ばれ、河野一郎邸の焼き討ち、経団連会館襲撃・立て籠もり事件など数々の事件を起こした。

千田是也　一九〇四―九四年。演出家・俳優。戦前は築地小劇場に参加し、左翼的演劇運動に積極的に邁進した。治安維持法違反で逮捕されたこともある。戦後は俳優座の設立に加わり、俳優座の代表を長く務めた。

村上重良　一九二八―九一年。宗教学者。日本神道史などを中心に研究を進めていた。

加藤周一　一九一九―二〇〇八年。評論家。医師でもあり、社会的諸問題に積極的に発言を続けた。平凡社の『世界大百科事典』の編集長を務めるなど幅広く活動した。

三木睦子　一九一七―二〇一一

ＡＦＴＡ）で合意するなど世界経済をリードしようとしていた。次期米大統領にクリントンが当選したのは一一月である。このクリントン時代に入ってアメリカ経済は長期低迷から脱却する。レーガン、ブッシュ（父）時代はニューヨークダウ三〇〇〇ドル台ほどにすぎなかったが、クリントン時代（一九九三―二〇〇一）には一万二〇〇〇ドル台に近づいた。

日本がバブル崩壊で長期低落の一途をたどっていたとき、アメリカはＩＴ革命の成功などによって独走していた。そのアメリカも二〇〇〇年にＩＴバブルが崩壊し、一時、ダウ九〇〇〇ドルを割り込むが、二〇〇一年の同時多発テロによっても八〇〇〇ドルラインで踏みとどまれた。そしてブッシュ（二世の）時代に一万四〇〇〇ドルのピークにまで上昇するのである（米国はその頂点から半値近くまで急落する途中で、二〇〇八年のリーマン・ショックにぶつかっている。二〇〇九年、オバマ時代に再上昇し、一万三〇〇〇ドル近くまで行くが、日本はバブル時代の五分の一、八〇〇〇円台を挟んでの低迷が続いた）。

一九九二年の日本に戻れば、この年は「尊厳死」が日本医師会で容認されたり、エイズの感染者が急増したり、暴力団対策法が施行されたりした。また、タレント教授で社会学者の宮台真司が少女買春である援助交際を「新風俗」と認定するような口害を流したりした。

わたしは、この夏、ここ数年準備してきたカイラス山（六六五六メートル）をめざす「西蔵（チベット）聖山踏査隊」を組織して決行した。これには中国側との困難な交渉、チベット登山協会の協力を確保する必要があったが、個人交渉を重ね（契約はすべて文書化して）粘り強く解決した。春までに隊員をつのり、会議を何度も開き、周到に準備して実現した。

二年。森コンツェルンの総帥である森矗昶の二女。第六六代内閣総理大臣三木武夫の妻。ファーストレディとしては異色の〝進歩的な〟発言を繰り返し話題を呼んだ。

なにしろ世界最大最高度といわれる道なきチャンタン高原を最奥地、インド、ネパール国境近くにまで行くもので、横切るのに四〇日間ほどを要した。その間は、空気の薄い四〇〇〇メートル台の高地での野営がほとんどで、五〇〇〇メートル級の峠越えも多く、七〇歳に近いわたしの体力の限界を越えていた。そのため、しばしば高山病にかかり、隊員に助けられて生還した。

この年、親しかった記録映画の監督小川紳介*、中学時代からの親友で中国経済学者の本橋渥が逝った。一二月、鹿児島県教組の講演の帰り、知覧《ちらん》の特攻隊資料館と都城の航空自衛隊を訪ね、硫黄島の遺品などを見せてもらい、敗戦時の自分を想いだし身につまされた。人気ロック歌手尾崎豊が死に、その追悼式に四万人の若者が参列したという。

一九九三年、平成五年は、ゼネコン汚職などの摘発で金権政治家が凋落した年である。それとともに自民党の長期政権が終わり、新生党、新党さきがけ、日本新党、社民党、公明党など非自民八党連立の細川護熙新内閣が発足した。いわゆる五五年体制がおわった記念すべき年である。

三月、一〇余年前から、その創立に深くかかわった国立歴史民俗博物館に初めて正式に招かれ、第五展示室オープンのテープカットをした（それまでは黒衣《くろこ》扱いされてきた）。新館長の石井進*の計らいであった。翌四月、天皇、皇后がはじめて沖縄を訪問、戦跡で黙禱している。昭和天皇が果たせなかったことを受け継いだのであろう。

六月、皇太子が小和田雅子と結婚した。この婚儀の視聴率は六二％を記録、国民の皇室

小川紳介　一九三五―九二年。ドキュメンタリー映画監督。成田空港建設に反対する農民たちを描いた「三里塚」シリーズが代表作。山形国際ドキュメンタリー映画祭の提唱者でもあった。

石井進　一九三一―二〇〇一年。歴史学者。日本中世史を専門とし、『鎌倉武士の実像――合戦と暮しのおきて』（平凡社）など著書多数。後に国立歴史民俗博物館の館長もつとめる。

への関心の高さ、いつまでも変わらないその保守性に眼を見張った。この月、野党社公民三党の提出した内閣不信任案に、自民党羽田派三九人が加担したため、賛成多数で可決された。その結果、衆議院が解散される。

この総選挙で社会党は惨敗したが、元委員長土井たか子は初の女性衆議院議長にかつがれた。だが、自民党も過半数を割ったため、宮沢首相は退陣を表明、非自民、非共産の八党派の支持を受け、日本新党代表の細川護熙が八月、組閣した。その細川首相が八月一五日、戦没者追悼式でアジア近隣諸国などの犠牲者にはじめて哀悼の意を表明、過去の侵略行為や植民地支配に深い反省の意を述べた。それは自民党時代にはできなかったことであり、画期的なことであった。東京高裁が第三次家永訴訟で南京大虐殺など三ヵ所にたいする文部省の検定意見を違憲としたことも画期的なことで、歴史認識の前進を示している。

五月、北村透谷*の百回忌の年なので、箱根の対岳荘に有志五人で集まり、歌仙を試みた。その月、母徳子《とくこ》の葬儀。九月には招かれてオーストラリアの日豪学会に参加、帰りに先住民の多く住んでいたタスマニア島を同行の上野千鶴子*さんと共に一周した。一二月、NHKテレビ「世界わが心の旅――インド篇」制作のため、「テムジン」のスタッフと共にガンジス河に沿ってカルカッタまで下る。

この年にプロサッカー・Jリーグが開幕し、サッカーを一躍国民的なスポーツとした。また、ゼネコン汚職に見舞われた年で、清水建設の会長、鹿島建設の副社長、仙台市長、宮城県知事らが続々贈収賄の容疑で検挙された。それに大企業の多くが赤字に転落。経済企画庁が「日本はバブル崩壊で四四八兆円の資産を失った」と発表した。

北村透谷　一八六八―九四年。詩人・評論家。わが国の近代文学に大きな影響を与えた。自由民権運動にも積極的に参加したが、運動の過激化に絶望して離反。二五歳の若さで自殺した。

上野千鶴子　一九四八年―。社会学者。東京大学名誉教授。専攻は家族社会学（とくに介護問題）、ジェンダー論、女性学。『近代家族の成立と終焉』でサントリー学芸賞受賞。著書多数。

この夏、北海道南西沖地震が起こり、奥尻島が壊滅的被害を受け、死者二〇二人を出した。欧州共同体（ＥＣ）が発足したのはこの年である。江沢民が中国国家主席に選出され、ひきつづき経済成長路線を追求すると宣言していた。不吉な予兆はニューヨークの超高層ビルで爆弾テロ事件があったことだ。ＦＢＩはイスラム原理主義者五人を犯人容疑で逮捕したが、これが八年後に世界を驚かすような大事件に発展するとは思わなかった。

水俣に移住していた俳優の砂田明、*清冽な行動右翼野村秋介、ぶどうの会の山本安英、*『砂の女』の劇作家安部公房*が死んだ。

一九九四年、平成六年、後で知ったことだが、この年は大変な年だった。一九九四年の夏、朝鮮半島は開戦前夜だったという。核開発に突き進んでいた北朝鮮に対し、アメリカは真剣に空爆を考えていた。その実行は第二次朝鮮戦争を意味する。そうした状況を打開しようと、カーター元大統領が一九九四年平壌に飛び、金日成と率直に話しあって危機を回避することに成功した。そんなことも知らなかったわたしたちはお人よしといえる。わたしなど、この年の元旦をガンジス河畔でむかえた。ＮＨＫスペシャル「世界わが心の旅」のテレビ取材だ。このシリーズはテーマ・メロディに哀調があり、内容も充実したものが多かった。

この年の日本は、バブル期の放漫融資のツケが表面化し、金融機関の多くが破綻、景気はいちだんと悪化した。輸出に頼る九三年度の貿易黒字は一二〇四億円という最高記録だと聞くが、労働者一人あたりの月平均給与は一三年ぶりに減少。大学新卒者には〝就職氷

砂田明　一九二八―九三年。俳優。舞台芸術学院を卒業後、新劇俳優となる。一九七〇年に石牟礼道子の作品に出会い、「苦海浄土」を上演。一人芝居「天の魚」で全国を「勧進」興行してあるいた。

山本安英　一九〇二―九三年。新劇女優。築地小劇場の創立に参加。木下順二が彼女のために書き下ろした『夕鶴』の演技は絶賛され、長く演じ続けた。朗読に関しても評価が高い。

安部公房　一九二四―九三年。作家・劇作家。私小説とは一線を画した独自の作風で、海外での評価も高い。代表作に『砂の女』『他人の顔』など。

河期〟といわれた。一ドルが一〇〇円を割り円高へ。その閉塞感の強い不況下に松本サリン事件*が起きたのである。

細川内閣は社会党の連立離脱で倒れ、少数与党の羽田内閣に変わったが短命だった。社会党が自民党にかつがれ、「さきがけ」と組んで村山内閣をつくる。この愚鈍な村山富市の政権が自衛隊、原発、日の丸、君が代などすべてを公認するという、まさに反動的な政策転換を強行した。そのため、社会党は労働者や改革派の市民から見離され、やがて党勢が十分の一に激減する。

二月、イスラエルの右派分子がパレスチナのヘブロンで銃を乱射し、礼拝中のパレスチナ人を大虐殺するという事件を起こした。これには国連安保理も非難決議を採択する。四月、ボスニア紛争で虐殺行為をしたセルビア人勢力をＮＡＴＯ軍が空爆するという事件も起きた。一二月には内戦状態にあったチェチェン共和国にロシアが軍事介入し、首都を攻撃。これらはすべて後に報復の流血事件を招いている。

わたしは、東大出版会と出版契約してから三八年後、ようやくこの年、単著『北村透谷』を刊行した。五月の透谷没後百年記念集会にあわせた。これをもってわたしの長い明治史研究と透谷研究時代が終わった。この後は昭和史、現代史に集中してゆく。

忘れがたいのは、一九八〇年の結成以来一五年間続けてきた反天皇制、反戦、市民運動の全国組織「日本はこれでいいのか市民連合」を、この八月をもって解散したことだ。若者の政治への失望、運動離れ、閉じこもり、保守指向が進み、止めようがなかった。事務局の活動家も初期のころの数十人が数人に激減し、会計も一〇〇万円近い赤字に陥ってい

松本サリン事件　一九九四年六月、長野県松本市でサリンが撒布された事件。死者八人、重軽傷者六六〇人を出した。化学薬品を使ったテロ事件に不慣れな捜査陣が、被害者の一人を犯人として逮捕し、それによって引き起こされた報道被害も甚大なものがあった。

た。もう一人の日市連の代表小田実*は、結婚してから次第に運動から遠ざかり、海外滞在が増え、世話人会にも顔を出さなくなっていた（いまから思えば、この時期に解散したなど、まったくの誤りであったと、痛感する）。

この夏、三内丸山遺跡の発掘が進み、大規模な縄文遺跡であることが判り、古代東北の文明の高さが見直された。また一一月には思い出の深い三越劇場で、作家の森村誠一やドナルド・キーン*と講演した。さらに二六日、亜細亜大学学長の衛藤瀋吉*と「戦後五〇年を迎える今、われわれは何をなすべきか」の公開討論をしている。新聞が「左右激突」と予告したものだから、この東京経済大学の学生企画の反響は絶大で来聴者数千人長蛇の列となり、大教室にも入りきれず、第二会場に四教室をあてテレビでつなぐという始末になった。

一二月二四日にはグリーンホテルで小学館編集長の山崎晶春らの肝いりで、一万円会費の「色川大吉を囲む会」が開かれ、新聞、テレビ、雑誌関係の記者たち、出版界の編集者たち、学会や法曹界、演劇界、山の会の友人、カイラス登山隊員たち一〇〇人ほどが集まって祝ってくれた。わが生涯での空前絶後のことである。

この年、大江健三郎にノーベル文学賞。俳優座創立者千田是也、日市連の同志鶴見良行*、近代史研究の親友丹羽邦男らが逝った。

小田実　一九三二―二〇〇七年。作家。『何でも見てやろう』でデビュー。旺盛な執筆活動の傍ら、政治にも積極的に発言し、「ベトナムに平和を！市民連合」（べ平連）の中心的人物となった。

ドナルド・キーン　一九二二―二〇一九年。アメリカの日本文学研究者。『日本文学史』などの研究は高く評価され二〇〇八年には文化勲章を受章。二〇一一年、日本永住を決意、翌一二年三月に日本国籍を取得している。

衛藤瀋吉　一九二三―二〇〇七年。国際政治学者。中国・清朝の研究からアジア全体に論考を進めた。東洋英和女学院院長などを務めた。『近代中国政治史研究』など著書多数。

鶴見良行　一九二六―九四年。アジア学者・人類学者。父が外交官だったため、ロサンゼ

二、阪神淡路大震災と地下鉄サリン事件の衝撃

一九九五年、平成七年、一月一七日、午前五時四六分ごろ、淡路島の北部、深さ一六キロメートルを震源とするマグニチュード七・三の大地震が発生した。神戸、洲本で震度六を記録し、後日の調べで一部では震度七に達していたことがわかった。死者は六四三四人、その八〇%余が家屋の倒壊による圧死だったという。家屋の全半壊は二五万七〇〇〇戸以上、被難者三一万人余、激震で道路は寸断、高速道路も倒壊、密集市街地の家屋の延焼による焼死もひろがり、表現できない惨状となった。

突然の大都市災害であったため、救援活動の初動が遅れ、犠牲者の救出をむずかしくした。この日、陸海空の自衛隊への救援出動命令の権限を持つ社会党系の内閣の首相村山富市が、財界首脳などと会食していて、初動の決断が遅れたと聞く。空と海からの航空機と自衛艦による大規模な放水による消火、陸上自衛隊の特殊機械を駆使した人命救出活動が急がれたら、もう少し犠牲者を減らせたろうと、二〇一一年三月一一日の経験から想像できる。あの日、菅直人首相が即刻決断したように。

この悲報に内外から救援隊が駆けつけた。わたしの大学からも長期ボランティアの学生たちが続々赴いた。後にボランティア元年といわれるほど、一〇〇万人以上の援助者が駆けつけたのである。バブル崩壊以降の経済の停滞に、この大災害が加わって、円高はいっきょに進み（七九円台）、日経平均株価も急落し、不況はいちだんと深刻化した。

ルスで生まれた。雑誌「思想の科学」を舞台に論考を発表。「ベトナムに平和を！市民連合」などの社会運動にも積極的に関わった。

こうした不安の中でオウム真理教団による地下鉄サリン事件（死者一二人、重軽傷者五五〇〇人余）が起こったのである。三月二〇日のことだ。サリンは猛毒の気体で、容易に手に入るものではない。これは尋常な犯罪ではない。わたしはこの事件の計画性や、教団の意図を知るためには、当時の社会状況や、これを決行した高学歴の信徒たちの心の深層に切り込まなくてはならないと考えた（その研究は論文「歴史家の見たオウム真理教事件」に結実し、翌年アメリカの学会で発表した。本書「ドキュメント」に抄録）。

この直後に統一地方選が行われたが、東京都知事に青島幸男が、大阪府知事に横山ノックという芸人が選ばれたのは、こうした時代思潮への息ぬき願望があったのだろうか。

海外ではパレスチナとイスラエルの和解を進めてきた貴重な存在イツハク・ラビン・イスラエル首相が右翼学生に射殺された。惜しみてもあまりある。他方、ワシントンのスミソニアン博物館では、世論の反発を恐れてヒロシマの原爆展の中止を余儀なくされている。このことは、アメリカ国民の原爆使用に対する罪意識の足りなさ、戦勝国民の傲慢さを示している。同時にそれは、この五〇年間、米国の日本大使館や領事館などの外務省官僚たちが、原爆の惨状を訴える広報活動や投下の非人道性についての主張を怠り、米国民になんらの働きかけもしてこなかったのか、という疑いを持たせた。もし、そうであるなら、かれらの職務上の怠慢と米国に対する奴隷根性を批判し、即刻、罷免しなくてはなるまい。

中国も地下核実験を実施、フランスもムルロア環礁*で核実験を強行したため、タヒチでは三〇〇〇人余の反核平和集会が開かれている。これらの実験でどれほど膨大な放射能が飛散し、各所に滞留しているか、慄然とする。

ムルロア環礁　南太平洋にあるフランス領ポリネシアの島。一九六六年から九六年までフランスの核実験場であり、大気圏内および地下核実験が約二〇〇回行われた。

国内では中学、高校の生徒が暴れ、イジメが大流行していた（全国で一万八〇〇〇件とか）。九月に大蔵省が住専（住宅金融専門会社）の不良債権を八兆四〇〇〇億円、金融機関の不良債権を三七兆三九〇〇億円と発表したが、それに注入した公的資金は膨大で、ほとんどが赤字国債として将来の国民の負担にされていた。住専を最初に公的資金で救済したのは、自民党が集票基盤にしていた全国の農協が、住専に多額の資金を貸していたからで、党利党略の要因であった。この露骨さに一般の反発がひろがり、銀行本体への公的資金導入が難しくなった。これらが結局、一九九七年の金融危機を招いてしまったと言われる。

また、忘れがたいのは沖縄で米兵三人が少女に残酷な暴行をはたらいたため、沖縄県知事が米軍用地の更新手続きを一時拒否。米軍の処置（裁判権はアメリカにある）に抗議した沖縄県民が八万人余の大集会を開いて、基地の撤去などを決議したことである。

この一九九五年の五月、敗戦五〇年にあたり、日、独、伊の三国の代表を招いて、東京経済大学で「敗戦から何を学んだか」のシンポジウムを開催し、その成果を刊行した。その主力になったゼミの学生ＯＢたちが、独自の組織「フォーラム色川」を結成し、その後永く独自の社会活動をすることになる。一〇月、ＪＴＢ主催の「ユーラシア横断の旅」に助言者として二五日間同行した。ただし、わたしは途中、テヘランから一人で帰国している、大学の所用のために。この年の暮、シルクロードを幾度も共に親しく歩いた若菜胡蝶さんを失っている。

一九九六年、平成八年は厚生省が隠していた薬害エイズ問題が表面化した年だ。エイズは同性間の性交などで感染するといわれてきたが、注射などによる感染や薬害によるものが多い。いったんヒト免疫不全ウイルスに感染すると、後天性免疫不全症候群、ＨＩＶ患者になる。この年、自社連立の橋本龍太郎内閣の厚生大臣菅直人が、官僚の隠していた資料数百点を提出させ、エイズ患者に対して国の責任を認め、原告に謝罪するなど敏速に行動した。そのため、菅直人は時の人になった。

その菅直人が九月に鳩山由紀夫と組んで「民主党」を結成する（この党が選挙上手の小沢一郎の力を活かして一四年後に政権交代を実現したのである）。この年、英国ではチャールズ皇太子とダイアナ妃の離婚が話題になったが、日本では〝援助交際〟という偽装売買春が女子高生の間にはやり、親たちの顰蹙を買っていた。若者たちのあいだに携帯電話が必需品になってきたのもこのころである。第四一回衆議院議員総選挙は初の小選挙区比例代表並立制で実施されたため、自民党が大勝、復調し、社民党は惨敗した。

イギリスで狂牛病（牛海綿状脳症）が流行し、一時、牛肉の輸入が禁止された。七月、大阪府堺市の学校給食で生徒らが病原性大腸菌Ｏ《オー》一五七に大量感染し、患者が五九〇〇人を超えた。また、ペルーのゲリラ・グループが日本大使公邸の祝賀パーティーを襲撃し、数百人を監禁する事件を起したのもこの年である。

韓国軍が北朝鮮の潜水艦と銃撃戦を演じたし、アフガニスタンでは抵抗勢力タリバーンが首都カブールを制圧し、暫定政権を樹立した。国内では「男はつらいよ」の渥美清が肺がんで死去し、山田洋次の人気シリーズも四八作で幕を閉じた。薬害エイズ問題で帝京大副学長やミドリ十字の三社長、厚生省の製剤課長らが逮捕されたのも、エイズの年らしい。

黒沼ユリ子　一九四〇年―。バイオリニスト。数々の受賞歴がある。メキシコを拠点とわたしはこの三月、東京経済大学を定年で退職、最終講義は「歴史家の嘘と夢」で、多勢のニセ学生やゼミOBらも参加した。そのあと四月末からメキシコ、キューバ、グアテマラなどに出かけた。とくにメキシコ・シティでは盛り場コヨアカンの近くの古い由緒ある「マリンチェの家」に四ヵ月間、友人らと滞在、近所に黒沼ユリ子*バイオリン教室などもあって、大いに楽しんだ。また、アステカやマヤ文明の壮大な史跡を訪ねあるき、メキシコ最南端のチアパス州にも上野千鶴子氏とともに足を延ばし、日本人移民一世の家を回ることができた。一〇月には渡米。ハーバード大学の日本研究所に客員研究員として滞在した。友人の日本研究者ハーディーカー所長の好意による。ここでもプリンストン大学のマリウス・ジャンセン教授とも再会した。

一二月、ボストン美術館で岡倉天心*が残した文化財を調べ、ニューイングランドのコンコルドやサレンなどの旧跡をまわった。ただ、この間にも一度帰国して花巻での宮沢賢治生誕百年祭に出席、「歴史家の見た宮沢賢治」という記念講演をした。折しも五万人の入場者を見込んで開催された東京水俣展が開催中であり、そこで小報告をした。

この年は先輩近代史家の小西四郎*、函館で対談したこともある司馬遼太郎、それにすぐれた作曲家の武満徹*、二高山岳部以来の親友高橋昌福、『九十九里叛乱』の作家林清継らが次々と逝った。悲しいことである。

一九九七年、平成九年は、日本の金融破綻の年だ。山一證券の社長がテレビの前で泣いて会社破綻を謝罪したのが印象的だった。つづいて三洋証券も倒産。北海道拓殖銀行の破

して世界各地で活発な演奏活動を行っていた。

岡倉天心　一八六三―一九一三年。思想家。美術史を中心に多彩な活動を展開した。東京美術学校（現・東京芸術大学）の設立に中心的にかかわるも、後に排斥され、日本美術院を上野に設立した。現在、その地は岡倉天心記念公園になっている。

小西四郎　一九一二―九六年。歴史学者。幕末史を中心に日本近代史を専門とする。一方で双六の収集とその歴史的研究にも貢献した。私も参加した日本近代史研究会の設立者としても貢献した。

武満徹　一九三〇―九六年。作曲家。ほとんど独学で音楽を学び、「タケミツ・トーン」と呼ばれた独特の音楽世界を造りだした。映画やドラマの音楽も手がけるほか、エッセイストとしても評価も高い。

綻は影響が大きかった。それによって北海道経済はどん底におち、長く立ち直れないでいた。日本経済は二三年ぶりのマイナス成長に転落。橋本龍太郎内閣は、崩壊寸前の経済救済に打つ手を持たなかった。だが、アメリカへの従属的な協力には積極的で、そのための指針（ガイドライン）を決定したり、沖縄での米軍の永続的な基地使用の特権を再確認したりした。

この一九九七年は、中国の最高実力者鄧小平や八七歳の聖者マザー・テレサ*の死、パリで自動車事故死したダイアナ妃などが世界的な話題となった。また、この年、地球温暖化防止京都会議でCO_2削減が義務づけられたのに日本政府は賛同しなかった。介護保険法が成立した。これは画期的なことであった。ダイオキシンの毒性が大問題になったのも、この年だった。

わたしは一月、ハーバード大学の宿舎を去って、ボストンからニューヨークに移り、親友たちの待つプリンストン大学を訪ねた。そこで「歴史家の見たオウム真理教事件」などの報告をし、南米への旅に出発した。マイアミ経由でブエノスアイレスへ。そしてイグアスの滝へ。さらにアルゼンチン、チリをまわり、最南端のマジェラン海峡やフエゴ島に行った。それからパタゴニアに戻り、ペリト・モレノ氷河（アルゼンチン）の下に立ち、海上からはチリの大陸氷河の崩壊を見た。アルゼンチンは秋、フエゴ島は冬であった。友人との秘境旅行であった。

帰国して六月、ダイビングを志し、沖縄で潜水訓練、ＰＡＤＩ《パディ》の国際ライセンスを取得した。その取り立ての証明書を持ってオーストラリアのグレートバリアリーフにゆき、三

マザー・テレサ　一九一〇—九七年。現在のマケドニアに生まれたカトリックの修道女。インドのコルカタを舞台に様々な慈善活動に従事し、一九七九年にはノーベル平和賞を受賞した。

日連続六ダイブをしたが、荒天候に苦しめられた。一二月、積年の過労がたたり、急性胃潰瘍とC型肝炎を悪化させた。それでも計画していたカナダのウイスラーにスキーには行った。

「日本はこれでいいのか市民連合」のころからの好敵手だった「日本を守る国民会議」の代表黛敏郎*が死んだ。元水俣調査団員の菊地昌典、シルクロード友の会の親友、大石ミユキも逝った。

この年にまとめたエッセー風旅行記『フーテン老人世界遊び歩記』は、岩波の「同時代ライブラリー」の一冊として、一九九八年三月に発売された。これは今なお面白い本として歓迎されている。

一九九八年、平成一〇年の日本は暗かった。二三年ぶりのマイナス成長という戦後最悪の不況で、日本経済の牽引役である政府系銀行がぞくぞく破綻し、金融恐慌の寸前になった。その大事なときに、社会民主党と新党さきがけが閣外協力を解消したため自民党は単独政権に戻った。

七月の参議院選挙では、自民党が四四なのに、社民党は五議席に減少、民主党は二七、共産党も一五と躍進した。その結果、橋本龍太郎に代わって自民党新総裁の小渕恵三が組閣した。その小渕内閣は金融機能再生緊急措置法などを発動して、厖大な公的資金を銀行に投入、恐慌回避の手を打った。日本長期信用銀行、日本債権信用銀行などは数兆円の負債を抱えて倒産したが、公的管理に移し、自民党の小渕内閣は二一兆七〇〇〇億円という

*黛敏郎　一九二九―九七年。音楽家。東京音楽学校（現・東京芸術大学）卒業。芥川也寸志、團伊玖磨とともに「三人の会」を結成。とくに作曲に専念する。クラシック番組「題名のない音楽会」の司会者として人気を博した。一方で保守的な立場からの政治的発言も多かった。

過去最高の赤字国債を発行して穴埋めした。バブル崩壊以後、自民党政府が大銀行などの救済のために投入した公的資金だけで、じつに四〇兆円を越す、うち約一〇兆円が損失補塡のために消えている。

　このように国民に巨額のツケをまわす、こうした金融資本擁護の政策に反対や批判が出たが、小渕内閣はこれを押し切って強行した。その後一〇年にして、八〇〇兆円を越す巨額の赤字国債が積み上がったが、その過半の責任は自民党とその政府にある。ただ、それらを見過ごして、かれらを担いできた選挙民にも責任はある。国際為替市場で一ドル一四〇円七三銭という最安値をつけたため、日米協調介入が六月に行われた。

　この冬、長野オリンピックが開かれたため、時ならぬスキーブームが再燃した。わたしもカナダのウイスラーなどに滑りに行っている。春には春日井市での自分史セミナーに参加、五月には仙台で講演、飯豊《いいで》山麓での東北山の会の総会にも出た。七、八月は体調がすぐれないのに旧居の片付けや荷造り、引っ越しなど無理をしたため疲れ、発熱した。

　一足早く不況から立ち直りつつあったアメリカのクリントン大統領は、日本をとびこえて成長めざましい中国を訪問、関係を深めていたし、韓国では大統領に就任した金大中が、積極的な開放政策にのりだしていた。米中韓の外向き、日本の内向き、際だった対照になっていった。ただ、自由経済へ移行中のロシアは基本通貨ルーブルを五〇％切り下げるなど、過渡期の混乱に苦悶していた。

　この年、わたしは積年の過労で悪化させた肝臓病の治療と生活の立て直しのため、五〇年余にわたった東京での生活に見切りをつけ、八月、山梨県の大泉村に転居した。そこは

前田真三　一九二二—九八年。写真家。本格的に写真活動を開始したのは、六七年に「丹渓」を設立してからで、『上高地』『奥三河』など、日本の原風景ともいうべき風景写真を撮り続けた。なかでも北海道美瑛町付近の作品が著名

八ヶ岳山麓の林に囲まれた標高一〇〇〇メートルの高地、この年から今にいたる二〇年余、わたしの森の家での独居生活がはじまった。

　そのころの話題といえば、和歌山県の毒物（ヒ素）カレー事件。そんなことが毎日大きく報道されていた。また「貸し渋り」とか「キレる」とか「不適切な関係」とか良からぬことばが流行語になっていた。この年、大恩のある横浜女子短期大学の平野恒子学長、日本を代表する風景写真家で長いつきあいのあった前田真三*さんがこの世を去った。

　一九九九年、平成一一年、前年、テポドンなどを日本海に発射して緊張関係を高めていた北朝鮮が、この年も話題になった。三月、北朝鮮工作船が日本の領海を侵犯、海上自衛隊がはじめて実力行使に出て、警告射撃と爆弾を投下した。この事件を利用して小渕内閣は周辺事態措置法、自衛隊法改正、日米防衛協力のためのガイドライン関連法など憲法九条に抵触する強行法案を次々と成立させた。その上、七月には国会法を改正し、改憲を視野においた憲法調査会を設置することまでし、護憲勢力を緊張させた。

　また、この月、硬派の代表的な文芸評論家江藤淳*が自殺した。この人とは「朝日ジャーナル」やＮＨＫ総合テレビなどで三時間余も激論を交わしたことがあり、毎年の毎日出版文化賞の選考会議などでも、しばしば対立する意見を述べる私の好敵手であった。かれも熱心に推進していた「日の丸、君が代法」が成立する直前の死で、夫人の後を追う自殺であった。重い病を抱えていたという。二月には水俣病闘争のシンボル的存在だった川本輝夫*さんが病死している。

で、撮影拠点を作っている。

江藤淳　一九三二―九九年。戦後日本を代表する文芸評論家。わが国の近代的自我のあり方を批判する『奴隷の思想を排す』で地歩を固め、『成熟と喪失』で父性原理に迫り、文学と思想の交わる論点にこだわった。日本の独立性を強調し「反米」のレッテルを貼られることもあったが、三島由紀夫などのウルトラ・ナショナリストとは一線を画す立場を明確にしていた。よきわたしの論敵であった。

川本輝夫　一九三一―九九年。熊本県の高校を中退後、様々な職業を体験。父親が水俣病を発症し、その壮絶な死を看取った。本人も認定を申請、二度の却下を覆《くつがえ》し、七一年に認定を勝ち取った。対チッソ闘争に積極的に関わり、「チッソ水俣病患者連盟」の委員長として闘争の中心的存在であった。

九月、東海村の原子力発電所で臨界事故が発生し、六六七人の被曝者を出した。原発の危険性がまたもや露呈した。だが、原子力発電の安全神話を覆すような激しい世論は起こらなかった。一一月、わたしは金田一春彦記念図書館（北杜市）でシルクロードの連続講義をはじめ、一二月には春日井市の日本自分史センターで日本自分史学会の土橋寿と対談した。

この年、欧州通貨統合により第二の国際通貨ユーロが誕生。対人地雷全面禁止条約が発効したが、米、ロ、中の三大国は自国の利益を優先して調印を拒んだ。また、NATO軍が、アルバニア系住民一万余を虐殺したとしてセルビア人支配勢力への空爆を続行した。

国内では携帯電話の加入数が四〇〇〇万台を突破。児童買春・ポルノ禁止法が成立して、援助交際やネットでのポルノ画像の取引が規制された。横山ノック大阪府知事がセクハラで辞任したのも、宇多田ヒカルの「ファースト・ラブ」が七三〇万枚という大記録を出したのもこの年。日本のアニメ映画「ポケモン」がアメリカで大ヒットし、はじめて全米興行収入のトップになったという。

この夏、わたしはいくらか体調を恢復した。主治医は山梨県立中央病院の高相和彦内科部長で、定期的な検診の他、懇切な生活指導もしてくれた。また、歳末には「二〇〇〇年問題」*が騒がれた。世紀の変わり目にコンピューターの誤作動が起こって、原発や交通機関、金融機関のシステムが大混乱するのではないかと。そのため鉄道は年越し運行を停止したし、警察は大規模な越年警戒勤務体制をとった。だが、一月一日の零時になっても何事も起らなかった。こうして除夜の鐘を聴きながら、二〇世紀にさよならした。戦中派の

二〇〇〇年問題　当時のコンピュータ言語の一部では下二桁で、西暦の年数を表示していたため、二〇〇〇年を迎えると一九〇〇年と認識してしまう恐れがあるとされた問題。発電・送電、航空機の運行や物流など幅広い社会的影響が危惧され、事前対策が広範に行われた。最終的には目立った混乱はなく、ほとんどが杞憂に終わった。

生き残りとして、わたしは、二一世紀まで生きられるなど夢にも思っていなかった。

二〇〇〇年、平成一二年、世紀が改まったというのに、相変わらず日本国は冴《さ》えなかった。大手生命保険会社が各社数兆円の負債を出し続々倒産した。また、大手百貨店そごうや、不動産大手が潰れたりする反面、新興の情報産業ヤフー（ソフトバンク系）の額面五〇円の株価が一時、一億円にまで急上昇するような投機も行われていた。国の債務残高が六月末に初めて五〇〇兆円を突破、赤信号が灯った（ツケはみんな一般国民にまわされた）。

この春、小渕首相が脳梗塞で昏睡状態になったため、自民、保守、公明連立の森内閣が引き継いで、議会を解散した。総選挙の結果、自民は議席を減らしたが森内閣は存続できた。だが、この森喜朗という首相は日本を「単一民族の国」とか「神の国」などと失言して嘲笑される教養のない男だった。この選挙で民主党が一二七議席と躍進、社民党は参議院に続き一九議席と数を減らしたが、政権交代の可能性は開かれた。

お隣の韓国では金大中大統領が北朝鮮を訪問、金正日総書記と初の首脳会談を成功させ、世界平和に貢献したとしてノーベル平和賞を受賞した。七月、主要国首脳会議＝サミットが沖縄の名護市で開催された。秋のシドニーオリンピックでは、女子マラソンの高橋尚子、柔道の田村亮子が金メダルを獲得、国民の喝采を浴びた。

厚生労働省の調べでは全国の無認可保育所施設は約九四〇〇ヵ所（うちベビーホテル約一〇〇〇ヵ所）、預けられている児童は約二二万人もいるということで、改めて働く女性の厳しい現実が明るみにでた。また警察庁は全国の家出人（捜査願いの出ている者）は約九万七〇〇〇人、昨年比一〇一%もふえたと発表、ともに社会不安の徴候だと指摘していた。
この年、三宅島の火山が大噴火し、全島民が一時、東京に避難するという非常事態もおきた。また、NTTドコモのインターネットサービス利用者数が一〇〇〇万人を突破、ケイタイとネットの時代の到来を告げていた。待望の介護保険制度が施行され、介護の社会的な意味が認識されるようになったことも大きい。国内最高齢姉妹が「きんさん、ぎんさん」と親しまれた。姉の成田きんさんが一〇七歳で死亡し、妹の蟹江ぎんさんは翌年、一〇八歳で後を追った。高齢化社会が到来していたのである。

わたしは一月、真壁仁*追悼の会に出、二月、宮田登*の葬儀に行く。直前まで網野善彦*や大林太良といっしょに仕事をしていた友だ。また、五月には上京して、ジャーナリストたちの『日曜クラブ』で「憲法論争の問題点」の講演をした。夏に埼玉の吉田町に秩父事件資料館を開設するため自家用車でなんども峠越えをして通った。一〇月、民衆史の同志、獨協大学の斉藤博が死去。プリンストン大学の親友マリウス・ジャンセン教授も逝った。かれは米国人でありながら日本の文化功労賞をうけた稀な日本史家であり、一九七〇年にわたしをアメリカに招いてくれた恩人でもあった。

三、九・一一同時多発テロ事件の衝撃

二〇〇一年、平成一三年は、世界史の一つの画期になる重要な出来事が起った年である。わたしにそんな予感などなく、甲府で反紀元節*講演をしたり、大泉村（現・北杜市大泉町）

真壁仁　一九〇七―八四年。詩人。故郷の山形を舞台に、農民的視点に立った詩や評論を発表した。同じ山形出身の歌人斎藤茂吉を論じた論考は高い評価を得た。

宮田登　一九三六―二〇〇〇年。民俗学者。ミロク信仰、天皇制など幅広い分野に業績を残した。「都市民俗学」の提唱者でもある。

網野善彦　一九二八―二〇〇四年。歴史学者。中世における農民以外の「漂白民」に焦点を当てた天皇制研究や日本列島そのものを見直す「日本論」など、数々の刺激的論考を発表した。その革新性は、後進に多くの影響を与えたが、既存の学界からの反発も大きかった。

紀元節　神武天皇が即位したとされる日。『日本書紀』の伝説に基づく。明治五（一八七二）年に一月二九日（旧暦

主催の「男の料理教室」に通ったり、また、京都の敬愛する歴史家奈良本辰也*や一緒に仕事をしていた大林太良*の葬儀に行っている。

森喜朗の後、第二〇代自民党総裁に選ばれた小泉純一郎が組閣、その歯切れの良い短い発言と大衆操縦の力量によって高い人気を獲得、五年余にわたる平成の小泉時代を開いた。七月の参議院選挙では、与党三党で過半数を獲得。自信を深めたこの男は、内外の強い批判を無視して八月、首相として靖国神社を公式に参拝、中国、韓国との関係を悪化させた。

そのころわたしは、秩父事件資料展示の石間《いさま》学習交流館に通勤していて、関心が内向きになっていた。その直後の九月一一日、世界を震撼させた大事件が起きたのである。

アメリカの繁栄の象徴ともいうべきニューヨークの世界貿易センタービルが、テロリストによる二機の乗っ取り旅客機の体当たりを受けて、超高層の二棟とも炎上、倒壊させられた。犠牲者は三〇〇〇人余。別の乗っ取り機は国防総省のペンタゴンビルに突入、炎上、六〇〇人以上の犠牲者をだしたという。さらにもう一機はホワイトハウスを狙ったが、途中で墜落した。これを決行した反米のテロリストたちは、全員アメリカで操縦訓練を受けていたイスラム戦士であったという。

詳報はこうだ。九月一一日午前八時四六分、アメリカン航空一一便がニューヨークの世界貿易センタービル北棟に激突炎上、その約一五分後にユナイテッド航空一七五便が南棟に突入、さらに四〇分後にアメリカン航空七七便がワシントンのペンタゴンに突入、さらにユナイテッド航空九三便がホワイトハウスをめざしたがピッツバーグ郊外で墜落した。テロリストは一九人、民間機をハイジャックし、みずから操縦して二六一人の乗員、乗客

一月一日）と定められたが、歴史的根拠はない。一八七八年に二月一一日を「建国記念日」として国民の祝日とした。

奈良本辰也　一九一三―二〇〇一年。歴史学者。日本中世史や近世思想史、幕末史など幅広い研究で知られる。立命館大学でともに教授を務めた林屋辰三郎とは「立命の大辰、小辰」と並び称せられた。

大林太良　一九二九―二〇〇一年。民族学者。民族学を基軸に比較神話学など幅広い学問分野を援用し、エネルギッシュに論考を発表した。『日本神話の起源』など著書多数。

を乗せたまま自爆ないし墜落した。合わせて三千数百人が犠牲になったというのである。

この同時多発テロ事件が起こるや、ブッシュ大統領は国際テロ組織への復讐を誓い、小泉は、いち早くテロ対策特別措置法を成立させて米国の軍事行動の後方支援を可能にした。翌月、米軍支援のため海上自衛隊の艦船を出動させる。自衛のためという抑制をはずした日本の安全保障政策の大転換である。一二月にはPKO協力法を改正し、国連平和維持軍の軍事行動への参加を可能にした。こうした違憲状態の際どい行動にも、小泉という果断な男の魅力に酔い、かれを支持しつづける女性エリートをはじめ多数の国民がいたのである。

世界はすでに金融と情報のグローバル時代に入っていたので、九・一一事件は神風特攻隊の突入シーンさながらの生々しい映像によって、世界じゅうを驚かせた。わたしはちょうど九月一一日のその夜、所用でベルリンに到着したばかりで、空港でそれを知らされた。ブッシュ大統領が国際テロとの全面戦争を宣言しても、ドイツ、フランス、スペインなどヨーロッパの世論は醒めていて、アメリカとの距離を感じさせた。だが、米英軍は一〇月、テロの主犯と断定したアルカーイダを追ってアフガニスタンへの報復戦争を開始、タリバーン政権を倒し、傀儡カルザイを議長に据えた。だが、タリバーンとの長期戦は終わることがなかった。

そのタリバーンのイスラム原理主義者たちが三月にバーミヤンの大仏を爆破したその映像は、わたしの心を凍りつかせた。三蔵法師が驚嘆し、わたしも二度、その五三メートルもある世界一の巨像の前に立っている。この歴史的な人類の遺産を破壊するとはなにごとか。だからと言って、搾取され、貧困にあえぐ第三世界の民衆の憎悪のマトになっていた尊大な超富裕国アメリカを、わたしも支持する気にはなれない、複雑な気持ちだった。

そのあとベルリンからマドリッドに移り、レンタカーを借りてスペイン一周の旅に出かけ、もっぱら国有の宿泊施設パラドール（比較的、家賃の安い）を捜しては泊まり歩いた。その途中、北フランスから北スペインにつづく中世以来の巡礼路を辿っている。

九・一一事件によってアメリカの経済が不況におちいるや、西欧はもちろん日本も直撃を受け、金融や商社の大手企業までが破綻した。また、デフレスパイラル（物価下落と不況の悪循環）の泥沼にはまり、一二月、ついに内閣府も「景気の後退局面入り」と認定した。

この年、ハンセン病国家賠償請求訴訟が原告全面勝利判決で終わった。また話題の宮崎駿の『千と千尋の神隠し』が一七〇〇万人の観客を動員。世界に日本アニメの芸術性を知らしめた。これは『風の谷のナウシカ』とはだいぶ違った世界だが、ひとを異境に幻惑する魅力があった。わたしはこの一月、移住した村に新住民の助け合いの組織「猫の手くらぶ」をつくり、生活の足場をかためた。一二月には地元の山梨日日新聞に二年間連載してきた時事評論を集めて、『日の沈む国へ―歴史に学ばない者たちよ』（小学館）を刊行した。

二〇〇二年、平成一四年、断言口調の大衆扇動家小泉純一郎が一月、人気の高かった田中眞紀子外相を罷免し、自信のほどを示した。わたしは上京して本橋成一*のチェルノブイリの映画試写会に参加した。本橋は一九七一年にユーラシア大陸横断の旅を共にした仲間だ。三月、スキー滑降中、腹壁を破る事故をおこし韮崎市立病院で緊急手術、入院中、東

本橋成一　一九四〇年―。写真家・映画監督。写真家として、市井の人々に目を向け続けて評価を得てきた。チェルノブイリの原発事故をきっかけに映画を撮ることを決意し、現地で暮らす被災民をテーマに「ナージャの村」で初監督。その後も映画を撮り続けている。

京から駆けつけてくれた友人の介護を受けた。

この夏も小泉は靖国神社参拝を強行し、中国、韓国との友好関係を傷つけた。他方、米国の対テロ戦争には大義の有無にかかわらず、盲目的に追随、テロ関連一二条約をすべて批准し、一二月には米英軍の後方支援活動として海上自衛隊の最新鋭護衛艦イージス艦をインド洋に派遣した。イラン、イラク包囲の米国艦船への協力だという。

七月には、小泉持論の郵政民営化関連四法案を成立させ、郵便事業への民間参入を可能にした。ねらいは二〇〇兆円を超す国民の貯金を流動化させ、企業に利用させることにあった。その小泉が九月、北朝鮮を突然訪問、金正日総書記と初の日朝首脳会談をし、日本人の拉致を確認させた。一〇月一五日、拉致被害者五名を伴って帰国すると、一転、マスコミを使って北朝鮮非難の大合唱を起こさせ、これが小泉人気にプラスし、政権は二〇〇六年九月まで持続された。

九月、わたしは久しぶりに仙台にゆき、市立博物館で講演、一一月にはゼミOBたちと五日市憲法草案起草者千葉卓三郎*の故郷宮城県志波姫《しわひめ》町をたずね、卓三郎生誕一五〇年の記念講演をし、町長の歓待にあずかった。

一方、拝米家小泉純一郎らが構造改革と称し、アメリカで流行した新自由主義という弱肉強食の競争原理を導入したため、体力の弱い中小企業や地方の金融機関などがバタバタと倒産した。中部銀行の破綻、建設準大手の佐藤工業や大手スーパーのダイエーまでが倒産した。その上、社会福祉政策を軽んじたため、生活困窮者や失業者が街にあふれ、さまざまな社会問題を表面化させた。それに対し、不良債権を抱えた大銀行などには税制上の

千葉卓三郎　一八五二―八三年。仙台藩士の子として生まれ、一六歳で明治維新を迎える。儒学・医学・数学などを学び、ロシア正教、ローマカトリック、浄土真宗などの宗教を体験した。自由民権運動に参加し、当時の憲法制定の機運に、各地で作られた私擬憲法の一つ「日本帝国憲法」を起草した。当時にしては極めて革新的な内容で、発見した色川大吉により「五日市憲法」と名づけられた。

特権をあたえ、金融再編成を進めて体力を強化させ、勝ち組代表のトヨタ自動車などは年間の経常利益が日本初の一兆円を超えるという成績をだした。格差社会出現の象徴である。財界の走狗、小泉の正体はこれだったのである。

この年六月、サッカーワールドカップが日本と韓国で共同開催され、ブラジルがドイツを二対〇で下し、優勝した。その代表選手ブラジルのロナウドと英国のベッカムの人気は絶大で、二人は日本の若者にもアイドルとなった。韓国は四位だったが、日韓両国の決戦は両国民の血を湧かし、首都ソウルなどの広場が大群衆で埋め尽くされたという。また、この年九月現在で、七五歳以上の人口が一〇〇〇万人を超えた。少子高齢化社会が現実になったのである。ノーベル化学賞に田中耕一（島津製作所の若い研究員）、物理学賞に小柴昌俊（東大名誉教授）が選ばれた。

この年、わたしは山田洋次監督の映画「たそがれ清兵衛」にいたく感動、夏には体力を回復して甲斐駒、赤岳、瑞牆《みずがき》山、金峰《きんぷ》山など近隣の多くの山に登った。また、アメリカの単独行動主義はかならず失敗すると予言したマイケル・ハート*の「帝国」論が話題になったのも、この年だった。かれは主張した。「世界平和、安全の視点からもアメリカの路線は失敗します。フセインを殺害し、イラクを占領しても、アメリカへの反感を減らせない。『すべての支配者よ、ここに諸君の敵がいる』と書かれた標的をアメリカに貼るようなものです」と。

ブッシュ路線の失敗は予告されていたのである。

マイケル・ハート　一九六〇年―。アメリカの比較文学者・哲学者。社会における新たな共同性を模索し、新自由主義を痛烈に批判することで知られる。

二〇〇三年、平成一五年二月、わたしは、またもスキー事故で顔面骨折し、友人たちに迷惑をかけた。それにも懲りずに包帯がとれると、フランス・アルプスのトロアバレーに女友だちと滑りに行った。〝バカは死ななきゃなおらない〟という類いである。

この春、復讐心に燃えるブッシュ大統領がイラクに大量破壊兵器があると主張して（CIAはそんな根拠はないと否定、国連安保理も疑問視したが）、英軍を引き込んでイラク戦争を開始した。圧倒的な火力でイラク軍を撃破し、全土を占領、一二月には穴に隠れていたフセイン元大統領をひきずりだした。小泉らの自民党政府は、国連安保理でさえ正当性を認めなかったこの疑わしい戦争を全面的に支持。急遽、武力攻撃事態法など有事関連三法案を成立させ、さらに七月、イラク復興支援特別措置法を通して、陸海空自衛隊のイラク派遣を可能にした。小泉らのこの対米協力、憲法九条無視の行動は、一一月の総選挙で与党が勝利することによって国民多数の信認を得たかたちとなった。それほど当時は日本にも強者に盲従してゆく愚衆が多く生みだされていたのである（今にはじまったことではないが――）。わたしたち戦中派は昭和一〇年代の悪夢を想い出し、不快で耐えられなかった。

もちろん反戦運動、護憲運動、市民運動の有志たちは異議を唱えて街頭に出ている。だが、運動家たちの虚しさは覆い難かった。すでに東京を離れていたわたしには地元でたたかうしかなかった。各紙に反対意見を述べたり、昭和町で連続六回の昭和史講座をしたり、また六月、甲府市で開かれた甲信地方小学校校長会で「二一世紀をどう生きるか」の記念講演をしたのも、鬱屈した気持の表現であった。一一月の総選挙では、自民二三七、公明三四など与党三党が絶対安定多数を獲得した。野党では民主党が一七七と躍進したが、旧社会党系の社民党は六議席と惨敗、党首が土井たか子から若い福島瑞穂に交代した。

三月、中国では江沢民に代わって胡錦濤が権力を掌握、六代目の中華人民共和国主席に就任した。

リビアのカダフィ大佐が米パンナム航空機爆破事件の責任を認め、国連安保理の制裁を解除されたのはこの年。宮崎駿監督の『千と千尋の神隠し』がアカデミー賞を受賞。京都大学の医科学研究所が画期的なヒトＥＳ細胞作成に成功するという朗報もあった。

この年は冷夏で一〇年ぶりの米不作となる。「オレオレ詐欺」が流行（被害額は二〇〇億円に達した）、庶民にとってはブッシュや小泉らの「おれおれ詐欺」にひっかかるより深刻だった。わたしは雑誌『東北学』に「東北民衆史の底流」なる連載論文をはじめた。

夏、民話の会の吉沢和夫夫妻が松谷みよ子一行と来訪した。東京中野のサンプラザで時局を論じた講演会は満員の盛況であった。九月下旬、渡嘉敷《とかしき》島で最後のダイビングをし、一二月にはニセコにも行ったが、それは七〇歳代も終わりに近づき、体力の限界を感じたからだった。


二〇〇四年、平成一六年、この年、日本共産党が党綱領を改定、天皇制や自衛隊の存続を認めると声明した。だが、こうした歴史的な転向を提示しても七月の参議院選挙では大敗した。民主党は改選議席では自民党を抜いて将来を期待された。だが、政調会長の仙谷由人は改憲違見を述べたため、わたしは日記に「民主党の改憲志向に失望した」と記している。福岡地裁が小泉の靖国神社参拝に違憲の判決を出したが、かれは無視した。

加藤周一、小田実、井上ひさし、澤地久枝*、三木睦子、梅原猛らが「九条の会」の旗を掲げざるを得なくなるほど憲法問題は緊迫してきた。四月、わたしはＮＨＫの取材班を案内して、かつてわたしも居た伊勢湾の特攻基地、答志島《とうし》*へ行き、取材に協力した。五月にそのシーンが放映されると、その基地から送り出した特攻隊員の飛行兵から手紙がきた。かれは生き残っていたのである。

六月、小泉首相は国民保護法を成立させたが、じつはこれは武力攻撃、大規模テロ時の国や自治体の役割を決めたもの、日米安保を補強するもので、国民の保護など名ばかりであった。国外では五月、チェチェン共和国の大統領が暗殺された。こうしたロシアの暴力に怒ったチェチェン人の報復テロで七〇〇人近いロシア市民が犠牲となった。一一月、パレスチナ解放闘争の英雄アラファト*ＰＬＯ議長がパリの病院で死亡した。

第二八回アテネ夏季オリンピック大会で日本は金一六、銀九、銅一二、史上最多のメダル三七を獲得した。だが、国内の世相は明るくなかった。小泉は財界の望む規制緩和や民営化政策の推進には熱心だったが、社会福祉政策に冷淡だったため、失職者や臨時雇い労働者（非正規雇用者）を続出させた。小泉こそ優勝劣敗の格差社会を作り出した張本人であった。「負け犬」という言葉が流行し、育児放棄や児童虐待が社会問題になったのも、こうした冷たい時代の暗い世相を反映している。

この年、ひきこもり一〇〇万人、ニート八五万人、失踪者年間一〇万人、自殺者三万人と言う。ひきこもりは、ネット詐欺の加害者や被害者になり、家出少女は風俗産業に流れ、ただ食うか食われるかの資本主義の世界があるばかりだ、と作家島田雅彦*が指摘していた。

澤地久枝　一九三〇年―。ノンフィクション作家。「婦人公論」の編集部を経て、五味川純平の助手となり、『戦争と人間』の成稿に貢献した。『妻たちの二・二六事件』『昭和史のおんな』などの硬派の作品が多い。

答志島　三重県鳥羽市の離島。古くは九鬼水軍の根拠地だった。第二次大戦中は、「本土決戦」に備えた軍事基地が築かれ、海軍の特攻基地もあった。色川大吉はここで「敗戦」の知らせを聞いた。

アラファト　一九二九―二〇〇四年。パレスチナの初代大統領。対イスラエルのゲリラ闘争の指導者として頭角を現し、後には穏健派の代表としてイスラエルとの和平を目指した。一九九四年にノーベル平和賞を受賞している。

島田雅彦　一九六一年―。作家。一九八三年、東京外国語

だが、そうした世評も小泉首相から反省の言葉をひきだすことはできなかった。

八月には関西電力美浜《みはま》原子力発電所で復水配管の破損事故が起こり、五人が死亡した。原発の危険性はこのように何度も警告されていたのに、世論は起こらず、現場労働者が犠牲になっていた。一〇月には震度七の新潟県中越地震が起こり、死者六八人を出したが、日本最大の柏崎原発が爆発しなかったのは奇蹟というほかない。年末にはインド洋で大津波が起こり（スマトラ島沖地震）、二二万人余が命を奪われるという大惨事が起こっている。だが、このとき日本国民の同情と救援への情熱は低調で、アジア人同士の連帯行動は期待以上には盛り上がらなかった。

そうした反面、韓国の人気ドラマ「冬のソナタ」がNHKで放送されたのを機会に、「冬ソナ」ブーム、韓流ブームが起こり、「ヨン様」というスターが日本の有閑婦人たちのアイドルになった。彼女たちは韓国にまで「おっかけ」観光旅行に出かけていたのである。

この年、わたしは昭和自分史の戦後編執筆に全力をあげている。「愛よ愛よ」「眸をとじて」などという歌が流行し、『世界の中心で、愛をさけぶ』などという甘いお話が三〇〇万部の大ベストセラーになるという情けない倒錯した時代だった。

二〇〇五年、平成一七年五月、フランス、オランダが国民投票でEU憲法の批准を否決するという異変も起きた。ドイツでは九月の下院選挙で保守連合が勝利し、初の女性首相メルケルの大連立内閣が成立した。

日本では小泉純一郎が参議院の議決（郵政民営化関連六法案を大差で否決したもの）をひっ

大学在学中に雑誌「海燕」に「優しいサヨクのための嬉遊曲」でデビュー、芥川賞候補になったが落選。以降五度にわたって候補となるもすべて落選。その後も旺盛な作家活動を展開している。戯曲にも取り組み、作曲家三枝成彰とのコンビで「忠臣蔵」などのオペラを創作している。

くりかえそうと、衆議院を解散。世にいう「郵政選挙」を強行、造反議員に刺客を送り込んで（「小泉劇場」を演出）、一五年ぶりに単独過半数を獲得した。この小泉の離れ業が政治をショウ化し、いかに国民多数を面白がらせ、支持者を増やしたかが分かる。だが、日本人の付和雷同性の恐ろしさも再認識させた。自民党の造反派は脱党して国民新党や新党日本などを結成。民主党や社民党はこの選挙で惨敗し、前委員長土井たか子も落選した。

　小泉の「官から民へ」という規制緩和、構造改革は民営化の推進にとどまらず、過度の自由競争の風潮を生み、弱者劣敗組とわが世の春を謳歌する勝ち組という分裂した社会を続出させた。そうした時代の一方のアイドルとなったのが若き投機家堀江貴文、ライブドア社長のホリエモンであった。かれは小泉の郵政選挙のときは亀井静香を斃す刺客候補に推されたが、亀井に負けた。だが、株屋としては強引な手法で成功し、ニッポン放送の経営権などを握ったりして、成金時代の寵児ともてはやされた（やがて逮捕されるが）。「小泉改革」による格差拡大で、非正規雇用社員は二八％から三五％に拡大している。

　この年、知床が世界遺産に、歌舞伎が無形文化遺産に登録された。モンゴル出身の横綱朝青龍が史上初の七場所連続優勝を成し遂げたのもこの年。四月、尼崎市のＪＲ福知山線で快速電車が脱線、一〇七人が死亡するという大惨事がおこった。小泉自民党は改正介護保険法、障害者自立支援法などを成立させ、食費を全額利用者の負担にするようにしたし、障害者にも自己負担を導入するなど社会的弱者に冷たい仕打ちをした。だが、苦々しいことに小泉を支持する中間層や富裕層は最後までかれを担いでいた。

　この年、『電車男』一〇〇万部、養老孟司の『バカの壁』四〇〇万部、映画『ハウルの動く城』観客動員数一〇〇〇万人と、景気がよい。わたしはこの年、昭和自分史の戦後編『廃墟に立つ』（小学館）と『カチューシャの青春』（小学館）の二冊を出版した。初版三〇〇〇部だったが、あまり売れなかったという。

講演は春に山梨県の長坂コミュニティホールで憲法九条問題（聴衆三〇〇人）、諏訪の信州風樹文庫で岩波茂雄論*、六月に東京経済大学で戦後六〇年論（聴衆は一般の市民で、学生は一人も来なかった）、八月に甲府の県立文学館で土橋寿と自分史シンポジウム。梅雨時にホタルを追ってあぜ道を走ったし、夏には奥飛騨の側からゆっくり西穂高岳に登ってみた。これもヒマになったおかげである。

二〇〇六年、平成一八年一月、新著『カチューシャの青春』を昔、世話になった画家の内田巌（故人）の家に贈ったところ、受け取ったその夜、この本に登場する夫人の静子さんが亡くなったという。内田絢子さんからの電話だった。また、そのころメキシコで知りあった黒沼ユリ子さんが訪ねて来られ、二泊していった。あいにくの暖冬で、彼女に八ヶ岳の輝く銀嶺をお見せすることができなくて残念だった。

この年、五年間つづいた小泉時代がようやく終わり、九月に安倍晋三内閣に代った。その前、四月には民主党の代表前原誠司がニセ・メール問題で失脚し、小沢一郎が代表に、鳩山由紀夫が幹事長になった。南米ではキューバ、ベネズエラ、ボリビアが反米三国協定に調印。五月には在日アメリカ軍の再編が決まり、米国の戦略に基づく自衛隊の米軍への従属がいっそう強化された。また、政府は「景気拡大がいざなぎ景気を抜いて戦後最長」

* **岩波茂雄**　一八八一―一九四六年。出版社岩波書店の創業者。古本屋から出発し、夏目漱石の『こころ』の出版をきっかけに、活発な出版活動を行い、現在の岩波書店の礎を築いた。戦後、長野県諏訪市の青年の要望に応える形で、刊行図書の寄贈を始めたのが「信州風樹文庫」である。

と発表したが、それは大企業の一人勝ち、貿易による繁栄の一面を語るもので、中小企業者やワーキングプアを嘆く普通の勤労大衆の生活実感とはひどくかけ離れたものであった。

六月には久しぶりに故郷の千葉県佐原町にゆき、そこから犬吠埼《いぬぼうさき》、九十九里浜をドライブして房総の勝浦へ、東京湾横断道路を経て帰っている。この月、小泉内閣は北朝鮮人権侵害問題対処法を成立させ、拉致問題を理由に経済制裁を発動。また、八月一五日、小泉は首相交代前に最後の靖国神社参拝を強行し、中韓両国国民の感情を逆なでした。その秋以降、福島県知事、和歌山県知事、宮崎県知事ら自民系の知事らが談合問題で相次いで逮捕され、安倍首相の「美しい国創り」は最初からつまずいた。

七月、ソ連時代、レニングラードと呼ばれていたサンクトペテルブルクで主要国首脳会議＝サミットが開催された。その二ヵ月後の九月、米上院情報特別委員会が「イラク戦争の開戦根拠の消滅」を報告、ブッシュ大統領は顔に泥を塗られた。ブッシュに追随した小泉も「正義の戦争」という大義を否定され、反省するのかと思ったら、〝蛙の面に小便〟で、シャーシャーとしていた。一〇月、北朝鮮が核実験を実施、日本は追加制裁を発動、国連安保理も制裁決議をした。

この年、オウム真理教の教祖麻原彰晃に死刑が確定。年末、米軍がイラクのフセイン元大統領に死刑を執行した。日本では麻原らの裁判に長い時間をかけた。それでも事件の真相は解明できていない、という批判がある。一国の代表フセインを裁判抜きで殺すというそんな不法な資格が米国にあるのか、そういう疑問の声が世論にならないのはなぜなのか。そんなやりかたを押し通しているから国際テロリストの報復をうけた。俳人西木空人の川

宇井純　一九三二―二〇〇六年。都市工学者。環境問題に長くかかわり、公害問題の解決に向けた発言を活発に行った。水俣病の存在を社会的に認知させた功績は大きい。しかし、それによって東大での出世の道は閉ざされ、沖縄国際大学に教授職を得るまで二一年間を要した。

並河萬里　一九三一―二〇〇六年。写真家。世界中の遺蹟の写真を撮り続けた。メキシコやイランなどで勲章を授与されている。代表作に『シルクロード』がある。

柳にある。「万骨で泥沼埋める気のブッシュ」「あと何枚、若者包む星条旗」（朝日新聞）。

この年、多くの友人が死んだ。水俣病問題を最初に告発した本田啓吉と宇井純*、シルクロードの写真家並河萬里*、映画、演劇界で活躍した今村昌平*、木下順二*、岸田今日子、学者では香内三郎、阿部謹也*（網野善彦は二〇〇四年に没）。流行語は「イナバウアー」だった。今の若い人には何のことか分かるまいが、冬季トリノオリンピックで金メダルを獲得した荒川静香の氷上の舞の優美な姿態は、いまも眼に焼き付いている。

わたしは三年ぶりで、一〇月、ウズベキスタンに旅した。幾度も訪れたことのある古都サマルカンドはやはり変わらず美しかった。だが、トルクメニスタンとの国境のアムダリア川を渡ってバスでアシガバードに向かえば、終身大統領ニヤゾフ独裁下の一〇年前と変わりない民衆の貧困ぶりが眼についた。シルクロードの夢に酔っていることは、まだ、できないのである。

二〇〇七年、平成一九年、憲法九条で「軍隊を持たない」と誓った国が、三軍を統括する防衛省をつくった。その矛盾を新聞も書こうとしない。識者なるご意見番もとっくに諦めたのか黙っている。三月、さっそく地対空ミサイルを航空自衛隊入間《いるま》基地に配備し、ミサイル防衛システムを始動させた。いったいだれを仮想敵に考えているのか。四月、前年度の統計で中国がアメリカを抜いて日本の最大貿易相手国になった事実がわかった。その中国がミサイルの標的らしい。もちろん、北朝鮮に対しても。すべてアメリカのいいなりである。

今村昌平　一九二六―二〇〇六年。映画監督。小津安二郎、川島雄三などの助監督を務め、脚本も手がけた。六一年に「豚と軍艦」で監督デビュー。「にっぽん昆虫記」「赤い殺意」など話題作を次々に世に送り出した。七五年に横浜放送映画専門学院（現・日本映画大学）を開校。「楢山節考」「うなぎ」がカンヌ映画祭でパルムドールを受賞。

木下順二　一九一四―二〇〇六年。劇作家。代表作に「夕鶴」がある。社会的問題にも取り組み、ゾルゲ事件をテーマにした「オットーと呼ばれる日本人」、東京裁判に材を得た「神と人とのあいだ」などの作品もある。

阿部謹也　一九三五―二〇〇六年。歴史学者。ドイツ中世史を専門とし、『ハーメルンの笛吹き男』、サントリー学芸賞を受賞した『中世を旅する人びと』などの著作がある。

東京都知事選で前宮城県知事の浅野史郎候補を担いで勝手連の市民が奮闘したが、石原慎太郎の圧勝を阻むことはできなかった。だが、七月の参議院議員選挙では自民党が歴史的な惨敗を喫し、民主党が第一党になった（民主党六〇、自民三七、公明九、共産三、社民と国民新党各二）、衆参ねじれ国会になったのである。

九月、安倍内閣が総辞職して福田康夫内閣に代わる。一〇月、日本郵政公社の分割、民営化が成り、日本郵政グループが誕生した。この年、ネオリベ（新自由主義）の競争社会がもたらしたヒズミに批判が集まり、非正規雇用者と正社員との賃金差別の原則禁止、雇用の年齢制限原則禁止など、小泉時代の行き過ぎを是正する改正法が次々と制定された。自民党が斜陽のなかに立っていることを感知した福田首相の現実感覚であろう。一一月には改正最低賃金法をも成立させたが、ワーキングプアの解消は容易でない。財界、産業界が求めた大きな格差が根をおろしていたからである。

英会話校最大手のノヴァ（NOVA）が負債総額約五〇〇億円を出して破産した。また、消費者に愛されてきた有名食品店、伊勢の赤福や、札幌石屋製菓の「白い恋人」、大阪の高級料亭船場吉兆の賞味期限ごまかしなど、食の偽装問題が表面化した。また、厚労省社会保険庁が膨大な「消えた年金記録」で激しい世論の突き上げを受けたのもこの年である。

七月の新潟県中越沖地震は震度六強、一五人の死者をだした。パレスチナのガザ地区をハマスが制圧、イスラエルとの抗争が激化したし、イラクでは治安が悪化、テロとの戦いが泥沼におちいり、米軍の支配力が失われていった。北朝鮮の核問題をめぐっては六ヵ国協議が開始された。韓国に李明博大統領、フランスにサルコジ大統領が登場する。どちらも保守派である。

アメリカでは不動産バブルを象徴するサブプライム・ローンの破綻が表面化し、不気味な不安が金融界に拡がっていた。サブプライム・ローンとは不動産価格がどんどん値上がりしていたインフレ時代にさかんに行われた融資の形態で、金融機関が支払い能力の疑わしい人にまで金を貸して住宅を買うことを薦め、その住宅が値上がりしたら、その値上がり分で利子を返済させるという仕組みであった。ところが経済の風向きがデフレの方向に変わると、住宅を売っても返済不能となる。結局、夜逃げ同然、家を捨てて逃げ出すものが増える。融資した金融機関は大量の不良債権を抱えて行き詰まる。リーマン・ショックの前のアメリカがそんな状態だった。

この年、一〇月、東京・八王子の市民会館で開かれた武相困民党*一二〇年記念集会は、わたしの記念講演の後、地元劇団による須長漣造を描いた創作劇が上演され、一五〇〇人が集まった。市民運動の多年の同志小田実、親しかった民俗学者桜井徳太郎*や技術史家の星野芳郎、日本文学研究者のサイデンステッカー*、それに映画監督の佐藤真らが死んだ。佐藤真は自殺だった。上野千鶴子のベストセラー『おひとりさまの老後』から「おひとりさま」が流行語になった。

四、リーマン・ショックによる世界金融危機

二〇〇八年、平成二〇年一月、参議院が新テロ対策特別措置法を否決したが、衆議院の

武相困民党　武蔵と相模の農民が、自由民権運動とは一線を画した形で集結した集団。明治一〇年代後半、不況により膨大な負債を抱えた民衆が状況打破をめざして、債主に返済条件の緩和を求める活動の中心を担ったのが「困民党」だった。

桜井徳太郎　一九一七—二〇〇七年。民俗学者。柳田國男の門下で、東京教育大学（現筑波大学）・駒澤大学教授として、多くの弟子を育てた。

エドワード・サイデンステッカー　一九二一—二〇〇七年。アメリカの日本文学研究者。谷崎潤一郎、川端康成、三島由紀夫などの作品の英訳に取り組み、日本文学を海外に紹介した功績が評価された。『源氏物語』の英語完訳も行った。

再可決で成立した。そのため海上自衛隊はいったん中止していたインド洋での給油活動を再開した。三月、二〇〇八年度予算が成立、八三兆六一三億円という巨額であった。相変わらず税収不足で大部分が国債依存という不健全きわまる財政である。

海外ではチベットで民族独立の運動が起こるが、中国はそれを許さず、弾圧。一方、ネパールでは毛沢東主義派が四月、第一党に躍進、王政を廃止し、共和制に移行した。名古屋高裁が、自衛隊のイラク派遣の一部違憲判決をしたのはこの月。六月、「アイヌ民族を先住民族とすることを求める決議」が採択された。なぜ、こんな当然のことが長い間棚上げされてきたのか、その責任はだれにあるのか、同時に釈明すべきであったが政府与党の面々は黙っていた。野党が多数を占める参議院が福田首相の問責決議案を可決した。だが、福田は七月に洞爺湖畔の豪華ホテルでサミットの会議を主催するのを優先し、内政問題を先送りした。

八月、北京オリンピックが開かれ、日本選手は金メダル九個を獲得した。中国は日欧米の経済低迷を尻目に、このチャンスに驚異的な経済成長と繁栄ぶりを世界に誇示したが、この機会をとらえて示威運動に立ち上がったウイグル族やチベット族の抵抗には手を焼いていた。その上、五月に四川省を襲った大地震、山崩れで数万人の死者、数百万の罹災者が出ていた。日本からも救援隊がかけつけたが復興の見通しの立たないほどの大災害であった。九月、福田内閣が総辞職すると、政権たらい回しで人気のない麻生太郎が組閣した。

この年の九月一五日は、わたしにとっても特別の日である。その日、二〇年前の教え子で元イタリア政府留学生のピヌッチャがわが家に訪ねてきた。ゼミＯＬの内田祥子と一緒に。その二人とレストランで会食していたとき、彼女のケイタイ電話が鳴った。急報だった。アメリカの大会社で、業界最大手のリーマン・ブラザーズ投資銀行が経営破綻したという。ピヌッチャは青ざめた。彼女は国際的な証券トレーダーをしていたのである。

翌一六日にはアメリカ最大の保険会社ＡＩＧ社が破算、公的管理下に入った。続いて住宅バブルを招いたサブプライムローンの焦げ付きを大量に抱えていた大銀行が軒並み潰れ、世界金融恐慌に発展していった。ニューヨーク市場の平均株価は過去最大の暴落をし、わが国も直撃を受けた。戦後最多の上場企業が倒産し、東証のダウ平均株価は一万四〇〇〇円台から七一六二円まで急落、下落率は空前の四二・一％となった。わが国のＧＤＰもマイナスに転じ、二六年ぶりに貿易赤字に陥った。とうぜん職を失うものが続出し、国民生活は暗転した。

そうした暗い社会を反映したような犯罪もつぎつぎと起こった。秋葉原の歩行者天国でやけくそになった男がトラックで三名をひき殺し、ナイフでつぎつぎと四人を殺害した「無差別殺傷事件」もその一つであろう。企業のあいつぐ操業停止、派遣打ち切り、内定取り消し、不況下の物価高に加えての失業の苦しみで、時ならぬ『蟹工船』ブームが起こったほどである。『蟹工船』とはプロレタリア作家小林多喜二の名作。昭和の大恐慌下の民衆の悲惨な境遇、蟹工船に乗った出稼ぎ労働者たちの官憲に対する集団的な反抗を描いた作品である。昭和四年に発表され、すぐ発売禁止となった。小林自身は四年後、特高警察の拷問により獄中で虐殺されたが、そうした暗い作品が八〇年後の日本に復活するとは驚きであった。

リーマン・ショックによる不況はアメリカでも深刻であった。そうした暗流を変えよう、changeしようと大統領選挙に打って出たのがバラク・オバマで、かれは国民多数の期待を背に初の非白人（有色人種系の）大統領に選ばれた。

わたしはこの年、よく出歩いた。三月にはイギリスのマンチェスターからイタリアのフイレンツェまで。また、トスカーナ*地方は車で回った。このとき、一ユーロが一七五円もしていたのには驚く（二〇一一年には七〇円台）。九月にはレンタカーを借りて網走、知床、野付半島をまわる旅をした。その上『若者が主役だったころ』（岩波書店）、『猫の手くらぶ物語』（山梨日日新聞社）という本も出した。岩波の本については、名古屋の病院の院長で、登山家の原真が、「読み始めたら止められない。三年かけて書かれた日本人必読の大著として、とくに若者に薦める」と書いてくれた。だが、少ししか売れなかった。その心の友であった原真も、まもなく逝ってしまった。

二年前に出た坂東眞理子の『女性の品格』が三〇〇万部に達したという。どうしたら品格のある女になれるか、ハウツーものだから、よく読まれたのかもしれない。それにしてもわたしの本の三〇〇〇部とは好い対照だ。二高山岳部以来のかけがえのない親友葛西森夫、水俣病の語り部だった患者杉本栄子、映画で水俣を深く掘り下げた名監督土本典昭*、「士別ふだん記」の創始者で医師の斉藤昌淳、劇団新演以来の友人で、俳優寺島幹夫たちをこの年、失った。弁護士の原後山治、作家松永伍一*、テレビの筑紫哲也*、近代史の原田勝正*も逝った。かれらの声がまだ耳に残っている。淋しさが身に浸みる年だった。

トスカーナ　イタリア中西部に位置する州。州都はフィレンツェ。イタリア・ルネッサンスの中心だった。

土本典昭　一九二八—二〇〇八年。ドキュメンタリー映画作家。一九六五年に水俣を初めて訪れ、以来水俣病に関わり続けた。「水俣—患者さんとその世界」「不知火海」などの秀作がある。原発問題にも早くから取り組み「原発切抜帖」「海盗り—下北半島・浜関根」などの作品もある。

松永伍一　一九三〇—二〇〇八年。詩人・評論家。『日本農民詩史』で毎日出版文化賞特別賞を受賞したように、故郷の九州を中心に農民にこだわった作品を発表し続けた。キリシタンや落人など「弱者」に向けた優しい視線が特徴だった。

筑紫哲也　一九三五—二〇〇八年。ジャーナリスト、ニュー二〇〇九年、平成二一年、この年、わたしは『昭和へのレクイエム――自分史最終篇』(岩波書店)の執筆に全力を傾注した。そうは言っても正月、雪が降るとジッとしてはいられない。札幌に行き、駅前のタワーホテルに泊まり、手稲山やキロロ、札幌国際などのスキー場を回った。帰って大泉の赤岳の山麓や富士見パノラマのゲレンデでも滑っている。ただ三月一日、二階の水道栓を閉め忘れて出かけ、家中、地下室まで水浸しにしてしまうという大失敗をし、茫然とした。そのとき近所の友人たちが助けてくれたことは忘れられない。

海の外ではパレスチナと対立するイスラエルがガザ地区を猛爆、ビルは倒壊し、市民数千人が犠牲となった。国際世論はイスラエルを非難したが、ユダヤ人の多く住むアメリカは断固イスラエルをかばった。人道においてアメリカは決して公正とはいえない。

一月二〇日、ワシントンDCでオバマ大統領の就任式が行われた。その後、四月にチェコ・プラハで「核廃絶」の宣言をした。その演説を聴いて世界中の人が明るい未来を期待したようだが、かれは本当に「核兵器の廃止、アメリカの公正」の実現者になれるのか。人類平和の招来者になれるのか、わたしは疑いを棄てきれなかった。

オバマ大統領は、イラクからの撤兵を約束していたが、四月、期待に反してアフガニスタンに米軍を増派すると発表した。この米軍三万人の増派に一年間で三〇〇億ドルかかるという。この額はアフガニスタン政府の年収入、約七億ドル、開発費用の概算五〇―八〇億ドルという見積もりに対して、なんという巨額であろう。アメリカはこの三〇〇億ドルを軍事費に使うのではなく、アフガニスタンの民生費に使い、人民を助けることをしたら、結局はタリバーンとの和解、戦争の終結にも役立ったのではないかと私は思う。この年、

スキャスター。「朝日新聞」記者、「朝日ジャーナル」編集長を務めたのち、TBSニュース番組のキャスター。肺がんで死去。

原田勝正　一九三〇―二〇〇八年。歴史学者。わたしと同じ日本近現代史を専門とした。鉄道史の著作もある。

国内最大の自動車会社ＧＭ（ゼネラルモーターズ）が破産を申請したが、オバマ政権は一五兆円を救済に投入して支えている。そんな資金があるのに――である。

六月には天安門事件二〇周年を迎えた。中国政府はこのときにも民主分子を容赦なく弾圧した。さらに七月、新疆ウイグル自治区で暴動が発生、漢民族住民との対立で中国当局が治安部隊を出動させ、数千人の犠牲者を出したという。こうした中国共産党政権の強硬なやり方は国際社会に通用するものではない。八月、クリントン元大統領が平壌に飛び、金正日総書記と会談、拘束されていた米人女性二人の釈放を交渉、一緒に帰国した。これらによって危機一髪だった米朝間の関係が改善されたのである。

親友葛西森夫亡きあと、なんでも相談できた戦前二高以来の同級生橋元四郎平を失った。それによる心の空白は埋めがたい。かれとは一緒にポルトガルからギリシャまで野宿しながら長い旅をしたこともある。かれは晩年、最高裁の判事にまでなったが、体制への批判的な姿勢を変えることはなく、最後までよく電話で話し合った。衆議院議員総選挙で民主党が大勝し、半世紀間つづいた自民党支配にとどめを刺し、歴史的な政権交替を実現したことを、橋元は誰よりも喜んでいた。

橋元の葬儀が終わった九月、鳩山内閣が発足し、総選挙の功労者小沢一郎は幹事長になった。この一連の変化に、多くの人が期待をもったにちがいない。これで日本は良くなるかもしれないと。わたしはかれらへの疑いを解かなかった。

一〇月、核兵器をなくすと演説したオバマ大統領にノーベル平和賞が贈られた。だが、大多数の米国民は核兵器を使ってヒロシマ、ナガサキを攻撃し、四〇万市民を虐殺した行為を、いまだに戦争を終わらせるための「正当な行為」だと肯定している。オバマはまず、自国民のそうした偏見を正すことに努力し、広島訪問を実行すべきであろう（後に広島を訪ね、謝罪している）。

この年、平山郁夫が七九歳で死去、森繁久弥は九六歳で大往生。わが友、浅川正敏は五九歳で孤独死。八月にはトニー・ザイラーと金大中が死んだ。ザイラーはスキーの名手、初のアルペンスキーの三冠王。金大中は韓国民主化運動のリーダー、大統領となって初の南北首脳会談を成功させた。わたしはこの人と同年である。かれの助命運動に参加したこともある。

この年、一時は一四〇円前後だったドルが八〇円台まで急落。その円高により輸出に依存してきた日本経済は苦境におちいった。国民はデフレ下の不況から脱出できない。二〇〇九年、年初来の株価上昇率の国際統計を見ても、ブラジル一二一％、中国六四・五％、米国二二・八％、それに対し日本はわずか三・七％だったという。

二〇一〇年、平成二二年、民主党政権の藤井財相が不要不急の歳費に大鉈を振るえば「十兆円ぐらいすぐ出る」と豪語していたが、なにもできずに突然辞任。民主党政権は看板の政策に早くも挫折した。

二月一二日、カナダのバンクーバーで冬季オリンピック大会が華やかに開会された。さすが多民族、多言語の国だけあって、先住民優先の入場行進などが世界の眼をひきつけた。競技では韓国のフィギュア・スケート選手キム・ヨナの演技がひときわ光っていた。日本選手団は金メダル一つもとれなかった。

わたしはこのころ『走れ歴史家』の執筆で多忙だったが、五月一九日、野の天文家前原寅吉のハレー彗星観測一〇〇年を記念する八戸市の集会に講演者として出かけた。村上春樹の長編『1Q84』が面白くて、時間を忘れて耽読した。

長生きすると傷つくことも多くなる。この年もまた第二高等学校同窓の針生一郎*と玉城徹と小林清治の三人をあいついで失った。針生は美術評論で名を成し、玉城は孤高峻烈な歌人、小林は伊達政宗研究の第一人者であった。明治史研究の友下山三郎、作家井上ひさし、女優北林谷栄*、名筆家小松茂美*、それに身近な友、富田昌雄と飯島敏雄に死なれた。飯島はまだ六〇歳だった。

このころわたしも心臓弁膜症、僧帽弁閉鎖不全症などと診断されるほど心臓を悪くしていた。たえず胸痛に悩まされ、ニトログリセリンの常用者となっていた。それに負けてはならないと思い、毎日の家事や体操や散歩などを続けて日課とした。誘われれば少し無理と思っても旅に出る。また、毎年の「日本自費出版文化賞」の選考委員長の仕事をつづけていた（一三年間になる）。また、三年がかりの労作『昭和へのレクイエム――自分史最終篇』（『走れ歴史家』の改題）を岩波書店から刊行した。

軽い心臓発作を起こし、夜中に起きだして、遺言状を書き直し、後事を託す「フォーラム色川」に寄付一〇〇万円を贈ったりした。このころ、わたしが毎年送金していた機関は次の通り。水俣病関係の支援組織、高木仁三郎市民科学基金、平和協同ジャーナリスト基金、横浜女子短大の平野恒子奨学基金、日本ユニセフ協会、日本愛盲シール委員会、口と

針生一郎　一九二五―二〇一〇年。美術評論家。反権威的な立場で、日本芸術院批判の急先鋒であった。海外での美術展を数多く企画し、ヴェネチア・ビエンナーレ、サンパウロ・ビエンナーレなどのコミッショナーとして活躍した。

北林谷栄　一九一一―二〇一〇年。女優。一九三一年、創作座に入り、女優活動を開始。一九五〇年の劇団民藝の設立に参加、宇野重吉、滝沢修などと行動を共にした。一九七八年には紫綬褒章を受章している。

小松茂美　一九二五―二〇一〇年。書家・美術史学者。国鉄に勤務しながら、東京国立博物館学芸部美術課に出向。『後撰和歌集』の研究で博士号を取得した。七三年に『平等院色紙形の研究』で、「古筆学」という学問分野を確立する。

足で描く芸術家協会、東アフリカの子供を救う会、市民の意見30の会、憲法の日・市民意見広告運動、脱原発の市民有志の会、アザリア記念会、国境なき医師団など。

国政では尖閣諸島の領有権問題や普天間基地問題などが緊迫していた。四月二五日、沖縄県民大会に九万人が集結し、改めて「基地撤去」を要求した。鳩山首相が「最低でも県外移転」と約束しながら、内外から批判されると、直ぐに撤回した。その姿勢は本土大衆の沖縄への関心の薄さと呼応していた。

鳩山のあとを継いだ菅直人首相の消費税一〇％増税発言がたたって、夏の参議院選挙で民主党は大敗、衆参のねじれ国会を招いた。九月、尖閣諸島の領有権問題をめぐって中国と緊張状態になるや、外交は右往左往、一〇月に抗日デモが中国各都市に拡がり、日本から進出していた企業を脅かす事態になった。だが、民主党政府は会議に明け暮れ、機敏な対策を打ち出すことができず、国民の不評をかった。

一〇月、獄中作家劉暁波*にノーベル平和賞が贈られると、中国政府は内政干渉だとはげしく反発、中国はかえって国際世論の批判を招く結果となった。チリの炭鉱事故で地底深く閉じ込められた労働者の奇跡の生還に世界中の人が喜んだ。これは地球が、まだひとつの球体になっていることを実感させた事件である。一〇月、最高検が大阪地検の特捜部長らを調書偽造の罪で起訴し、即日懲戒免職にした。これも異例の良き事態である。

この年、一一月、三〇年ぶりで、「昭和自分史五部作」を完成したのだが、書評紙などの反響はなきに等しいものであった。これまで活動していた東京から離れ、山梨県の大泉村という山村で、この一二年間、メディアから遠ざかる生活をしていたことが影響してい

劉暁波　一九五五―二〇一七年。作家。中国政府を批判する文書を発表し続け、天安門事件にも積極的にかかわった。そのため、何度も投獄されている。二〇一〇年にノーベル平和賞を受賞、中国人で初のノーベル賞受賞者となった。この時も劉は獄中にあって、授賞式には出席できなかった。

るかもしれない。だが、その代わり、わたしは自由と余暇という褒賞を得ている。この夏、親しい友人と能登の海に出かけ、長岡の花火を堪能して悠々と帰っている。この二〇一〇年のもう一つの大きな出来事は、七年間、六〇億キロというもの凄い距離を飛びつづけて、宇宙から無事生還した「はやぶさ」の快挙であろう。この偉業は日本の高い技術と可能性を示すものとなった。

五、東日本大震災と福島原発事故

二〇一一年、平成二三年一月、アフリカ、中東諸国に長くつづいてきた専制体制や独裁者からの解放を求める民衆の決起、「ジャスミン革命」*の大波が起こった。それはチュニジア、アルジェリアからリビア、エジプト、シリア、ソマリア、イエーメンなどに拡大した。このような事態をだれが予想したであろうか。リビアではカダフィ大佐の四〇年に及ぶ独裁政権と、民主化を求める反政府勢力との全面的な武力衝突になり、NATO空軍の支援をうけた反政府勢力軍が勝利し、独裁者カダフィをついに処刑するに到った。

シリアでは決起した民衆勢力にアサド大統領*派の軍隊が容赦ない銃火を浴びせ数千人を殺傷、いまなお戦闘がつづいている。これに対し、アラブ連盟やEU諸国が民衆勢力を支持して、厳しくアサド大統領を糾弾し、独裁者の譲歩と退陣を迫っている。この問題では、中国とロシアが不干渉主義を唱え、シリア政府を擁護するなど対応が分れた。これはチベットやウイグルなど少数民族の独立要求に手を焼き、弾圧をつづけてきた中国共産党政府の

ジャスミン革命　二〇一〇年から一一年にチュニジアで起こった革命のこと。一人の青年の自殺をきっかけに、ベン・アリーの独裁体制が崩れ去った。フェイスブックなどのソーシャル・ネットワークの力が発揮された。この動きは他のアラブ社会にも波及し、「アラブの春」という言葉も生まれた。

アサド大統領　一九六五年―。シリアの政治家。二〇〇〇年、シリアの第五代大統領に就任した。軍人の父を追うように軍医となり、後に陸軍大将まで昇進、バース党の書記長にも就任した。前政権の腐敗構造に切り込み、穏健派として知られたが、二〇一〇年の「アラブの春」以降、独裁的体制を強化し、反体制派との内戦状況が続いている。

立ち位置と、二流の大国に転落したロシアの遅れた民主化度を証明している。

日本では三月一一日、マグニチュード九という史上稀な強震が襲い、つづく大津波によって三陸から宮城、福島の町や村がまるごと押し流されるという大災害が起こった。重油のようにどす黒い圧倒的な津波の濁流に数十万戸が呑み込まれ、押し流され、数万人が行方不明になった。避難した者は三〇万人余。その被害は茨城、千葉、栃木にまでひろがり、未曾有の「東日本大震災」となった。津波に襲われなかった地域でも、強震で家は倒壊し、破損し、道路や水道、配線などがずたずたになり、厳しい寒さのなか困窮に陥った。

そのうえ東京電力福島第一原子力発電所が冠水し、非常用電源を失った原子炉が大爆発を起こし、広範囲に放射能をまき散らした。これは世界中の人びとを驚愕させた。

この災難に対しては内外からの同情と救援の波が澎湃《ほうはい》と起り、被災者や国民の心を揺さぶった。陸海空の一〇万人におよぶ自衛隊員の必死の救命作業をはじめ、全国各地から警察、消防、自治体の要員や国際的な救援隊も駆けつけ、空前の支援活動が展開された。被災地に駆けつけたボランティアは老若七〇万人を数えたという。わたしも五、六月、石巻から南へ海岸に沿って被災地を車で走り、なまなましいその惨状を見、山梨日日新聞など地方紙に報告した。また地元甲府市などで報告集会も開いた。

この年のもう一つの国民的な話題は、原発事故を受けての原発廃止の大きな集会やデモであった。九月の東京集会には六万人の多彩な市民が参加した。その後も全国で原発廃止を求める一〇〇〇万人署名運動が展開されている。浜岡原発の操業停止などを申し入れ実現した菅直人首相が、政権を民主党の新代表野田佳彦に譲らされたのは八月であった。だが、その民主党新総裁、野田首相の政策は国民多数の期待から遠ざかり、財界や官僚や地元の利害関係者らの意向を汲み、原発廃止や操業停止に消極的になり、菅時代より後退した。

また、二〇一一年九月一一日はアメリカの同時多発テロ事件から一〇年目に当たる。この間のアメリカの対テロ戦争とはなんであったかが世界中から問われ、その空虚さが批判された。パレスチナ問題やイラク問題の解決への不調、アフガニスタンでの見通しのない戦争、それはアルカーイダのオサマ・ビン・ラディンをひとり殺害しても出口を見いだせるものではなかった。

アメリカはこの一〇年間に世界の指導力を喪失した。

ユーロ圏の欧州ではギリシャの財政破綻*から加盟国の国債の下落（イタリア、スペイン、ポルトガルなどの財政難）、銀行の危機を招き、薄氷を踏むような危ない状況にあった。このEUとアメリカ経済の低迷とが重なって、第二のリーマン・ショック、世界同時不況の再来の不安が囁かれている。これまで躍進をつづけてきた中国、インドなどの新興国も輸出相手国の不振を前にして伸び率が大幅に低下した。

一方、第三の経済大国日本は超円高で輸出企業が大きなダメージを受けているうえ、一〇〇〇兆円に近づいた世界最大の国債の重圧があり、東日本大震災の深刻な傷手も加わって、前途は険しい。三・一一の経験を生かして、未来をひらく可能性をどこに見いだしていけばいいのか。福島原発事故の至難な解決、被災地の復興をどう実現するのか。課題は目がくらむほど大きく重かった。

ギリシャの財政破綻　二〇〇九年、ギリシャの政権交代によって、全ギリシャ社会主義運動が政権につくと、前政権の発表していた財政赤字を上回る実態が明らかになったことがきっかけになった。デフォルトの不安からギリシャ国債は暴落し、ユーロ全体の信用不安が広がった。IMFやEUによる支援策が決まったものの、ギリシャの緊縮財政の実施を条件にしており、これをめぐって政情の不安定さが続いた。

わたしは年末も近づいた初冬、「正倉院」展にひかれて奈良へ、かつて古代史を専攻していた研究者として二〇年ぶりかで京都を訪ね、昔の友人たちに暖かく迎えられた。

二〇一二年、平成二四年、大震災からの復興、再建に政府も国民も全力をあげるべき年であったにもかかわらず、その事業は遅々として進まなかった。それは原発事故の重大さと、その処理に途方もない年月と費用がかかることが、次第にあきらかになったことにもよる。その上、野田政権の政策に一貫性がなく、原発の運転再開を認めたり、消費税の大増税にこだわったりしたため、国民の反感を買い、党内からも多数の離反者を出すという失態を演じたことにもよる。災害復興予算をつけても、各省庁の利権争いと、官僚のサボタージュと、受け皿の地方行政の能力不足などが重なって、復興事業はすすまず、被災者は依然として仮設住宅などで不便な暮らしを強いられている。これを打開すべき政治家たちの意識や能力も嘆かわしいほど低かった。

それでも少しずつ改善したのは、被災地民衆の自助努力や、末端行政の担当者の奮闘や、国民の支持に支えられた救援組織や、各NPOの活動がおしあげていたからだと思う。期待された復興景気に、停滞している日本経済を押し上げるだけの力はなかった。加えて異常な円高、ドルやユーロの低落がわが国の輸出産業の頭をおさえている。アメリカ経済やユーロ圏経済の低迷、不調が、頼みの新興国中国やインドなどの急成長をにぶらせ、わが国の停滞にはねかえっていた。こうした政治、経済環境のなかで、二〇一二年のわが国の社会に次のような諸現象が生起したのである。

一月、一六年半をかけたオウム真理教団関係の刑事裁判がようやく終わった。ユーロ安の進行が世界経済に暗い影をおとして、日本の円高も一時、一ドル七六円という最高値をつけた。わたしのユーロ貯金も一一円のとき作ったので引き出せなくなっている。寒気団が日本上空に居座り、各地に猛吹雪、まるで冷蔵庫のなかにいるようだった。NHKはEテレ特集で連続大企画「日本人は何を考えてきたのか」の放送をはじめ、わたしも協力を求められた。大河ドラマ『平清盛』がスタートしたが、宮中の描写が複雑で解りにくいと不評。二月、民主党政権は大震災から一一ヵ月経過して、ようやく復興庁を発足させた。遅すぎる。各省庁からの官僚が移籍した機関なので、どれだけ自主的に活動できるか危ぶまれている。それに衆参ねじれ国会だった。野田内閣の決められない政治への国民のいらだちが大阪市長、橋下徹への期待を高めた。小沢一郎のグループは野田内閣の増税案は公約違反だと反対を表明する。わたしも執筆に参加した共著『歴史としての3・11』(河出書房新社)が刊行された。

三月、春を期待したが、わが家の辺では猛吹雪がつづく。三・一一特集を各テレビ、各新聞社などが続々、報道した。大津波の惨害の映像がふたたび国民の脳裏に刻まれる。シリアで独裁者アサド大統領が連日、軍を動かして反対派人民を虐殺していた。国連の安保理はそれを抑えようとするが、アサドを支持するロシア、中国の反対にあって制裁できなかった。

それなのに四月の花見は各地で盛ん、去年は自粛していたので、いっそう盛り上がる。

野田総理、国民の不安と反対を押し切って、大飯原発の再稼働を認める決定を下す。「国民の生活のためだ」という。このときを境に原発廃止一〇〇〇万人署名運動がいちだんと高揚していった。検察審査会に起訴された小沢一郎に無罪の判決が出る。

五月、米国と中国が盲目の人権活動家陳光誠の中国出国をめぐってもめたが、妥協し、解決した。沖縄本土復帰四〇周年、されど普天間基地などなにも変わらず。沖縄県民総ぐるみの県外移転要求が強まった。米兵による犯罪事件は後を絶たないが、対米従属の日本政府は日米地位協定の改正に踏みこめない。NHKスペシャルで「未解決事件File02.オウム真理教17年目の真実」が報道され、それへの反響は大きかった。

六月、エリザベス女王（八六歳）即位六〇周年の記念行事が盛大に行われた。日本からも代表参列。野田内閣の支持率二〇％に低下（不支持五〇％）。小沢一郎グループの離党などなど、連日報道された。

七月、三笠宮崇仁*の憎帽弁形成の心臓手術がニュースになった。一六日の首相官邸前の反原発集会、デモに一六、七万人の一般民衆があつまったというので、一九六〇年安保闘争以来の盛り上がりと報道される。二七日、ロンドンオリンピックが開幕した。

八月、韓国大統領、竹島を訪問、領土問題がふたたび火を噴く。戦場ジャーナリスト山本美香、シリアのアレッポで銃撃され、死去。

九月、野田内閣が尖閣諸島を民間から買上げ、「国有化」したため、中国全土に反日デモ、抗日運動が起こり、日中関係は最悪の事態となった。

一〇月、自民党の総裁に安倍晋三が選出され、政界の右旋回が危惧された。第三極と期

三笠宮崇仁　一九一五―二〇一六年。皇族、三笠宮家初代当主、歴史学者（古代オリエント史）。大正天皇の第四子として出生（昭和天皇は長兄）、陸軍士官学校卒。太平洋戦争末期、戦争終結を模索、東条内閣打倒計画を立てる（未遂）。戦後は東大の研究生として歴史学を修め、東京女子大講師等を歴任、日本オリエント学会会長を務めた。『聖書年代学』（一九六八年刊）は第四回日本翻訳大賞受賞。

待された大阪維新の会の人気にかげりが見えはじめた。石原慎太郎、都知事を辞め、国政復帰を宣言。

一一月、アメリカ大統領にバラク・オバマが再選され、共和党のロムニー候補は敗退。野田首相、自民の安倍総裁と対論中、突如、解散権を行使、一六日、国会が解散された。

一二月、都知事選、衆議院議員選挙に重なって騒然たる師走となる。

六、福島から学ばぬ安倍内閣は何を目指す

安倍晋三が組閣したのは、二〇一三年、平成二五年一月。中国、韓国がもっとも忌避するA級戦犯を合祀した靖国神社に参拝した頃だった。それなのに、目先の利益を追う〝大衆〟はアベノミクスで円安となり、景気が回復し、自分たちの暮しが良くなると期待し、安倍政権を支持した。

その後、七月の参議院選挙では公約にも掲げなかった特定秘密保護法を提案し、「決めるというのでは国民を瞞したことになる」と政治評論家の森田実も批判していた。

この法律については歳末の寒風の中を多くの婦人を交えた市民たちが国会周辺に集まり、抗議の声をあげ、デモ行進までした。「子どもの将来を考えると、いてもたってもいられない」「このまま秘密保護法ができれば、戦争をするような国になる、と聞いたから」と。

特定秘密保護法の問題点は、何が特定秘密なのかがはっきりしないことだ。何を秘密にされるのかわからないのでは、チェックの役割を十分に果たせるとは思えない。特定秘密

の拡大解釈の危険は目に見えていた。

わたしは知っている。戦前のことを。「軍機保護法」と「治安維持法」でどんなに国民が監視され、自由を奪われたか、を。その結果として国民は軍国主義に同調してゆくこととなり、大戦争に至った。

戦前、どれだけ多くの憂国の人が治安維持法で獄につながれたか。拷問で殺されたか。暗い記憶がわたしにはよみがえるのだ。

思えば、安倍内閣は特定秘密保護法から集団的自衛権などを次々と決定し（二〇一四年）、戦前の治安法制や自衛隊の軍隊化に一歩も二歩も踏みこんだ。

こうしたことが、どれほど国民を危ない道にみちびくか、わたしたちは恐れる。それなのに国民の多数は、まだこの政権を支持している。そうかといって、〝この民にしてこの首相あり〟、と諦めることもできない。

二一世紀の現在、アメリカ、ロシアをはじめ西欧の主要国、イスラエル、中国、北朝鮮、パキスタン、インドなどの諸国家は核兵器と弾道ミサイルを保有している。イランもその能力を手にしていると聞く。そうした現在、国と国との全面戦争など、常識では考えられない。それは仕掛けた国の自殺行為、人類破滅行為を意味するからである。二一世紀の戦いは、現実には国境を越えた国際テロ戦争に移行しているのだ。

中国、韓国は、わが国ともっとも近い。もっとも古くからの友人として、尊重し、相互に親交する道を確立することこそ、日本のとるべき進路であろう。その大道を外れ、一三億余人の超大国中国を仮想敵に見立てた、日米軍事同盟強化による安倍政権の安全保障政策は、方向を完全に間違えている。

かれらが、「積極的平和主義」と言いながら、いったい何処に国民を引きずってゆこうとするのか。権力の監視は主権者たる人民の権利であり、また、義務であるのだから、戦後七〇年を迎えたいま、一層決意を新たにしなければならないと思う。

二〇一四年、平成二六年一二月一四日、総選挙の投票に行く。夜半、速報で結果を知る。全国の集計結果は惨憺たるもので、かつて第一党だった民主党は予想以上の惨敗、自民党が躍進して、自公で三分の二の議席を獲得した。小選挙区制は恐ろしい。国民の多くの票が死票となった。

翌日。郵便局に行く。五〇〇〇円ずつの寄附金を五ヵ所に送る。なかには明らかに中間搾取する〝業者〟が介在しているなと思われる福祉グループもあるが、見分ける方法もないので贈る。日本での福祉事業のほとんどに悪質なダニのような仲介業者が巣くっていること、厚労省の監視の目をくぐって、何万人、何十万人もこうしたダニたちがいること、その現状を行政は精査し、国民に知らせるべきだと思うのに。

国民の大多数が原発の廃止を望んでいるのに、安倍内閣は日本のエネルギー政策として、原発の再稼働を肯定し、その比率を三〇%にしたいなどと主張している。その考えに鉄槌を下すような判決が二〇一五年、平成二七年四月一四日に福井地裁から出された。判決は、高浜原発三、四号機の再稼働を、「原子力規制委員会の新基準を満たしていても、住民の安全はまもれない」ので「無効」だと宣言した。

世論はこの考えをよろこんで迎え入れた。住民側弁護団の河合弘之弁護士はこの判決の効果について「日本中の再稼働がすべて禁止されたと言ってよい」と評価し、歓迎した。他方、鹿児島地裁はこれと反対の判決を下した。川内《せんだい》原発の再稼働を容認したのである。いま、告訴人と弁護団が高裁に上告して争っている。いったい最高裁の判事はこうした状況をどう見ているのか！

二〇一五年四月、安倍内閣と経産官僚たちは、二〇三〇年の電源構成案を示した。それを見ると、今、ゼロに近い原発を二〇～二二％程度に増やし、石炭と天然ガスを五三％、再生エネルギーを二二～二四％に抑えるという構想である。これを御用学者などの多い「有識者会議」に審議してもらうというのだが、結論は見えすいている。

民間の消費者団体は再生エネルギーを三〇％台にすることを要望していた。これこそ庶民も参加できる〝グリーン・エネルギー〟の創出に通じるからである。

七、頻発する災害と国際テロの時代

この二〇一〇年代をわたしは国際テロの時代と呼んだ。なぜか、その理由を簡単に述べよう。それは二〇〇一年九月の超大国アメリカへの同時多発テロ事件から始まっている。そのときは米英軍の反撃、イラク侵攻作戦などによって局面は解決されたように見えた。だが、それで解決されたわけではなかったことが、すぐに明らかになる。ロンドン、パリでの連続テロ、シリア、イラクでの内戦のようなテロ集団との戦い、パキスタン、アフガニスタンなど民族紛争に起因する国境を越えたテロなどが続発し、いまだに解決されていない。

二〇一五年一月七日、イスラム教徒のフランス系移民のテロリストによって、パリの週刊諷刺新聞「シャルリ・エブド」の編集部員が殺されるという事件が起こった。イスラムの聖者モハムド（マホメット）を諷刺、侮辱したからとして。

この報道にパリの市民が決起し、「言論の自由を守れ」との大デモを展開した。七五万人余が参加したという。一〇日の日本のニュースはこの話題で持ち切りだった。だれが呼びかけたのか、このデモには、ヨーロッパ、アフリカ、中近東からの五〇余ヵ国の首脳も最前列に並んで手を組んで行進する映像が流された。宗派、民族の違いを越えた統一行動で、「言論の自由」のためだという。

わたしはこのニュースを聞いたとき、何か〝おかしい〟と思った。「言論の自由」には限度がないのか、人類に普遍的な絶対の価値なのか。西欧で生まれた「絶対的価値」が、人類に普遍的なものであるとは傲慢ではないか、と。

日本も例外ではなかった。ＩＳ（「イスラム国」、これは国家ではない）による日本人の拘束、湯川遥菜さん、後藤健二さん殺害事件がわたしたちに衝撃をあたえた。そして、こうしたことが、またどこで、だれに起きるのか、予測のつかない時代になった。これまでのように国家はその国民を守ったり救出することができない、そんな世界になった。絶対安全な旅などは望めない。わたしたちはそういう不安な時代に生きているのだ。

それらを考えれば、古めかしい集団的自衛権などを持ちだすとは、笑止の沙汰を通り越して滑稽である。テロから身を守ろうとするなら、憎まれないようにすること、怨みを買うような行動は避けること、それが第一であろう。日本はどの国、どこの人をも敵としない憲法を持つ平和国家である。そのことを常に掲げ、国際的な人道支援、災害支援に率先奉仕する友愛の行動を示してゆかなければならない。

二〇一五年一一月になって、またもパリで死者一三〇名を出す同時多発テロが起きた。これもＩＳが犯行声明を出したが、フランス政府は全国に非常事態宣言を布告した。

ヨーロッパも中東からの難民が大挙して押し寄せ、移民も増えている。この移民が各国で問題となっているが、日本では、この平成二七年は訪日外国人観光客が前年の一三四〇万人を上回り、過去最高の一九〇〇万人台に達した。円安に加え、日本発着の国際航空路線の拡充、格安航空会社ＬＣＣ（Low Cost Carrier）の台頭、ビザの発給要件の緩和などを背景に年々増加しているが、二月には中国人観光客四五万人が春節休暇に訪れた。炊飯器や温水洗浄便座などの電気製品や、化粧品や装飾品などを買いあさり、その消費額は一一四〇億円、「爆買い」と称されて、この言葉はこの年の流行語大賞にも選ばれた。

国別では、この年、訪日中国人が約五〇〇万人となって韓国人を上回って第一位となった。この後、平成末まで訪日外国人数は増加し、二〇一九年、平成三一年には三一八八万人となるが、訪日中国人はそのうち三〇％、九五〇万人を数えるに至った。

二〇一六年、平成二八年三月に政府は「明日の日本を支える観光ビジョン」を策定した。二〇二〇年に訪日外国人旅行者四〇〇〇万人、消費額八兆円、二〇三〇年に六〇〇〇万人、消費額一五兆円というもので、「地方創生の切り札」となり「観光先進国」を目指す施策だった。安倍政権の当初からの経済政策――いわゆるアベノミクスの三本の矢の「成長戦略」の一つとなる重点政策だそうだ。

二〇一六年、平成二八年四月一四日、熊本でM六・五、最大震度七の地震が発生した（前震）。その二八時間後の四月一六日未明にM七・三、震度七の本震が起きた。この地震では死者五〇人、重軽傷者約二八〇〇人、建物全半壊約三万六五〇〇戸の被害を被った。震度七は二〇一一年の東日本大震災以来だった。

五月、G七首脳会議（伊勢志摩サミット）が開催された。一月に実施された北朝鮮の核実験や二月のミサイル発射などが議題に上った。また会議の翌日には、バラク・オバマ米大統領が現職大統領として初めて被爆地・広島を訪れた。これは歴史に刻まれる快挙であった。

六月にはイギリスが国民投票で欧州連合（EU）からの離脱を決めた。東欧からの移民流入やEUの規制への反発など、投票者の五一・九%が離脱を選択した。ところがこの後、イギリス議会で離脱協定の承認へのめどが立たず、延期されることとなった。

七月、参議院議員選挙が行われ、連立与党が勝利して「改憲勢力」が全議席の三分の二を占めた。この選挙は、前年の公職選挙法改正により、選挙権年齢が一八歳以上に引き下げられて初めての国政選挙である。また月末には、東京都知事選挙が行われ、辞職した舛添要一に代わって小池百合子が初めての女性都知事となった。

八月、宮内庁が天皇の「生前退位」を望むビデオメッセージを公開、政府は有識者会議を設置し、天皇退位に向けて検討に入った。一二月には、戦後以来、わたしと長く交流のあった三笠宮崇仁が一〇〇歳の生涯を閉じられた。天皇にとっては叔父にあたる方だったが、古代オリエント史を講ずる歴史学者でもあった。これより前の四月には、わたしとともに「民衆思想史」という概念を定着させた安丸良夫*が八一歳で亡くなった。彼こそ〈ほんものの思想家〉だった。

一〇月には、大隅良典・東京工業大栄誉教授がノーベル生理学・医学賞を受賞、文学賞はボブ・ディラン*が歌手としては初めて受賞した。

一一月、アメリカ大統領選で共和党のドナルド・トランプが、民主党のヒラリー・クリントン前国務長官を破って勝利した。米国第一主義を唱え、環太平洋連携協定（TPP）からの離脱、既存政治への不満を吸い上げて「トランプ現象」を巻き起こした番狂わせの勝利だった。

安丸良夫　一九三四―二〇一六年。歴史学者。民衆思想史の第一人者として活躍。『日本の近代化と民衆思想』『近代天皇像の形成』『〈方法〉としての思想史』『安丸良夫集全六巻』など。

ボブ・ディラン　一九四一年―。アメリカのシンガー・ソングライター。一九六二年のレコードデビューから「時代の代弁者」として、音楽に限らず大きな影響を与えている。グラミー賞受賞は多数、二〇一六年にノーベル文学賞受賞。

二〇一七年、平成二九年二月、学校法人「森友学園」に払い下げた国有地の売却価格が格安だったこと、安倍首相夫人が同校の名誉校長になっていることが報じられ、国会で問題化した。これとは別に五月、加計学園による獣医学部新設に関する疑惑も浮上した。いわゆる「モリカケ問題」で、この後平成三〇年までの国会で与野党の論戦が交わされた。この中で森友学園理事長が外国人記者クラブで語った「忖度《そんたく》」という言葉は、この年の流行語大賞となった。

海外では二月、北朝鮮の故・金正日《キムジョンウン》総書記の長男・金正男《キムジョンナム》が、マレーシアのクアラルンプール国際空港で、顔面に神経剤ＶＸガスを塗られ殺害された。三月には北朝鮮が弾道ミサイル四発を発射し、三発が日本海に落下した。この年は一一月まで一六回に及んだ。

六月、いわゆる共謀罪の創設を含む改正組織的犯罪処罰法が国会で成立し、七月から施行された。この共謀罪は、実際の犯罪行為ではなく、相談や計画段階で処罰する法律で、過去三回、廃案になった経緯がある。今回は、三年後の二〇二〇年の東京五輪・パラ五輪開催に向けて、国際組織犯罪防止条約批准を目指し、安倍内閣が推し進めたものであった。

七月、南スーダン国連平和維持活動（ＰＫＯ）に派遣された自衛隊部隊が作成した日報が隠蔽されていたとの疑惑を受け、稲田朋美防衛大臣が辞任した。

九月から一〇月に、日産自動車や神戸製鋼所、スバルなど、製造現場での不正行為が相次いで発覚した。日産とスバルは、無資格者が完成検査を実施、神戸製鋼は品質データの改ざんなどを繰り返していた。世界に誇る「モノづくり」への信頼が揺らいだ。

一〇月の衆議院議員選挙で、またしても自民党が大勝し、公明党との連立与党で衆議院の議席の三分の二を維持した。一一月に第四次安倍内閣が発足、直後にトランプ米大統領が初来日した。


二〇一八年二月、韓国の平昌（ピョンチャン）で第二三回冬季オリンピックが開催された。日本選手団は冬季オリンピックでは過去最多の一三個のメダルを獲得、男子フィギュアスケートでは羽生結弦が六六年ぶりの連覇となる偉業を達成した。

四月に、韓国の文大統領と北朝鮮の金委員長が板門店《はんもんてん》で会談、二〇〇〇年、二〇〇七年に続いて三回目の南北首脳会談となった。この時の金委員長からのメッセージを受けて、六月、トランプ米大統領と金委員長がシンガポールで初めての会談を行った。共同宣言では、「朝鮮半島の完全な非核化を目指す」と明言されたが、具体策は先送りされた。

六月、大阪府北部を震源とするM六・一、最大震度六弱の地震が発生、死者六名を出した。七月に西日本各地を襲った西日本豪雨では、一四府県で死者二二〇人超、一万七〇〇〇戸以上が全半壊となり、豪雨災害では平成になって最悪の被害を出した。九月、大型台風二一号が近畿地方を中心に大きな被害をもたらした。強風・高潮で関西国際空港が閉鎖、近畿・東海地方で二〇〇万戸を超える大規模停電が発生した。また同月、北海道胆振《いぶり》地方中東部を震源とするM六・七、最大震度七の地震が発生、死者四一名、負傷者七五〇名以上、一時道内の約二九五万戸が停電した。

七月、オウム真理教の元代表・麻原彰晃と元幹部六人の死刑が執行された。一九九五年の地下鉄サリン事件から二三年経って、一連の事件で死刑が確定された一三人全員が死刑執行されたことになる。

一一月には、日産自動車のカルロス・ゴーン会長が金融商品取引法違反で逮捕され、同社と三菱自動車の会長を解任された。ゴーンは二〇〇一年、日産の最高経営責任者（CEO）となり、業績不振の日産をV字回復させたカリスマ経営者として知られていた。ゴーンは翌年三月に保釈保証金一〇億円を納付し保釈されたものの、四月に特別背任の疑いで再逮捕され、勾留され、下旬に五億円の保釈保証金を納付し保釈された。ところが逮捕から約一年一ヵ月後の二〇一九年一二月末、保釈中の身でありながら関西国際空港から密出国して逃亡した。

二〇一九年、平成三一年は「平成」最後の年となった。

二月、小惑星探査機「はやぶさ2」が、小惑星リュウグウ（龍宮）への着地に成功した。この後七月に二回目の着陸で岩石を採集し、一一月リュウグウから離脱、二〇二〇年一二月、カプセルがオーストラリア南部に着地した。

四月一日、改元に先立ち、菅義偉官房長官が新元号を「令和」と発表した。第一二五代天皇・明仁は四月三〇日に退位し、上皇となった。

五月一日、第一二六代天皇・徳仁が即位した。元号は令和と改元された。

八、〝地球温暖化〟という潮流に「われわれはいかに対処すべきか」

迫りくる地球温暖化により、人類は未だ経験したことのない痛苦におびえている。くり返し、あらわれる河川の氾濫や山崩れなど、数々の難問に今、わたしたちは眼前に直面している。

一九六〇年代、高度経済成長によって、わたしたちにもたらされた「公害」は、今なお解決困難な難問としてわたしたちの前途を阻んでいる。

今、流行の新型コロナによる感染者数が、全世界で約一億八〇〇〇万人に達し、それは第二次世界大戦の死者数を遥かに超えたと思われる。

南極や北極の氷がどんどん溶け出し、水位の低い島国は水没の危機にさらされているという。この危機に瀕した島国の人びとを救うためにも、人類は結束し、海面の上昇をくい止めなくてはならない。政策を急ぐべきであろう。人類はこうした情勢の場に立ちすくんでいるべきではない。

今こそ、イエス・キリストや釈迦牟尼仏などに頼るのではなく、わたしたちの奮闘努力によって状況を変えるべきであろう。「国連」などの国際的組織が真の力を発揮する時は、「今」をおいて他にない。それなくして人類に未来はない。こうした瀬戸際の時点にわたしたちが立っているのである。

今はこうした「自然界」の勢いに諦めるのではなく、抵抗を続け、〝闘って道をひらく〟それがこの地上に何万年も生きつづけてきた人類の最後の願いであろう。

その後、平成の時代が終って令和（二〇一九、二〇二〇、二〇二一年）に入ってから、わたしたちはこれまで経験したことのないような、怖ろしいコロナ禍に見舞われた。これはかつての悪質なコレラ菌やペスト菌や、結核菌が猛威をふるった以上の惨状を呈している。こうしたコロナ・パンデミック（大流行現象）のことも忘れるべきではあるまい。

わたし個人も平成前期の時代には健常だった頑健な体が、ふとした転倒から歩けなくなり、骨折が治るまでベッドに釘づけになるという（全面的介護を必要とした）状態に陥った。この二、三年、それからようやく恢復して、今は「車椅子」に依存する生活者（要介護者）になっている。再び立って歩くことは、もはや絶望的であろう。

ただ、幸いだったことに、近ごろ社会福祉制度が充実してきて、わたしも「要介護者」として、日々の生活を支えてもらうことができるようになった。記してすべての介護士、看護職、訪問ヘルパーさんたちに感謝の意を表したい。とくに上野千鶴子さんには寝たきりになったときは、特に昼・夜となく介護をして頂いた。ここに記して厚く御礼を申しあげたい。

ドキュメント

世相
歴史事情
旅
人びとの思い出

世相

諸悪を露呈したバブルの深き闇

歴史上のバブル現象というと、私はまずアメリカ西部のゴールド・ラッシュを思い浮かべる。一攫千金を夢見て、大衆がわれもわれもと西部の金鉱めざして殺到した。実態以上に盛り上がった異常な経済の活況に、射幸心にかられた大衆が熱病やみのように右往左往した時代、そしてその期待がアブクのように消えた荒廃の劇的なイメージが鮮烈である。

日本近代史の例では、第一次世界大戦で漁夫の利を得た大正の成り金たちが、高級料亭でどんちゃん騒ぎをしたあげく、明かりの代わりにお札に火をつけて、芸者に自分の靴をさがさせるという漫画が思い浮かぶ。

近年で連想するのは、ゴッホの一枚の絵を約一二五億円で落札した大昭和製紙の故・名誉会長のエビス顔である。それは一九九〇（平成二）年のことで、ロックフェラーセンターの買収など日本の大企業による外国資産の買いあさりが頂点に達したころの話であり、カネあまり、円高もあって海外渡航者が一〇〇〇万人を超えたころでもあった。

バブルは劇的な終わりがあるからこそバブルなのである。大正のバブルは一九二三年の関東大震災、二七年の昭和金融恐慌、二九年の世界大恐慌で終わった。そして今回のバブルは阪神大震災、平成金融恐慌、金満日本の没落という劇的な軌跡を描いている。バブルの時代には、政・財界のピエロのみならず、大衆もまた踊ったのだから、歴史家には興味が尽きない。

いちばんの責任は自民党にある

「バブル時代」とは昭和の最後の三年（一九八六〜八八年）

と、平成の最初の三年（一九八九～九一年）の六年間と見てよかろう。この時代のキーワードは「マネー」「カネ」であり、未曾有の「財テク」と大消費景気であった。アメリカがコケた後だったから、国際的には「ジャパン・アズ・ナンバーワン」と呼ばれた。

中曾根康弘と竹下登が昭和の終わりを首相として担い、平成になると竹下、宇野宗佑、海部俊樹、宮沢喜一と目まぐるしいほど総理が代わった。バブルの時代をつくったのは中曾根と竹下であり、その二代にわたって蔵相をつとめたのが宮沢で、この三人がA級戦犯であるといえる。橋本龍太郎はその後の二次にわたる海部内閣（一九八九年八月～九一年一一月）の蔵相であり、バブルの処理に失敗した前歴をもつ。そして不良債権の処理を先送りした宮沢喜一は、最後の自民党単独内閣に引導を渡した首相でもあった。

この宮沢内閣（一九九一年一一月～九三年八月）にYKKと呼ばれる三人（山崎拓、加藤紘一、小泉純一郎）が顔をそろえているのは面白い。この連中が金太郎アメのように、いつでもどこでも顔を出すのが、この国の実態なのである。日本の政治のお粗末さ、政治家の無責任、破廉恥ぶりは財界人や官僚の比ではあるまい。

このように、バブルを起こした責任の第一は自民党にあるだろう。だから、バブルがはじけたとき自民党もコケた。もちろん、コケたのは自民党の政治家たちだけの責任ではない。彼らと癒着して国費を食いものにしながら、国民を踊らせた公明党や各省庁の官僚や財界人らにもある。しかし、それでも最も大きな責任が自民党政権にあったことは忘れるべきではあるまい。

「財テク」の合言葉のもとに

バブルのはしりには円高とカネあまりが拍車をかけた。庶民レベルでもNTT公開株に殺到し、われもわれもと金の卵を一株だけでも購入しようと、普通の人が証券会社に走った（一九八六年、昭和六一年）。この年の最大の流行語は「財テク」で、翌八七年は「地上げ屋」と「土地転がし（B勘屋）」だったのだから、なんとも品がない時代だった。

一九八七年の一〇月にはニューヨーク株式の大暴落（ブラック・マンデー）があり、その直後、一ドル一二〇円台の円安になった。それなのに、大蔵省も金融界のリーダーたちも反省することなく、NTT株などで味をしめた家庭の主婦などまでまきこんで、投機の熱を押し上げていった。

アメリカに深刻な不況が襲ったとき、日本は猛烈な地価高騰や株高に酔っていた。一九八七年、東京の地価は前年比七〇％も上がり、平均株価は一年間で七〇〇〇円もの急騰を見た。それは産業界の大企業までが本業以外の投機に走ったからである。

「一億総財テク」などと言い立てたのは、バブルの好況の波に乗ったものたちの言い分で、資産インフレは貧富の差をひろげるばかりであった。だが、猫のヒタイのような自分の宅地の地価や金融資産が二倍、三倍に上がったため、庶民の金銭感覚をマヒさせ、消費態度を変えさせたことも事実だった。

一九八九（平成元）年、川崎市の竹やぶに二億円が捨てられてあったり、横浜市のゴミ処分場で一億七五〇〇万円が見つかったりした。高級外車や高価な貴金属類やブランド品が飛ぶように売れた。学生たちまで学術書を手放してカタログ雑誌を持ち歩くようになり、それがカッコよいとされた。「朝シャン」ブームが起きたのもこのころである。

この年の暮れ、東証ダウ平均株価は三万八九一五円という史上最高値をつけ、このあと反落に転じた。それにもかかわらず、政府（海部内閣、蔵相は橋本龍太郎）は「景気は拡大している」と言いつづけ、その拡大基調は連続四三ヵ月となり、「岩戸景気」（一九五八〜六一年）を抜いたとはしゃいでいた（九〇年六月発表）。

だからリゾート法による列島総開発だの、臨海副都心構想だの、世界都市博だのと、地上げ屋やゼネコンを喜ばせるような政策をとりつづけていたのであり、東京都は新宿に「バブルの巨塔」（新都庁舎）まで完成させた（九一年四月）。

国民自身に戻ってくる健忘症のツケ

橋本蔵相が、証券金融不祥事と元秘書の富士銀行の不正融資事件への関与で辞任に追いこまれ（一九九一年一〇月一四日）、宮沢喜一が海部内閣の後を継いだ（一一月五日）。だが宮沢は飾りもので、実質上の権力は後に「コンチクショウ」といわれる金丸信（自民党副総裁）、竹下登（竹下派会長、元首相）、小沢一郎（自民党幹事長）に握られていた。

日本国民はこうした近い過去のことをほとんど忘れかけているが、その物忘れのよさが彼ら支配層の勝手なふるまいを許してきた。この間に昭和天皇の死去や天安門事件、ベルリンの壁崩壊（一九八九年）、新天皇の即位の儀（九〇年）、湾岸戦争（九一年）と、事件が目まぐるしく続いたから仕方ないといわれるかもしれないが、その健忘症のツケは国民自身に戻ってくるのだ。

この時代、日本中が土地神話のとりこになり、正常な判断ができなくなっていた。信用第一の大銀行をはじめ金融機関がこぞって、土地さえあれば怪しげな業者にまで担保力を十分確かめずに貸し出した。金融機関だけではない。政治家も企業人もサラリーマンも庶民までもが地価や株価、ゴルフの会員権、マンションの価格は上がりつづけるものだと思いこんでしまった。

まさに地上げの嵐であり、投機という虚業の横行である。一九八五年の日本の地価総額は約一〇〇〇兆円だったと評価されている。それが九〇年には約二五〇〇兆円にふくれあがった。差額の一五〇〇兆円は、実価値とは関係のない架空の価値、実生産のともなわない幻の富、つまりあぶく銭《ぜに》。すなわちバブルだということに気づかなかった。

「日本の地価で地球の六〇％が買える」とか「日本の二六倍も広い米国が四つも買える」などと、現実味も意味もない、とらぬ狸の皮算用をしてはしゃいでいた。その豊かさの幻想で、また空前の消費景気が起こったのである。

「いい時代だった」「みんなが金持ちになったような気分になれた」と懐かしがる人がいても不思議でない。

私も悪い夢を見た

ここで私自身の恥をさらそう。実は、私もバブルの夢を見た一人である。私は都内に仕事場として使うワンルーム・マンションを持っていた。渋谷ホームズという公園通りの高層マンションで、その七階にある三二平方メートル（約一〇坪）の小部屋を一九七五年に一八七〇万円で買った。それが八五年ごろからジリジリと値上がりし、八八年には一億円を超えた。

飛島建設グループの不動産屋が一億一〇〇〇万円で売ってくれとビラを入れてきた。放っておいたら、一九九〇年一一月には一億二〇〇〇万円となり、三ヵ月後の九一年二月には一億八五〇〇万円をつけた。狂乱相場というしかない。坪単価一九一一万円、実に購入時の一〇倍に跳ね上がった。

自分の資産価値が一〇倍に増えたといわれて、浮き浮きしない人は少なかろう。私も「幻のような話さ」と相手にせぬような素振りでいながら、決して悪い気はしなかった。実はそのころがバブルのピークで、その後、急激に反落した。私の手元に、当時の不動産業者のビラが資料として残っている。

私の部屋は一九九二年に一億円割れしてから売りが売りを誘い、九三年秋には五九八〇万円、同年冬・四九八〇万円、九五年・三八〇〇万円、九七年・二三〇〇万円、九八年・二〇〇〇万円と下落の一途をたどっていった。その崩落の激しさは、売らずにただ持っていた私には夢を見ているようであった。

私は売らなかったが、渋谷ホームズでは実際、一〇坪足らずのワンルームが一億二〇〇〇万円で売れた例がある。これが三〇坪だったらどうなるか。一九九〇年、同じマンションの三一坪（約一〇三平方メートル）の四ＬＤＫに、セゾングループの「ハウスポート西洋」は四億九八〇〇万円という値段をつけていた。

オウム真理教はバブルの歴史的所産

実は、私の仕事部屋があったこのマンションには、オウム真理教が一九九五年にサリン事件を起こすとき、謀議の場として使った部屋があった。その部屋も同じように値上がりしただろう。

一九九〇年までにオウム真理教の麻原彰晃たちは数百億円の資金を手にしていたに違いない。なぜなら、オウム教団は早くから出家制をとり、入信者に資産を換金して寄付させ、出家させていたからである。

私はオウム真理教はバブル時代の歴史的産物であり、バブルの崩壊とともに過激化し、自滅したものと考えている。この教団の成長と没落の過程を見ていくと、バブル時代の特質が浮かび上がってくる。

一九八五年一二月、バブルの始まりのころ、一五人の信者でスタートした教団は、八七年二月には六〇〇人、八八年八月には三〇〇〇人、九〇年には六〇〇〇人と倍々ゲームの勢いで急成長した。この信者の何割かは全財産を麻原の前に投げだしている。かりに出家信者二〇〇〇人として一人平均二〇〇〇万円の寄付をしたとしても四〇〇億円、オウム教団が広大な敷地を買い、サティアン（宗教施設）を次々とつくり、武装化をすすめる財力を得ていた秘密が分かる。オウムの教団は、バブルによって急成長が可能になった時代の鬼子だったのである。

麻原彰晃は、この時期に精神の治療師、超能力保持者として登場する。当時のマスメディアはさかんに超能力者をブラウン管に登場させ、いわゆる心霊ものを繰り返し放映して広告収入を稼いでいた。麻原はこの時流にのり、インドから帰って最終解脱者になったと宣言した。彼はバブルが熱狂化した一九八八年、「地獄化したこの人間社会の救済は不可能かもしれない」などと説教しながら、自分の血のまじった〝聖水〟を飲ませるイニシエーション（救済儀礼）に一件一〇〇万円の値段をつけていた。バブルを逆手にとったカリスマとしか言いようがない。

私たちはオウムというと、一部の幹部がおかした犯罪の凶悪さの追及にばかり目を奪われがちだが、高い学歴や科学的知識をもった若者たち（大学院在籍者が数十人も入信している）が、なぜ麻原のような人間に魅かれ、全財産を投げ出して出家までし、あげくは常識を超えた犯罪に走るようになったのか、その社会心理的分析こそが重要ではないか。

地下鉄サリン事件が世界中を驚かせ、麻原たちの裁判が始まったころ、私はアメリカ東部の大学町にいた。ハーバード大学でもプリンストン大学でも、オウム問題をめぐるシンポジウムが開かれ、強い関心を示していた。これは、ひと事ではないと感じたからであろう。アメリカでも、一九九三年にテキサス州ウェーコで「ブランチ・ダビディアン」（新宗教の教団）とＦＢＩが銃撃戦を交え、信徒が全員死亡するという大事件が起きていた。ダビディアンもオウムと同様の終末観をもち、世界の破滅を予言し、国家に敵対し武装していた。

反社会的なカルト、破壊的カルト、「セクト」の問題は、フランスやドイツ、ベルギーなど西欧諸国でも重要問題になっていた。世界基督教統一神霊協会、太陽寺院、エホバの証人、サイエントロジーなどが各国政府の調査対象になっていた。近代文明の爛熟期の過酷な市場原理が支配する競争社会から疎外され、落ちこぼれた若者たちは、潜在的に「カルト」に向かう可能性をもっていた。

絶望的な状況に置かれた子どもたち

このように、バブルの時代、一億あげて「ええじゃないか」踊り（明治維新期の混乱から生れたといわれている）に興じている間に、麻原彰晃らのオウム教団は着実に勢力を拡大していったが、その背後には青少年が社会不信に陥る状況が生まれていた。

たとえば一九八〇年代から顕著になる、青少年、とくに生徒らの家庭や学校や社会への反抗、暴力事件の拡大の背後には、大人たちがつくった「暗い時代」への絶望があった。このことはオウムの若者たちの出家衝動や反社会の行動と対応しているように考える。

思えば一九八〇年代の前半は、第二次石油危機（七九年）の後で会社の締めつけ、いわゆる第一次リストラが進行して、親たちの世代にはきびしい時期だった。日本のサラリーマン層は反抗の牙をうばわれ、「社畜」「モーレツ社員」として身をすりへらすほど働くことを求められた時代だった。男たちは、夫として父としての役割を放棄し、主婦たちの孤独と、さまざまな形の抵抗を呼び起こしていた。

一九八〇～八三年、家庭内暴力が残酷な事件となって続発し、世間に衝撃を与えた。金属バットで両親を殴り殺したり（八〇年）、東京大学名誉教授の祖父を孫が惨殺する事件（八二年）などが相次いだ。また偏差値重視の教育や受験競争の重圧に対する反抗心は、校内暴力事件を激発させた（そのピークは八三年といわれる）。

憤懣を外に向ける力がなく、暴力をふるえない子どもたちは、不登校という逃避や、仲間への「いじめ」に内向する。その「いじめ」に苦しむ子たち、「落ちこぼれ」させられて、心の傷に耐えられなくなった若者たちは自殺に向かう。一九八五年、自殺者は二万五〇〇〇人とこれまでの最高を記録した。

やがて日本はバブル時代に突入するが、家庭崩壊の心理的な泥沼は、子どもたちに強く作用した。かよわき家父長である亭主たちは、その妻子との空白を埋めるためにコミュニケーション抜きで「カネ」だけを与えつづけた。この「カネ」への盲信こそ、バブル時代の特徴ではないのか。この価値観は、家父長に反発したはずの妻や子どもたち自身にも形を変えて浸透していった（子どもの「いじめ」に金銭の要求が絡むなど、以前は考えられなかった。妻の浮気は昔もあったが「金妻《きんつま》」のような明るく大胆なものではなかったはずだ）。

このように、バブルは経済ばかりか日本人の魂にも深い傷を残していたのだ。私がオウム事件を取り上げるのは、その時代の陰の部分や内面の深さを知ることが現代の認識のためにも必要だからであり、バブルが人々の生き方や価値意識に与えている影響の大きさを忘れないためである。（中略）

バブル崩壊で露呈した日本社会の閉鎖性

一九九〇年代に入って過熱状態となったバブル景気は、ソ連邦が解体した九一年には崩壊を始め、九二年には完全に瓦解した。それは劇的な急落で、東証株価指数は三万八九一五円（八九年一二月）から一万四八二二円（九二年八月）と、三分の一近くにまで落ちこんだ。

大蔵省は、この直後に金融不安を警戒して都市銀行の不良債権を考査したが、そのときの発表では一二兆三〇〇〇億円であった（一九九二年一〇月三〇日）。それがどうだろう。六年後にはその一〇倍はあるだろうと推測されている。なぜ確定値ではなく推測なのか。それは、銀行が不良債権の実態を隠しつづけ、いまだに情報開示を拒んでいるからである。銀行の経営者らは、政府の超低金利政策（預貯金の利息はタダに等しい）に助けてもらいながら、みずから抱える不良債権の根本的処理を先送りし、金融不安を招いた。

大蔵省や日銀がこうした銀行経営者を監督、処罰できないのは、そこが彼らの天下り先であり、すでに彼らの先輩が多数、ダニのように大銀行などに食いついていたからであろう。さらに、長い年月続けてきた政府、自民党、大蔵官僚らによる護送船団方式という銀行優遇策があったし、日本の金融機関の痼疾《こしつ》といってもよい、極端な秘密主義や日常の閉鎖性が根本にあるからである。

元銀行員で今はノンフィクション・ライターの横田濱夫氏は、日本の銀行の異常な隠蔽体質をくわしく紹介して、情報開示できない本質を「銀行ムラ」と断じている。この閉ざされた世界では、給与体系やその個々の明細などは絶対他言してはならないという厳命が出ていた。人事部や総務課の監視から離れて外部と接触した者は犯罪者扱いされた。

旅行するにしても、同じ銀行員と一緒に専属の施設に泊まり、住居はおおむね社宅であり、交際の範囲もその域内に限られる。他の企業と比べて高給はもらえるが、これでは飼い殺しである。それを破れば村八分の目に遭うか、昇進の道を絶たれる。死ねば会社墓に葬られる。

とすれば、内部告発など不可能であり、みずからの手でその体質を改革することなどまったく期待できない。総会屋がその秘密をほじくり、脅迫できるのはこのためで、「恐るべき閉じこめられた世界」というほかない。

佐高信氏は住友銀行、富士銀行、第一勧銀などの経営実態を評して「会社という名のサティアン」と決めつけている。この世界では朝礼から社歌斉唱、ミソギ研修、社長宅への年賀参りまで、公私の別がなく、「社畜」としてならされていた。世界的な会社といわれるほどの産業界のトップ企業までが中身は似たり寄ったりだという。経済が順調に回転しているときはよい。しかし、いった

ん破綻したら、その閉鎖性や弱点が白日にさらされるのだ。（中略）

日本丸はどこへいく

アメリカの金融資本はこうした日本政府の無策につけこみ、日本国民のタンス預金の吸い上げに積極的に乗りだした。こともあろうに自民党政府は、この自国経済の大混乱のなかで、杓子定規のように「金融ビッグバン政策」（これこそ米金融資本の望むところ）を採用した。利子五・五％と〇・五％の自由競争を認めれば、どちらが勝つかは小学生にでも判断できる。

大前研一氏の次のような痛烈な言葉が思い浮かぶ。

「（いま金融の完全自由化を実施することは）墜落しているJAL機が、その途中でいっせいに窓を開くようなものだ」

今年（一九九八年）の四月、新外国為替法が施行されてから、滔々と日本のカネがアメリカの市場に流れ、その勢いはますます強まっている。気がついたときには、日本はアメリカの金融植民地になっていたということになろう。日本は軍事的にはいまなおアメリカの従属国なのだから、ますます「日米親善」が深まると喜ぶ向きもあろう。私はナショナリストではないので国際化は歓迎するが、いまのアメリカ合衆国のやり方には根本的な不信感をもっているので、彼らへの従属は拒否したい。

それにしても、自分自身の力で古い体質を変えることのできない以上、日本の銀行などはビッグバンの嵐にさらされ、外圧によって変えられるしかないのかもしれない。銀行がつぶれるとき、その経営の責任者らはきびしく処罰されなくてはなるまい。少なくともアメリカがやった程度には罰せられなくてはならない。

中小企業が破産すれば、その社長や重役は債権者や取り立て人から身ぐるみ剝がれ、家屋敷から追い出される。小工場を経営していた私の弟など、倒産して個人資産をいっさい失い、数年間、身を隠していたものだ。それが資本主義というものではないか。それをどうして大銀行、大企業の経営責任者らだけがまぬがれるのか。

会社を倒産させ、たくさんの社員とその家族を路頭に迷わせ、無数の出入り業者や債権者に致命的な損害を与えながら、ぬくぬくと豪邸に住み、私財を保障されて暮らしている彼らの存在を思うと、この日本という国は、広瀬隆氏ではないが「私物国家」だったと認めざるを得ないだろう。

バブルは、日本が自己増長の頂点に立ったときの現象であり、その崩壊は日本社会が抱えていた諸悪をいっせいに露呈した。それをどうやって克服するのか。口先だけのゴマカシや問題の先送りは許されない。仲間言葉を身内だけでキャッチボールし、責任を曖昧にすることも今度はできない。世界中が、今後の日本の一挙手一投足に注目しているからである。

おそらく、今は戦後最大の試練の時期であろう。不謹慎かもしれないが、面白いといえば面白い。こういう時期にこそ、活躍できる人物が生まれてくる。闇はなお深いままだが、朝の来ない夜もまたない。

（『論座』朝日新聞社刊、一九九八年一〇月号）

オウム真理教団・麻原彰晃の闇

はじめに

地下鉄サリン事件が世界中を驚かせてから、現在、欧米でも日本でもオウム事件についての研究や意見が盛んに発表されている。なかでも宗教学、社会学、心理学、精神医学、教育学、人類学、民俗学の学者や評論家、ジャーナリストの見解がたくさん出されているのに、事件を総合的に捉えるべき日本の歴史家の発言がほとんど聞かれないのは淋しいことだ。私などはこの一年半余の公判を通じて、かなりその全貌が見えてきたように思う。細かい経過はともかく、事件そのものの歴史的考察については近現代史の研究者として仮説ぐらいは提起すべきだと考える。

なぜ彼ら外国の研究者がオウムに注目するのか。世界一安全な国と思われていた日本で、少数「狂信者」集団が全社会を震撼させる新しいテロの可能性を開いたからである。これはひとごとではない。アメリカでは一九九三年にテキサス州ウエーコで「ブランチ・ダビディアン」（新宗教教団）とＦＢＩが銃撃戦を交え、信徒が全員死亡する大事件があったばかり。ダビディアンもＬＳＤ（幻覚剤）などを使い、終末観をもち、世界の破滅を予言し、国家に対して武装していた。オウム真理教団と似ているのである。私は滞米中、この事件を一国内の異常なカルトによる暴走事件として限定してはならないと思った。

そしてこの事件は一九八〇年代という特殊な歴史的状況があって、はじめて生起し得た時代の産物だと思う。地価暴騰のバブル期に集めた莫大な資金力とタテ支配の組織力を駆使した教団幹部による多義的、複合的な重大犯罪事件である。麻原彰晃らは教団の急成長に自信をもち、一九九〇（平成二）年二月、二五人の幹部を国会選挙に立候補させ、権力を志向し、全員惨敗したが、その頃から方向を転換。彼らに内蔵していた攻撃性を強め、金権汚職で腐りきっていた自民党権力を見下し、一党支配がくずれた一九九三年頃から教団武装化を本格化していたのである。

この年の暮れ、サリンを八王子で実際に使用（池田大作創価学会名誉会長暗殺未遂）、一九九四年三月には自らを権力が最も恐れる反社会的な「カルト宗教」の「カリスマ性をもった教祖」と誇示するような挑戦的な説法をし、六月、神聖王国の内閣をつくり、自ら神聖法皇と宣言、日本国家との対決姿勢を示した。松本サリン事件を起こしたのは、その翌日である。彼らに旧時代の日本人特有の銃（武装化）に対するタブーや、菊（天皇や国体）のタブーがないのは、いかにも新世代の発想だが、私は七〇年代の過激派などからテレビなどを通じて吸収したものだと思う。また、カルト内のマインドコントロールの強さ、仲間へのリンチの苛酷さなど、連合赤軍の精神構造との類似性も見逃しがたい。

もちろん、違いは大きい。武装教団としてのオウムには人民への愛がない。無差別的な攻撃性と幻想性と滑稽さが背中合わせになっている。また八〇年代のグループらしく科学アニメや最新の高度技術への偏愛とメディア利用の感覚はズバ抜けているが、脱世間の自閉的な心情もきわだっている。その性格には先進国の若者文化やカルトとの共通性があり、国際比較の対象となる、きわめて日本的かつ現代的な事件といえよう。以下、七つの論点から歴史とからめて問題を洗い出してみよう。

オウム一般信者の問題

この教団はバブル期の所産であり、バブルの崩壊と共に過激化した。なぜ、若者たちが一九八〇年代後半から急にオウムのような教団に多数入信したのか。一九八五年一二月に一五人だったのが、八七年二月には六〇〇人、八八年八月に三〇〇〇人、九〇年六〇〇〇人、さらに一万人台へと急伸した。一般信者には、全財産（その頃不動産は暴騰していた）をなげだして出家した信者と、在家のままの多数の信者とがあり、ほとんど犯罪とは無関係なのだが、結果的には無批判に麻原彰晃の教団に所属することにより、また資金を提供することにより、事件を支えてしまった。その一般信者の入信の動機とその頃の状況が問われるのである。

八〇年代の前半は第二次石油危機後で会社の締めつけ、いわゆる第一次リストラが進行して親たちの世代には辛かった。他方、校内暴力、家庭内暴力、家庭崩壊、いじめ自殺、受験地獄など、子どもの事件が激発して、レーガン、中曽根の軍拡による危機感などとあいまって、庶民にとっては暗い時代であった。

八〇年代後半は円高景気もあって一転して親の世代は自信を取り戻し、土地や株など資産のインフレを喜び、個人も法人もマネーゲームに走り、政治は汚職にまみれ、まさに日本中が「狂った時代」になった。

この時期、偏差値競争や塾地獄や偽善的教育や出口のないシステム社会の空虚と不信の中に放置されていた子どもたちは絶望している。彼らは汚れたこの世俗を嫌い、あの世を、きれいな夢を、真実を、超現実を渇望していた。同世代のアイドル尾崎豊の反抗の唄に涙をこぼし、一七歳でビルから飛び降り自殺した岡田有希子のあとを追って死んだのである。

この頃、まじめな若者の一部が死や心の問題の解決を求めて宗教に走ったのは当然であろう。読売新聞の元政治部長だったわが友、多田実君が嘆いた通りである。

日本中が狂った時代であった。一九八五年から九〇年にかけて、政治家も企業人もバンカーも、いやサラリーマンや家庭の主婦さえもが土地神話に酔い、地価も株価もゴルフの会員権もマンション価格も上がりつづけるものだと思いこんでしまった。銀行などの金融機関は土地でさえあれば担保力も十分確かめずに貸しまくった。無責任な評論家は「財テクをやらない経営者は化石だ」とまで投機をあおった。あげくの果てには大都市での地上げの嵐であり、暴力団のバッコであった。

一九八五年の日本の地価総額は約一〇〇〇兆円だったとされていた。それがバブルによって九〇年には約二五〇〇兆円にふくれあがったと評価された。人びとはこの一五〇〇兆円の差が実は実生産、実サービスといった実価値とは全く関係ない架空の幻、つまりバブルということさえ長く気づかなかった。それどころか「日本の地価で地球の六〇％が買える」「面積で日本の二五倍もある米国が四つも買える」などとソロバンをはじき、はしゃいでいた者もいた。その狂騒の果てが当然の結果としての住専破綻をキッカケとした政治、行政、経済、金融にわたる秩序の大混乱と、不信の増大、前途の見通し難である。

麻原彰晃はこの時期に超能力を持っていると宣伝して関心を集め、インドから帰って最終解脱者となったと宣言、多くの人びとをひきつけていった。また一九八八年、「地獄化したこの人間社会の救済は不可能かもしれない」などと説教していたのである。（中略）

オウムとメディアの問題

テレビ、週刊誌、新聞それぞれによる差異はあるが、初期は一九八九年の『サンデー毎日』による激しい連続批判報道などオウム叩きが主流であった。法人格取得後の中期には、教団に理解を示す扱いがふえ、興味本位となり、幹部をタレント化して、テレビ各社は視聴率稼ぎに利用した。サリン事件以後は、警察の後追い犯罪報道一色となる。

ＴＢＳが坂本弁護士の取材フィルムをオウム幹部に見せ、犯罪の端緒をつくったのも、取材競争中の逸脱であった。その過失は重大な結果をもたらした。六年後坂本一家殺害が明らかになったあと、ＴＢＳは追いつめられて陳謝し、放送界も同調、自粛の形を見せたが、もともとオウムのようなもののブームをあおったのは自分たちであったことを認めてはいない。

一九八〇年代、圧倒的な情報量で青少年を心霊世界や超能力趣味に誘い出し、面白半分に非現実的な異界や霊の存在を強調していたのは誰なのか。そのメディアが今、オウムに走った人を批判するのは自己矛盾だ。その頃の心霊ものの洪水のような放送や出版物を思い浮かべればわかることである。現代人は情報社会の中に不可逆的に生かされている。とくに若者はそれを日々の糧として、生きる心の悩みを解こうとしていたのである。オウム事件はメディアにもきびしい反省を迫っている。

オウムに対する国家の責任

この事件の解明に最も無力、無能ぶりを示したのは公安調査庁である。この総理府直属の役所は六年前、米ソ和解が成立したあと、廃止されてよかったものである。こんどの行革でも一番の整理対象になるものと私は思う。麻原彰晃は彼らをＣＩＡの手先、ＪＣＩＡと過大評価していたが、贔屓《ひいき》の引き倒しであろう。もともと彼らは過激派や共産党の尻を追うほか何の能力も持ちあわせていなかった。この六年間、オウムを追跡して何をしていたのか。八王子のサリン事件、松本のサリン事件を見逃し、三年目の地下鉄サリン事件も防げなかった。税金を浪費して五〇〇〇人もの死傷者の安全を守れなかった責任は重い。

警察も長官が銃撃されるなど、先例のない失態があった。しかも、警視庁と警察庁が対立し、警視庁の現職巡査長が警察庁長官を撃って、しかも警視庁がその自白した巡査長を長いあいだ隠していたなど（結果は警視総監の辞任）、いったい彼らは何を考えていたのか。役所を私物化している。

オウム事件は、こうして日本の警察のあり方に重大な矛盾のあることを露呈させたばかりか、無用の金喰い機関・公安調査庁の廃止と、破防法の廃棄という問題をあらためて提起していた。

外国のカルト教団事件との国際比較の問題

一九七八年、南米ガイアナで、故国を逃れて集団生活をしていた武装教団「人民寺院」の九〇〇人余が米国からの調査団を弾圧者だと思いこみ、集団自殺した事件は世界中を驚かせた。それから一五年、一九九三年の「ブランチ・ダビディアン」とＦＢＩとのテキサス銃撃戦まで、アメリカのカルトとオウムはどんな共通性と相違点をもっているだろうか。その比較研究によってオウム事件の現代性や歴史性は一層鮮明になるに違いない。

「人民寺院」では教祖のジェイムス・ジョーンズが原水爆による世界破壊やアメリカ帝国主義による教団圧殺の切迫を予言して武装していたが、麻原らは世界最終戦争、ハルマゲドンの到来、ＪＣＩＡなどの弾圧を予想し、サリンや細菌兵器の開発を行っていた。「人民寺院」や「ブランチ・ダビディアン」は迫害があるなら先制攻撃をしなくてはならないと主張していた。とくに「人民寺院」指導者ジョーンズは全米各地に多数の殺し屋やテロリストを潜伏させ、教団を攻撃する政府高官やマスコミ担当者らを狙っていたという。これとよく似た行動がオウムにも見られる。実際にオウムを激しく論難した『サンデー毎日』の編集長が狙われたり、警察庁のトップ、国松長官が銃撃されたりしたのである。また地下鉄サリン事件は、霞ケ関を中心に教団手入れ前の警察行動の撹乱を狙って実行された。

さらに、「人民寺院」や「ダビディアン」らは覚醒剤やLSDなどを信徒に多用していたというが、オウムも瞑想、修行やイニシェーションなどのほか、脱落者の監禁、拷問、誘拐などに薬物を多用し、七人の教団医師をその実行に動員している（私は当時在米中で、直接見聞していた）。

　最後に「人民寺院」も「ダビディアン」も、結末は教祖と共に集団自殺ともいうべき死をえらんだが、オウムは教祖麻原がねずみのように天井裏に隠れて逮捕されるという、まことに無様《ぶざま》な醜態を見せた。それは、「玉砕」の日本的伝統とは全く異なる結末であった。その点、オウム事件はやはり新しい現象というべきかもしれない。

　五〇〇〇人余の一般市民を殺傷した非道なこの武装集団のあっけない解体ぶりに呆然としたのは、マスメディア、警察、公安ばかりではあるまい。彼らに一時でも倒錯した幻想をよせた宗教学者や旧反体制派知識人の一部も拍子抜けしたことであろう。

「泰山鳴動ねずみ一匹」という古語があるが、それを引いて、オウム事件を軽く見るつもりはない。この事件を生みだしたのは日本の現代の世相と歴史そのものであり、現代日本人はこのオウム事件によって、その病理や矛盾や明日の可能性をも照射されたのである。さらにこれは日本の問題にとどまらない。世界の多くの工業国がこれから直面する難問でもあることを指し示している。

（『近代の光と闇』日本経済評論社刊、二〇一三年）

庶民のこころと情報革命

柳田國男の試み

「雪はコンコン降る　人間はその下で暮らしているのです」

「雪　コンコン　夜は　炉辺で　ものがたり」

（『山びこ学校』無着成恭編、一九五一年）

　大きな自然のなかで、小さな村や家の炉辺で、人びとは世間話に興じ、昔話に夜をふかし、しみじみと、ひっそりと何千年もくらしてきた。メディアと言えば、口から口へ伝えられる言葉や唄がほとんどで、情報は顔の見える間でのやりとりであった。そのころの庶民は貧しいながらも温もりのある自足した心のくらしを持っていた。自然と神と人間との、幻想と現実が入り交じったコミュニケーションが『遠野物語』までの世界である。そんな時代が、この国でも、つい一世紀前まで民衆のなかにはあったのである。

柳田國男が岩手県遠野の物語を記録した一九一〇（明治四三）年には、じつは日本の近代化はかなり進行しており、情報空間も広がっていた。人と人とをつなぐメディアも発達し、その刺激による「村の興奮」「街道の人気」もたかまっていた。そのことを柳田は一九三一年の著書『明治大正史世相篇』のなかで「故郷異郷」「新交通と文化輸送者」の二章に詳述している。庶民は小さな家や親類縁者たちの村世界から否応なしに広い世間に引き出されていたのである。

資本主義の発達にともなう人間の頻繁な移動や、馬車、鉄道、郵便、初等教育などの全国的な普及にともなう情報の大波は、まさに庶民を長い泰平の夢からめざめさせた。村は一種の興奮状態におちいり、共同体は生き残りをかけて、有能な若者を続々と町に駆り立てたのである。立身出世の夢、少しでも上へ這いあがろうとする競争意識は、刺激的な情報の洪水のなかで人びとを不安にし、また期待をいだかせた。そのことを柳田國男は民衆の情動の変化として巧みに捉えている。だが、変わらなかった部分にも注目し、『世相篇』のなかで民俗として描いてみせた。かれの日本民俗学はそこに生まれたのである。

戦後日本の変化

その変わらなかった部分までが大きく変わる時代がきた。敗戦後の復興期を経た一九六〇―七〇年代である。

この時期、戦後の日本社会は高度経済成長という未曾有の近代化の大波に洗われており、その影響は農山村の隅々にまで及んだ。生活面での都市化、資本主義化の徹底的な浸透である。それにより農山漁村に残っていた古い民俗は急速に失われ、代わって新しい儀礼や世相が生まれてきた。その変化があまりにも激しいので、わたしは『昭和史世相篇』（小学館、一九九〇年）という著書のなかでこの現象を「生活革命」とよんだ。そして民衆の意識面での変動を媒介する最大のものはメディアであり、とりわけテレビの影響が大きいと判断した。

しかし、今から思えばこの六〇―七〇年代の「生活革命」は、敗戦で立ち遅れた日本固有の現象で（アメリカなどは一九二〇年代に通過している）、世界史的に見れば、一九八〇―九〇年代にメディア革命によるグローバルな「生活革命」が起こりつつあると言うべきだろう。インターネット時代の到来である。それは現在進行中で、室謙二《むろけんじ》が言うように、どこまで行くのかわからない。日本はそれでどうなるかについては議論のわかれるところである。

炉辺での対面情報の時代からグローバルなインターネットの利用まで、わたしたちはずいぶん遠くにきたようだが、わずか一世紀のことである。（中略）

第一の情報革命――テレビ世代の証言から

戦後、急速に最大のマスメディアにのしあがったのがテレビであることは言うまでもない。一九七〇年代には広告媒体としても新聞を追い抜いた。そのテレビ文化を全身で吸収して育ったのが戦後すぐの生まれの「団塊の世代」であり、かれらにとっては、テレビが父親の代わりであった。（中略）

民衆の同調主義とメディア

日本のテレビは欧米と違って当初から中央集権的で放送内容は全国画一であったから、情報による〝国民統合の権力〟を代行する傾向をつねにもっていた。許認可権をにぎる郵政官僚や郵政族の政治家に弱く、そういうものの拘束のないアメリカのように、権力に対し毅然とした態度をつらぬくことがなかった。皇室報道での頻繁な自粛規制はその一つで、イギリスなどとは非常に違う。

一九八八、八九年、昭和天皇重体時の異常とも言うべき執拗な官報的な画一報道や自粛協定は、門奈《もんな》直樹《なおき》氏の言われるように、受け手の民衆のあいだに戦時下を思わせるような横並びの自粛現象をひき起した。若い世代の冷静な批判や反応をまったく無視し、天皇制に関する本質論議などを回避して、ただ「おいたわしい」という哀悼や天皇賛歌の大合唱であった。これは放送、新聞、雑誌、みな共通であり、世論をまきこみ、異端を排除する風潮を突出させたのである。

国民主権を宣言し、個人の自由を尊重したはずの戦後民主主義はどこへいったのか。日本の民衆に根深くある横並びの同調主義が日本型のメディアによっていっそう増幅された。この突然の現象に恐怖を感じたのは近隣諸国民ばかりではない。「非国民」呼ばわりされたわたしたち批判的な市民もそうだった。長崎市長が銃撃される事件はこうしたなかで起こったのである。（中略）

期待のメディア革命――インターネットは日本を変えるか

「一九八〇年代という時代は、世界的に見て、二一世紀まで持ち越されるであろう根底的な変化が、とりわけメディアの世界で起こった時代である」（粉川《こがわ》哲夫）。

　とくに八〇年代後半は、世界史の画期となったベルリンの壁崩壊を象徴とする東西冷戦構造の終焉、日本バブルの狂宴、昭和天皇の時代の終わりなどで、これから研究の対象となるに違いない。おなじ時期、メディア革命ともいうべき事態が進行していた。パソコン、ケーブルテレビ、通信衛星、光ディスク（CD―ROM）、携帯電話、ファックス、インターネットなどは、この時代に飛躍的に進化し、九〇年代にかけて浸透した。とくにインターネットの利用拡大はとどまるところを知らない。

　一九九五年一月、阪神淡路大震災が起こったとき、ボランティアとともにインターネットを利用したパソコン通信が活躍したことはわたしたちの耳に新しい。さらに、その一年前の一月一日、メキシコ南東部のチアパス州で先住民を主体とする「サパティスタ民族解放軍」が武装蜂起し、軍兵舎や前の州都サン・クリストバル市を攻撃、占領したとき、かれらは決起の趣旨をインターネットをつかい、広く世界に訴えた。そのためメキシコ政府は世論におされ、対話実現を余儀なくされた。今なおサパティスタは兵力を温存し、人民の同情を集めて、チアパスの密林のなかに立てこもっている。これもまったく新しい事態と言える。

　わたしは昨年、このチアパス州とサン・クリストバル市を二度おとずれた。今は治安はほぼ政府軍によって回復されているが、インディヘナ（この地方に多く住む先住民）と学生、知識人らのサパティスタ支持は圧倒的であった。その黒い覆面をした指導者は「マルコス」という経歴不明の白人だが、元大学教授とも言われ、伝説化されている。

　かれらが密林のなかでインターネットを活用していることは間違いない。二度目にわたしが行った夏、かれらは世界中から千人以上の支援者を集め、森のなかで大集会を開いていた。サン・クリストバルはヒッピー風の旅行者でごったがえし、町にはマルコス・グッズ（Tシャツや人形など）が溢れていたものである。

　インターネットは運動に新しい展望を開いた。それは八九年の東欧革命の時からインターネットによる情報交換の形で現れていた。それは独裁体制を崩壊へみちびく力の一つとなった。だから日本の市民主義運動の長老を有頂天にさせても不思議ではない。インターネットはそのものの力で国家権力を溶解し、国家を越え、ボーダーレスの時代を開き、世界を変え、日本を変える、と。久野収氏がそういう素朴な談話を発表している（「〝壁とともに去りぬ〟そして、なんとインターネット」『地球市民宣言』創刊号、一九九六年九月）。

氏によると国家権力は本来、情報を機密化して市民を支配し、国境をつくり、軍隊をもち、徴税権を行使し、国家意識を強調してきたものだが、それが今、インターネットの登場で情報の独占が崩れ、軍隊をもつ意味も徴税権も国境も溶け去りつつあるという。しかも、それはリベラル派や左翼や市民運動の成果によってではなく、電子文明や技術によって急速に実現に向かっている、と。

久野氏に最近の日本の運動家への絶望があることはわかる。だが、インターネット万歳ではこまる。インターネットも歴史的に制約される技術で、オートマチックに国家権力を溶解したりはしない。当然、その国の社会のあり方によって現れかたが違ってくる。ある国家は権力を行使して、国民のネット使用を締めつけるだろう。釈迦に説法は止めるが、この『心とメディア』の巻の執筆者の誰一人、手放しでインターネット万歳を説いている人はいない。それどころか最もこの新技術に深い知識と長い経験をもつ室謙二氏が最もきびしい見方をしている。室氏はアメリカでも一番インターネットの進んだ地域に一五年間生活し、頻繁に日本との間を往復して比較しながら考察している。

メディアと世相

コンピューターを導入してもものごとが良くなるとは限らない。「ジャーナリズムの憂鬱」を書いた斎藤茂男氏は、新聞社や通信社に電子編集が導入されてから、編集局の現場にはむしろ閉塞感や無力感が広がっているという。歴史や現実を事件の現場に入って深く広く検討、分析し、真実や新しい価値を発見するジャーナリストとしての仕事より、迅速に大量の記事を出稿することが重視されるようになったからである。

業界内部の過当競争にあけくれ、他社との目先の取材競争に勝ち抜くことだけに精力を奪われているうち、日本のジャーナリズムの批判精神はどんどん衰退していった。しかも、それら情報の受け手の読者も批判する力が弱く、むしろ画一報道に同調するとしたら、先は暗いだけだ。

ペルーの日本大使公邸人質事件のとき、テレビ朝日系列の人見記者が邸内取材したことに対して、マスコミ各社は政府と歩調をあわせてバッシングした。それにリベラル派知識人までが同調したが、このときこうした大勢に批判的なコメントを発表した放送局や個人には、電話やファックスなどによる攻撃が殺到したという。「おそらく普通の市民と思われるこの人たちと、報道する側が言論・報道の自由の大切さという認識を共有できなくなっている現実があるとすると、ジャーナリズムの行方は平坦ではない」（斎藤茂男）

そうした現実が確実にあることは、先に天皇報道をめぐって紹介したとおりである。これはコミュニケーションがいっそう発展し、インターネットの時代になれば、自然になくなるようなものではない。問題はメディアと民衆のあり方にあるからである。

豊かだと言われる一九九〇年代の日本の東京のど真ん中で、動かない車中で生活していた老夫婦が餓死していた事件が報道された。わたしたちはテレビやインターネット通信によってパリやニューヨークで何が起こったか知っているのに、隣人が餓死しつつあるのに気づかない。「わたしたちは、そういう恐ろしいワンダーランドで暮らしているのだ」（赤塚行雄）

赤塚氏は現代の犯罪の動機を検討しながら、インターネットのような「機械系コミュニケーション」の発達に対して、「人間系コミュニケーション」はどうなっているのかと問うている。家庭内や近隣との人間的な交流は破綻し、断絶していないか。「繁栄を誇る大都市の中で餓死する老人たち、業・官・医一体の組織ぐるみでの薬害殺人、これらは、人間系コミュニケーションの断絶を象徴する事件ではなかったのか」と。

この文の冒頭の「雪　コンコン　夜は　炉辺で　ものがたり」が思いだされる。近代文明の発達によって、わたしたちはこの「メディアと心」の原点を喪失しつつあるのだろうか。

（『東北の再発見』河出書房新社刊、二〇一二年）

高齢者介護に文化を

「お年寄りを幼稚園児あつかいするのは止めて下さい」という投書をよく目にする。市町村のデイサービスセンターなどを見て回ると、次のような光景にぶつかることが多い。車いすなどであつまった老人たちに一斉に童謡を歌わせたり、お遊戯をさせたりしている。活躍している若いヘルパーたちの善意と熱意は評価するのだが、日本の介護文化がまだ幼稚なせいであろう、老人たちを痴呆か児童のようにあつかってしまっている。一対一の場合もそうで、彼らの魂をゆさぶり、自立への意欲をひきだす精神介護とはほど遠い現実である。

私は「お年寄り」という日本語の最近の使われ方に違和感をもっている。若者にたいしては若い人、青年などというのだから、年寄りにも同じようにいえばよい。敬語なら相手によって変えるのがふつうだろう。妙な持ち上げぶりや子ども扱いは老人たちの自尊心を傷つける。いま、六五歳以上の九割近くの人が自立しているということを忘れてはならない。

大切なことの第一は、この人たちが要介護老人になるのをくい止めることだ。第二は軽度の要介護者にたいしては自立を助け、重度になってゆくのを阻止することだろう。そのためには医療のほかに精神文化、とくに今の老人の文化への理解が必要になる。

痴呆は深刻な問題である。私の母も最後にはそうなった。しかし完全な痴呆ではなく、夢幻境と現実を往ったり来たりしていた。痴呆が始まったら、それに対処する方法を講じなくてはならない。少なくても夢幻境からひきもどす努力が要る。福祉施設での園芸治療はその一つだろう。生きる気力を失い、自分に閉じこもりがちな半痴呆の老人たちに、草花という小さな命をそだてる園芸をすすめ、仲間と土いじりを楽しんでいるうち、見違えるほど症状が改善したという報告が出ている。そうした作業が老人たちの心の琴線に触れたのだろう。これと似た経験を北海道の自分史グループが私に教えてくれた。

石狩管内の当別《とうべつ》町の「愛里苑」という老人保健施設の例である。施設長の医師が高齢者の老化防止のため、一人ひとりに自分史を書くことをすすめた。個室を回って丁寧に指導してみると、心に刺さった思い出から書きはじめる人がいる。戦死した夫の思い出をつづる人がいる。クラブをつくって年に数回話し合いもしてみた。こうしているうち老人たちに変化がみえてきたという。これまで投げやりだった人が身の回りを片づけるようになったり、どうしても自分の手で自分史を書きたいと、まひした右手にかわって左手でペン習字に取り組みだした人もいた。友だちに手紙をかくことも始め、再び外部との交流を持ち始めるケースも出てきた。

自分史を書くことが周囲を見る目を変えた。終末を身近に感じ、人生に諦めきっていた老人たちの孤独な胸に灯がともり、生きる意欲がよみがえったのだ。心の導き手であり、医師でもある上泉先生はいう。「ものを書いたことのない人、字もよれよれの人、多少、痴呆がすすんでいる人の書いたもののなかに光るものがある。この人にこんな人格があったのか。自分は正しい見方をしていなかったと思わせることばかり」と。

この述懐は私たちの老人介護にたいする考え方に反省をせまる。介護は技術的なことだけではいけなかったのだ。私も母に自分史を書くことをすすめ、諦めの心境や夢幻境をさまよいはじめていた母を一時引き戻すことに成功したが、それ以上に私自身、母が胸深く秘めていたことを知って大きな衝撃をうけた。その秘事に触れたことが母をよみがえらせた。思えば庶民の一人ひとりがどんなに尊い財宝を心の底にもっているか、それの一部でも生きている間に形あるものにしてほしい。そこにこそ個人の尊厳があったのである。

そうした信念を持った人が、この三〇年、自分史を書くことを熱心にすすめた。八王子で、ものいわぬ庶民に文章を書くことをすすめ、それを「ふだん記運動」として全国にひろげ、各地ふだん記の会を三十余もそだて、列島を奔走して、「自分史の師父」と敬慕された橋本義夫氏（一九〇一―八五）、みずから経営する大阪の新聞印刷会社や自費出版センターを本拠に「自分史づくり」の契約代理店（地方の小印刷会社）を全国に百数十社も組織し、ネットワークを完成して普及に貢献した福山琢磨氏（一九三九―　）、それに小淵沢の帝京学園に日本自分史学会を創立し、物語自分史大賞を公募して全国にひろめた土橋寿《ひさし》氏（一九三二―　）、こういう先覚者たちの努力によって今の自分史ブームがうまれた。その人びとによって、どれほど多数の諦めかけていた老人の心に灯がともされたか知れないのである。

いまではマスコミ関係の講座や行政主導の自分史教室は数えきれないほどある。それらに参加した高齢者は二〇万人や三〇万人ではきくまい。もちろん、自分史を書くことの目的は痴呆に進むのをくいとめることにあるのではない。自分史はそれぞれの心の底に埋もれているものを、書くことによって自覚するためにある。それゆえに老人だけのものではなく、若者の文化でもある。自分史を伴侶に新しい人生の航海に出発しよう。いま行政がすすめている生涯学習においても、自分史はもっと重視されるべきであろう。

厚生省の研究班が一九九九年に算定した統計によると、わが国の六五歳の男性の平均余命は一六・四八歳（つまり八一・五歳が平均寿命）そのうち介護を必要としないで過ごせる期間（平均自立期間）は一四・九三歳（約七九・九三歳まで）だという。これだと平均余命にたいする自立期間は九一パーセントになる。女性は平均余命二〇・九四歳、自立期間の割合は八七パーセント前後と低い。この数字を見ても老人問題のもう一つの重要課題が、九〇パーセント前後を占めるこの平均自立期間を、いかに永く保たせるかにあることがわかるだろう。平均寿命の長さより、社会的コストが少なくて済む健康寿命（自立でいられる期間）のほうが重要なのである。

急ピッチで高齢化が進むわが国だからこそ、老人力の展開を期待できる高齢者たちが、一年でも永く健康でいられるような環境づくりが大事だろう。自分史はそれにも役立つ。

（『日の沈む国へ』小学館刊、二〇〇一年）

五輪と先住民の涙

シドニーオリンピックは二一世紀にむけての思想的なメッセージを大胆に演出した点で画期的である。聖火の第一走者と聖火台にあがる花形の最終ランナーに人口比で一パーセントもいない先住民アボリジニの女性選手を抜擢したこと、開会式の群舞や歌唱によるオーストラリアの歴史の再現でも、白人と先住民を対等に登場させ、三世紀にわたった差別、迫害の過去に終止符を打ったこと、総勢二〇〇〇人の大吹奏楽団を世界二〇ヵ国の音楽家による国際バンドとして編成したこと、さらに多年敵対しあっていた注目の南北朝鮮の代表団に統一旗のもと手をとりあって行進させたこと、このときは一一万の観衆が立ちあがって大歓声と拍手でむかえていた。全世界の見まもる晴れの舞台で、このように人種、民族、国家の対立をこえて、和解と平和、人間の共存の道をさし示した。IOC（国際オリンピック委員会）とオーストラリア政府の断固なる決断がなかったら、できることではなかったろう。

国内五輪聖火リレーはアボリジニの聖地ウルル（エアーズロック）を起点としたが、その第一走者のノバ・ペリス・ニーボーンは、「この国には、はっきり差別が存在する」「夫と街を歩いていると、今でも中傷をうける。彼は白人だから」と公言するアボリジニの金メダリストだった。最終走者のキャシー・フリーマン選手も五輪直前に現ハワード政権の先住民政策を激しく批判した女性である。それでもオーストラリア政府が彼女らを花形に選んだのは、国の政略というより勇気ある未来志向の英断だったと私は考える。前回の一九五六年メルボルン大会当時アボリジニはまだ国民とも認定されていなかった。わが国の先住民アイヌにたいする扱いもひどかったが、それ以上だったとも言える。

そもそも豪州大陸は数万年まえからアボリジニたちが平和にくらしていた楽園だった。そこに二一二年前の一七八八年一月、近代文明をもったイギリス人の集団が一一隻の船団で上陸してきた。イギリス政府はすでにサー・シドニー内務相の名でその地に流刑植民地をつくることを発表していたのだ。だから、ボタニー湾のいまのシドニー岬に上陸した千余人の大半の七五〇人は囚人であった。イギリスは彼らをつかって植民地を拓こうとした。そのさい邪魔になる先住民を放逐したり、射殺したりしたのである（当時の先住民の人口はおおよそ三〇万人ぐらいと推定されている）。

そのやり方は南北アメリカでインディアンの財宝を掠奪、殺戮したスペイン人やアメリカ植民者らと共通していた。彼らは先住民を「役にたたない動物」として扱い、生活の場をうばい、荒蕪地《こうぶち》においやり、やがて隔離政策によって先住民居留地をきめ、そこに囲いこんだのだ。

アボリジニの人口は急速に減っていった。全体として下げ止まったのは一九二〇年代で、このときには六万人を数えるだけとなっていた。一九四〇年代、法改正がおこなわれ、新しい同化政策が実施された。しかし、白人は先住民との共学をきらい、病院でも病棟をべつにした。アボリジニはホテルにもプールにも入れなかった。それでも居留地をでて都市に住む者がふえつづけた。六〇年代にはシドニー郊外にスラムが形成され、あらたな社会問題がうまれた。

良識ある白人たちやアジア系市民のなかにはアボリジニの側にたって活動する者があらわれ、権利闘争に立ち上がった先住民の青年や混血者たちと腕を組んで、恥ずべき過去と現状の克服にとりくんでいる。政権が労働党にかわって、先住民福祉への国家予算が増やされ、法的差別もなくなり、マスコミも人権への配慮を訴えたが、一般市民の不信と偏見は容易に消えない。彼らは言う。

「この豊かなオーストラリアをつくってきたのはだれか、われわれ白人ではないか。われわれが荒野を牧場に変え、地下資源を発見し、交易を盛んにしてこの国を富ましたのだ」「それに対し先住民は何をしてきたか。彼らは数万年ものあいだ、アリ塚の上に黙って坐っていただけではないか。何もせず、何もつくらずに――。彼らに権利を与えるのはよい。しかし、彼らに値する権利だけで十分だ。それ以上は、レンガ一かけらも与えてはならない」と。

こうした意見には、自分たち外来者こそが、先住民の経済的発展の基盤を奪い、生活の根拠を破壊して、アリ塚の上に追いやったということへの自責が欠けている。そのことをフリーマン選手は怒っていたのだ。現ハワード政権もこの点を謝罪していないと。

しかし今度のセレモニーを見れば、この差別と対立も改善の方向に進んできたことを知る。聖火台に立ったアボリジニのフリーマンの涙が私にはそう思われた。それはアイヌの流す涙と通じているのだ。

私はオーストラリアには三度しか来ていない。三度目にタスマニア島を一周したとき、先住民センターをたずね、そこから、島の南端にあるブルーニという小さい島に渡った。そこには東西の海が同時に見渡せる風のつよい細い砂丘があって、その小高いところにアボリジニの顔のレリーフをはめこんだ碑が建てられていた。

署名のない文字盤にはこうある。「彼らはもうこの島をあるきまわることはない。それゆえ立ち止まり、しばし、想いに耽《ふけ》る」と。この島のアボリジニは白人に絶滅され、先住のタスマニア人は抹殺されたとの原罪感がこの碑文には感じとれた。そこは南極海に面した淋しい最果ての地だった。

最後に五輪の競技は国と国とではなく、選手個人と個人のあいだの技くらべであって、国家意識を鼓舞するものであってはならない。ところが、ＩＯＣも日本人応援団も報道陣も「日本が、日本が」と「メダルが、メダルが」が中心で、活躍した外国人選手個人にたいする称賛や、健闘した競技相手への心からの拍手が少なすぎる。

とくに日の丸応援団の態度には失望させられた。このナショナリズム的熱狂は国家をこえて人類の和解と友愛をというオリンピック精神にはずれていた。開会式の入場行進に日本選手団の約六割の選手、役員が欠席したというのも問題である。いまのＪＯＣ（日本オリンピック委員会）には狭量なメダル優先主義者が多いように私には思われる。

（『日の沈む国へ』小学館刊、二〇〇一年）

さようなら涙の世紀

二一世紀まであと一〇日と迫った。どの報道各社のニュースも世紀末の特集をとりあげ、その中に二〇世紀の一〇大事件というのをアンケートで選んでいる。このミレニアム（千年紀）のなかに二〇世紀の一〇〇年をおいてみると、いかにも異常で、絶え間ない戦争と争乱、それに世界不況と飢餓、革命と大量虐殺や大災害などが切れ目なくつづいた。

わが国の一〇大事件の選択を見ても、特出しているのは、原爆を受けたことと二度の世界大戦、それに二度の大震災（関東大震災と阪神淡路大震災）である。おびただしい涙が流された。その悲惨さを救うかのようにアポロの月面着陸という明るいニュースも選ばれている。長いあいだ人類が夢みた宇宙時代の開幕だ。それなのに核の脅威はなくなっていない。そんな複雑な感慨に私を誘う。

考えてもみよう。この千年紀でいかに二〇世紀が特殊であったか。一〇〇〇年前の一〇〇一年は長保三年、藤原道長と一条天皇の時代、平安中期で、平安の名のとおり、おだやかな時代であった。そのころの『枕草子』が伝えている。源平が争うのは、一〇〇年も後、それも小さな局地戦にすぎなかった。その後、元寇や南北朝の争乱があったが、民衆をまきこむようなものではなかった。

ただ、例外は戦国時代で、これは一五―一六世紀、日本中で覇権争いの内戦がくりひろげられた。その後、一七世紀からは二六〇年間も平和が保たれた徳川時代である。厳重な身分制のもとに、まさに天下泰平、平穏無事そのものであった。二〇世紀の一〇〇年は、それらとくらべると異常としか言いようがない。一つは世界市場に組みこまれたからであり、一つは近代国民国家に仲間入りしたことの宿命であろう。

フィリア（人類愛）という美術館が小淵沢町にある。今年の年末のチャリティコンサートは、対人地雷をなくす会の主催である。案内状によると、いま世界に一億個の地雷が埋められたままにあり、二〇分ごとに誰かが犠牲になっているという。ダイアナ妃などの努力もあって、三年前にオタワで対人地雷全面禁止条約が締結され、一三九ヵ国が調印したのに、埋設地雷の除去はあまり進んでいない。年間二万二〇〇〇人もの人が被害にあい、その大部分がまずしい庶民だという。

日本からはカンボジアに支援隊が行っているが、そこだけでも約四〇〇万個が埋められており、一〇〇〇人以上の人びとが死傷しているとのこと。その完全除去など気の遠くなるような話だ。私の友人のカメラマンもアフガニスタンで地雷にふれ、死亡した。私自身イラン、イラク国境で脅威を感じたことがある。

地雷は安く、簡単に作れるので、今なお広範囲に使われているのだ。日本の自衛隊も最近まで一〇〇万個も持っていた。この身近な民衆殺傷の凶器の廃絶を訴えることから、世界の平和は語られなければならないというのが、フィリアの趣旨であろう。

二〇世紀は悲嘆の世紀だった。日本人には平和の時代と感じられる戦後の半世紀も、流血と悲嘆の連続であった。史上、かつてないほどの難民が世界中に発生した。それは生きながらの地獄である。日本や欧米諸国などの豊かな国民がクリスマスの夜を華やかに楽しんでいるころ、イラク国境の雪の山岳地帯に追いつめられた二〇〇万人といわれるクルド民族の難民はどうしているだろうか。湾岸戦争の最大の犠牲者である。また、大国の背後からの介入で、いっこうに収まらない内戦にあけくれているアフガニスタンの数百万人の難民も、高地の砂漠で飢えと寒さに震えていることであろう。私も知っている。あの砂漠の冬は寒いのだ。

あるいは中国の迫害にあい、チベットから国外に脱出した数十万人といわれる難民は無事に冬を過ごしているであろうか。ダライ・ラマが亡命した一九五九年のラサ蜂起から、すでに四一年もたつのだ。しかし、パレスチナ難民の苦難はもっと長い。これまで国家を持たなかったユダヤ人が、第二次世界大戦後、アメリカなどの後押しでパレスチナの土地に強行的にイスラエル国家を設立したとき、故郷の地から追い出されたのが二〇〇万人の難民だった。それから半世紀以上、パレスチナの人びとは仮住まいしながらイスラエルと戦いつづけている。いまも素手の子どもまで投石でイスラエルに抵抗しているという。パレスチナはイスラム教徒やアラブ世界から支援されているし、イスラエルはアメリカをはじめ多くのキリスト教国から後援されている。

しかも、イスラエルは核兵器の所有国だ。もし、この衝突が激化してゆくと、第三次世界大戦までを誘発しかねない。日本人は他人《ひと》ごとのように考えているが、地球をおおう核戦争が起こらないとは限らないのだ。イスラム世界にも核兵器を持つ国がつぎつぎと現われているからである。

この一〇〇年の科学技術の発達は大量殺傷の近代兵器を生みだし、それを各国の政府や死の商人たちが世界中に拡散した。そのため、二〇世紀の内戦は民衆を最大の犠牲者としてきたのだ。アルジェリアの独立派と植民地派の内戦では、一〇〇万人のイスラム教徒が犠牲になったし、ナイジェリアの内戦では幼児をふくむ一〇〇万人のビアフラ族が餓死した。ごく最近でもルワンダで五〇万人以上のツチ族系の住民が、わずか三ヵ月以内にフツ族に虐殺されてきたという。

このアフリカでのジェノサイド（皆殺し）は、五〇年前のナチ・ドイツによるユダヤ人のホロコーストを、アウシュビッツの悲惨を想わせる。こうした内戦の背後には、つねに旧植民地領有国の利害の対立と煽動があった。殺人兵器の大量生産、大量輸出でも、いまの国連安全保障常任理事国をつとめる五大国が、そのもっとも大きな比重を占めているのだ。国家利益第一という国民国家の価値観を克服しないかぎり、人権尊重も世界の平和も遠い幻想にとどまるであろう。

家族や友人が一人死んでも、人は心がうつろになるほど悲しい。まして非業の死であったり、殺されたりしたものであったら、どんなにその心の傷に苦しむであろう。朝鮮戦争やベトナム戦争で死んだ四〇〇万人余の遺族の心は、いまなお癒されることはないであろう。

イラクとの国境で戦死した一〇〇万人といわれるイランの若者たちの墓地を訪ねたことがあるが、ザクロス山地に沈む夕陽をあびて、いつまでも泣いていた女たちの姿を忘れることができない。二〇世紀の歴史は涙、涙、涙で満ちている。新世紀にはそうしたことが繰り返されないように祈りたい。

（『日の沈む国へ』小学館刊、二〇〇一年）

フーテン老人のグチ

絵描き屋の赤瀬川原平クンは「老人力」などというウマイ言葉をつくり、老人の弱みを逆転させ、利点《プラス》に解釈し直し、斜に構えた愉快な文体で、「フレフレ老人！」と励ますような笑い話をたくさん書いて、売れっ子になった。「偉いモンだな」とフーテン老人は感心した。

放送タレントの永六輔クンは、知り合いの老人たちから聞いた往生際のよい、みじかい言葉をよせあつめた本で二〇〇万部をこすベストセラーとなった。岩波新書の『大往生』である。フーテン老人すなわちフー老は「エライお人じゃ」と思いつつも、少しくやしい気もした。それというのも、おなじころ、おなじ出版社から、『フーテン老人世界遊び歩記』というおもしろい本をだして、惨敗していたからである。

この本、自分で言っちゃ悪いが、なかなかの傑作で、これまで出した三、四〇冊のなかで、いちばん面白く、よく書けたとフー老は信じていた。ある読者なんか「電車のなかで吹きだして、まわりからジロジロ見られ、赤面したよ」と言ったという。なにしろ人があまり行かない世界の辺境を、なんども女友だちと行き当たりばったりの旅をして、恥をかき、奇行を演じ、珍談、奇談、失敗談をやらかした一二章からなる体験記なのだ。文体もテンポの速い愉快調の辛辣《しんらつ》なヤツなので、気軽にすばやく読め、そのうえ文明批評的なワサビも利かしたので思わずひきこまれる。これは永六輔クンの本に引けは取らないのに、『大往生』の一〇〇分の一はおろか、六〇〇分の一も売れなかったというのだから、フー老はがっかりした。

その本には三〇年という時間と、莫大な元手がかかっている。その代償としての印税収入がフー老の友だちの一回の講演料の半分にも及ばなかったどころか、売れ残りが山積みになり、岩波「同時代ライブラリー」というシリーズ自体が、この本を最後につぶれてしまったと聞いてはショックをかくせなかった。

フー老は反省する。「フーテン老人」という書名がいけなかった。「フーテンの寅さん」にあやかるつもりだったが、世間には痴呆一般と受けとられたらしい。痴呆老人のグチなどだれが聞くものか。ましてそんな本をカネをはらって読むひまじんがいようか。著者のことを知っている人は、硬派というかれの印象と書名がかけ離れすぎていて、胡散臭い感じをもったようだ。それに内容が細ぎれすぎていた。もっと一つ一つの話を濃密にえがいて、充実させればよかった。イヤ、これにめげず続編を書け、老人力をふるいおこせ、などなどの反省やら激励やらに、フー老のあたまは混乱したままだった。

私事にわたる閑談ばかりで恐縮だが、近ごろはテレビにも新聞にも「介護」だの、老人だののことが、登場しない日はない。「介護保険は独居老人を救えるか」という論説があったかと思うと、「老人は孤独に負けちゃいけない……超然とひとり楽しむべし」ともある。前者は医療法人友仁会のお医者さん、後者は作家の筒井康隆氏。フー老も独居老人の一人だから言う資格がある。最高額の介護保険料を払っているが、自立なので、払うだけで、なんの恩恵にも浴しない。友仁会の介護局長松木明センセイのつぎの提言に賛成する。

「独居老人の自立支援・介護予防という観点からも、ぜひとも食事の宅配サービスを介護保険の中に取り入れてもらいたい。三度の食事が家に届くだけで、かなりの独居老人はまだまだ在宅での生活をつづけられるはずである。そのコストは、病院や施設に入れる費用よりも、必ずや安くつくはずである」

そのとおりだと思う。実費を払ってもいい。じっさい私の生活でも、いちばん時間をとられ、たいへんなのは三度の食事の仕事（買い出し、料理、食べる、洗い、かたづけ、あすの準備）である。これは原稿を書いたり、研究や講演したりするより余程たいへんだ。洗濯、掃除、応接、薪割り、ゴミ処理などは毎日のことではない。自分が食べるという毎日の仕事をすべて女にまかせて当然だと思っている男を目の前にすると、最近は不愉快になるからふしぎだ。それだけ疲れてきたのかもしれない。だから、バッタリゆくまえに、一食だけでも届けてもらえたら、どんなに助かるか。まあ、政治家なんか信用していないから、アテにもしないが、言うだけは言っておいたほうがいい。

筒井さんは、生活貴族だからサムライのように毅然としていられるのだろう。いわく「老人は孤独です。それは我慢しなきゃいけないことです」「孤独に負けちゃいけない。仕事があってもなくても、老人は原則的にも理想的にも、孤高の存在であるべきなんです」「孤独に負けた時から老醜や老臭が出てくるんだ」とおどかし、「超然とひとり楽しむべし」と私たち老人に諭している。筒井クンも偉くなったものだ、五木寛之クンのように、人生論を売り物にして人に説教を垂れるところまではいっていないが、五十歩百歩のところにきた感じがする。

もう一人、アメリカ人で日本文学の研究者として知られるサイデンステッカーさんを紹介しよう。フー老も敬愛している独居老人の一人だ。「私にとってもっとも理想的な死に方は、南アフリカ行きの豪華客船に乗り、船旅を思いきり楽しんだあと、ケープタウンに着く前日に海に飛びこむ、というものですね。誰にも悲しんでもらいたくないし、葬儀も墓もいらない。サメのえさになって、自然のサイクルの中に戻っていくんですよ。……私は独身を通してきました。成りゆきで。そのほうが楽だったから。朝と昼の食事は、めん類や雑炊、豆腐料理など自分で作ります。夜はたいてい浅草や新宿あたりに友人たちと出て歩くので、不便は感じません。書くことが、なによりの楽しみ」なので、と。

甲斐と信濃の県境の山の中にくらしていては、こうはゆかないが、なんともうらやましい生き死にのスタイルだと思う。フー老の場合は、飛び込んでサメのえさにではなく、もうすこし夢のある自分の始末の仕方を、なん通りも考えてあるというので、今のところはいかに楽しむかのほうに熱中している趣である。

（『日の沈む国へ』小学館刊、二〇〇一年）

よみがえれ〝東北〟　わが第二のふるさと

二高時代の思い出

わたしはもともと関東ッ子、利根川のほとりの小さな町、江戸時代には「小江戸」とよばれた佐原に生まれた。佐原は、後に井上ひさしの作品『四千万歩の男』として知られる世界的な測量家、日本全図の作成者で地理学者伊能忠敬の故郷でもある。そのわたしが東北と深い縁をもったのは、偶然のこと、仙台にあった第二高等学校に受かったからである。今から七十年も前、昭和十六（一九四一）年の春四月。まだ、米英との大戦争ははじまっていなかった。

わたしは小学、中学と飛び級をかさねたので、まだ満十六歳にも達していなかった。旧制第一高等学校は東京で、わが故郷佐原からは一番近くにあったが、それは一番入試がむずかしく、わたしはあきらめていた。だからわたしは仙台にあった第二高等学校を選んだ。わたしは利根川に沿って西へ走る総武線の列車に乗って上野駅に向かい、そこで東北本線に乗りかえ、みちのくの都仙台の駅に降り立った。上野から特急で六時間余り、はじめての長い一人旅であった。

「白河以北一山《ひとやま》百文」といわれてきた東北は、たしかに関東や東海、関西にくらべて開発の遅れた「みちのおく」の感じであった。

やはらかに　柳あをめる北上《きたかみ》の
　岸辺目に見ゆ　泣けとごとくに
頬につたふ　なみだのごはず

一握《いちあく》の砂を示しし人を忘れず

（『一握の砂』石川啄木）

その北上川のほとりに立ってみたい。一世代若い宮沢賢治もその川をよくうたっていた。『風の又三郎』を読んで、不思議な世界に魅かれていた少年には、ロマン的な止みがたい願望があった。

反面、東北が苛烈な「飢餓《ケガチ》の大地」であることを識るのはずっと後である。その頃のわたしは勝手な幻想を抱いて、東北をバラ色に描いていた。だから入学してすぐボート部に入部したし、秋以降は山岳部に入って野山をあるきまわっている。

芭蕉は松島を天下の景として激賞しているが、ボート部の舞台はその松島湾であった。わたしは二高の恒例のクラス対抗のボートレースには舵手《コックス》として参加し、秋の文科、理科の対部レースにはエイト（八人乗りのスライディング式競艇）の三番を漕いだ。そして念願だった松島湾をなんども周遊した。さらに野蒜《のびる》から貞山堀《ていざんぼり》（北上川の運河）をさかのぼって石巻まで遠漕《えんそう》した。

そのころの石巻はさまざまな大型漁船や外国船なども寄港するエキゾチックな港町であった。北上川の河口に日和《ひより》大橋があって、その袂《たもと》で、ギターを弾く外国船員のバラード（望郷の情歌）に耳傾けた。赤い提灯をつるした酒場やバーなどが立ちならび嬌声がきこえていた。

天《そら》は東北山高く　水清き郷《さと》七州の　光教《ひかりおしえ》の因《よ》るところ
　庭のあしたの玲瓏《れいろう》の　露に塵《ちり》なし踏みわくる　われ
人生の朝ぼらけ（土井晩翠作詞）

わたしたちにとっても「人生の朝ぼらけ」であった。二高の旗章は「蜂」であり、学生たちは「蜂」のついた学帽や校旗を誇りにしていた。そして、この蜂のマークの二高生は仙台市民にこよなく愛されていたのである。盛り場東一番丁の飲み屋で二高生は「ツケ」が利いたほどだった。運動部が他校との試合で遠征するときなど、応援団や部員たちが駅前の広場を占拠して大集会をひらき、壮行の演説や応援歌の大合唱、そのあとストーム（嵐《あらし》のような乱舞）を行っても、市民はこれを笑顔で見守るという寛容さを示していた。

わたしは一年生の冬に山岳部に移った。山岳部の舞台は蔵王山の清渓ヒュッテであり、そこをベースにして冬山の技術をまなび、積雪期の朝日連峰などに登った。そこで得た山仲間は生涯の友となる。すでに日米戦争がはじまっていたが、わたしたちは山行を止めなかった。

昭和十八（一九四三）年、日本の敗色が深まった秋（十月）、わたしは郷里に近い東大に移ったが、そのとき文科系の学生に「学徒出陣」の緊急勅命が下り、入学したばかりの学生も陸・海軍にわかれて入隊していった。わたしは徴兵年齢に少し足りなかったので、翌昭和十九年に土浦海軍航空隊に入隊する。それから三重航空隊に移り、敗戦は伊勢湾口の答志島《とうしじま》の特攻基地でむかえた。

東日本大震災を受けて

それからかぞえても六十六年になる。そして、平成二十三（二〇一一）年三月十一日、東日本大震災を迎えたのである。その日の午後二時四十分すぎ、東日本にマグニチュード8を超える大地震がおこり、それにともなった大津波が三陸海岸から宮城、福島、茨城などを襲い、大災害をもたらした。わたしはその日、山梨の八ヶ岳山麓の家にいたので、震度五程度の地震ですんだが、その直後から夜にかけてのラジオ、テレビなどの悲報は、数十万の人々が被災し、雪の降りしきるなかを、体ひとつで逃げのびる情況を伝えていた。また、家ごと濁流にのみこまれて生死不明におちいった人は数万を下らないと知って、心気動転した。とくにわたしの友人の多くいた宮古湾も大船渡も気仙沼も東松島も潰滅状態と聞いて心潰れる想いであった。仙台の友人らはどうしているだろうか。わたしたちが夏、海水浴を楽しんだ亘理《わたり》や岩沼の海浜はどうなってしまったろうか。

さいわい民主党の菅内閣が機敏に反応し、即刻、十万の自衛隊員に緊急出動を命じ、人命救助にあたらせたことが、わたしたちには暗夜の光明であった。阪神大震災のときの対応の遅れという失敗をくり返してはならない、この教訓が、多くの被災者の命を救った。

こうして寸断されていた陸の交通路も漸次修復され、東北道も亀裂だらけではあったが通行可能になったという。さらにこんどの津波によって防禦機能を失い、水素爆発をくり返し放射性物質をまきちらしていた東京電力福島第一原子力発電所も、国の内外あげての協力で、ようやく小康を得、その被曝地を迂回して、救援の一般車輌も北へ向かうことができるようになったと聞いた。そこで、わたしも五月、友人（上野千鶴子）と車で被災地、それも石巻に向かったのである。なぜ、石巻か。そこがとくにわたしとは縁の深い町であり、また、こんどの震災で、もっとも多数の死者・行方不明者を出したという町だったからである。

東北被災の歴史を省みる

こうした自然災害、それにともなう貧困や飢餓は東北では珍しいことではなかった。それどころか十八、九世紀には常態化していた。盛岡高等農林学校が昭和十一年に刊行した『東北地方古今凶饉誌』を見ても惨憺たる飢《ケガ》餓《チ》の大地だった歴史がわかる。

「宝暦五年。五月下旬より東北風吹き天気悪く、冷気冬の如し。八月十六、七日、大霜降り九月中旬まで不順にて……」餓死する者、数を知らない、と。

「天明三年、東北地方、四月頃より東北風にて極寒の如く……」「天明四年、津軽南部、餓死疫死《えきし》多く……」「天明五年、南部八戸、大凶作……」と。

天保は三年から九年まで穀みのらず、餓死者相次ぎ、百姓一揆が頻発した。とくに天保四年の凶作は収穫皆無に近く、花巻では米価が二倍近くに高騰した、と。野田あたりでは老婆の屍体が六百文で売買され、鮎《あゆ》の梁《やな》に二、三歳の幼児の死体が一日に二十人も漂着したと記されている。山形の詩人の真壁仁《じん》は名著『修羅の渚《なぎさ》――宮沢賢治拾遺《しゅうい》』（秋田書房、一九八五年）にこうした受難の歴史を伝え、「賢治がイーハトーヴと呼んだ岩手県は、じつは飢餓《けがち》の風土だったのだ」と記している。

宮沢賢治が生まれた明治二十九（一八九六）年は「明治三陸地震」の年であり、賢治が死んだ昭和八（一九三三）年は「昭和三陸地震」による津波被害のあった年であった。翌昭和九年はひどい「冷害」におそわれた凶作の年で、かれの作品『グスコーブドリの伝記』に出てくるような惨状になる。

花巻の松庵寺の門前に供養塔が三つ建っている。宝暦六（一七五六）年と天明三（一七八三）年と文化十二（一八一五）年建立の供養塔である。天明三年の餓死者は四万人余り、病死者は二万二千余人といわれ、宝暦の二年つづきの餓死者は合わせて約十万人、逃亡者三千人と伝えられている。賢治はこの「飢饉供養塔」「餓死供養塔」を文語詩で歌っている。

賢治が「イギリス海岸」などと名づけて愛した北上川は、「屍《しかばね》を流し、血を流した」川でもある。飢えた人びとがたがいに肉を喰いちぎり、血をすすりあいながら流れた川でもある。大正七（一九一八）年、盛岡高等農林学校を卒業した宮沢賢治が、短歌「青びとのながれ」にその地獄図の一端をうたっている。

そもこれはいづくの河のけしきぞや
　人と死びとと　むれ《(群れ)》ながれたり
青じろきながれのなかに　ひとびとは
　青ながき腕をひたうごかせり
うしろなるひとは青うでさしのべて
　前行くものの　足をつかめり
あるときは青きうでもて　むしりあふ
　流れのなかの青き死人《しびと》ら
青人《びと》のひとりは　はやくただよへる
　死人のせなを　はみつくしたり
肩せなか喰《は》みつくされて　しにびとは
　よみがへりさめ　いかりなげきぬ
青じろく流るゝ川の　その岸に
　うちあげられし　死人《しにびと》のむれ
（初稿）

　明治二十九年の三陸大地震、大津波のとき、生まれて五日目の賢治は嬰児籠《えじこ》に入れられていたが、その籠の上に母親がおおいかぶさって、念仏を唱えながら守ったという。長じてから賢治はこの話をなんども聞かされたろうと、弟の清六は話している。また、カメラ狂の叔父の治三郎が撮影した大津波の惨状の写真も、見せられたに違いない、とも。

　また、気仙沼の収入役は、「海嘯《つなみ》の来る夕、余既に臥《ね》床《どこ》にありて熟睡しおりしに、海嘯《つなみ》来れりと揺り起す者あるに……この時早く大波前後より渦巻き来りて、木材に胸部を打たれ」、木片にすがって漂ったが、妻は波にのまれてしまった、と。海嘯の夜の不意打ちがどんなに多くの悲劇を生んだか分る。

平成の大震災から見えてくるもの

　三陸（主に岩手県）では津波が来たら、まず身一つで高台に逃げろ、家族を救おうとして家に戻ってはならない。非情のようであるが、「てんでんに」その場から高台に逃げるしか助かる道はない。それを江戸時代の昔から「てんでこ」と呼び習わして伝えてきたという。それを刻んだ小さな碑まであるという。こんどの平成の大地震・大津波のときでも三陸（ここでは岩手県）の死者・不明者が、今年の九月現在で六千三百三十七人であるのに、宮城県での死者・不明者が一万一千五百四十人と倍ぐらい多いのは暗示的である。

石巻市が犠牲者三千九百二十七人と最大の死者・不明者を出しているが、その中には、大川小学校の児童七十人余りが、教師や父兄たちの評議などで時間を空費している間に津波にさらわれるという悲劇に遭ってしまった。「てんでこ」で勝手に判断し、校庭のすぐ裏の小山に駈け登った児童は難を逃れた。歴史的経験の違いが生死を分けた悲しい例といえるかもしれない。

こんどの東日本大震災はたしかに明治の三陸地震や昭和の三陸地震よりも規模が大きく、激震であり、大津波であったため、甚大な被害をもたらした。死者・不明者の数も「明治三陸地震」のそれに近い。

こんどの平成二十三年三月十一日の東日本大震災では、流言を放つ者はなく、踊る者もなく、掠奪行為も殺傷事件も起こることなく、それどころか、見知らぬ者同士が助け合うという連帯の行動が起こった。それはたちまち日本全国にひろがり、この大災害におどろいた東アジアの人たちばかりか全世界にひろがった。これはグローバル時代のメディアの普及による情報のすばやい共有ということにも助けられたと思う。

とりわけこの未曾有の災難に際しての日本国民の冷静さや規律は世界中から賞讃され、大きな同情が寄せられることになった。わたしのところにも、二日後の三月十三日にはイタリアのミラノとドイツのベルリンの友人たちからお見舞いの電話がかかってきた。長々と憂慮と友情を示すその友の国際電話に、わたしは高い通話料金を心配して遠慮したら、「このお見舞いの電話は一ヵ月間、無料の扱いになっている」という言葉を聞いて絶句してしまった。なんという情愛深い計らいであろう。このときほど一つの世界、新時代というものを感じたことはない。関東大震災のときと較べての日本国民の内的な成長ぶりにも感銘した。数万、数十万人というボランティアが、いまでも被災地で黙々と献身しているのである。

（『やまかわうみ』二〇一一年冬号、アーツアンドクラフツ刊）

3・11から何が変ったか

まず、わたしの短い見聞記から始めてみよう。三月十一日の大津波から一ヵ月半ほどたってから、三日間ほど親しい友人と共に歩いた被災地の海沿いをたどってみた。まず、こんどの被災市町村のうち最大の死者、不明者、約五八〇〇人を出した石巻市をめざして車を走らせた。報道の内容からして、まだ半壊状態だろうと思って行ったのである。

ところが、石巻市街は復興景気に沸いて、新宿なみに賑わっているではないか。わたしは目を見張った。新しいショッピングセンターや商業ビル、新車販売やスポーツ用品などの大きな店が建ち並ぶ中心街は、交通渋滞まで起こし、わたしと友人の車はそこを抜けるのに一時間も要したほどだった。外来の商業資本のその素早い進出に驚く。

しかし海浜地区に下り立ったら、渡波《わたのは》町などの町並みはまったく全壊、目もあてられない惨状であり、漁港地区はいちめんの瓦礫の廃墟であった。その極端な違いは天国と地獄、陽の当たる場所と見捨てられた日陰という感じで、三陸の中心都市石巻は二つの顔を見せていた。外からの投資も入って復興景気に沸く市街と、死んだような海辺（その年の末になって、ようやく片付けが始まったそうだが）、これは行ってはじめてわかる現実だった。

そもそも石巻市は三陸とおなじ寒流、暖流がぶつかりあう金華山沖をもつ世界三大漁場の一つに位置する、全国でも屈指の水産都市であった。カキの養殖法を開発して世界中にひろめたのも石巻である。だから、その漁港は壮大で、水揚げ岸壁の長さ一二〇〇メートル、魚市場の上屋根の長さ六五二メートルと、日本一を誇っていた。水揚げ総量も全国三位であった。

それが、わたしが訪ねたとき、その大漁港はほとんど壊滅状態であった。頑丈な鉄骨やトタン製の壁は残ったものの、津波の傷跡はすさまじいもので、道の反対側、陸側に建ち並んでいた民家などは屋根と柱を残すだけだった。魚介類の腐る猛烈な悪臭が浜をおおい、真昼なのに人影がまったく見えない。その不気味さにわたしは呆然とした。

石巻を起点に松島、塩竃《しおがま》、多賀城、仙台若林、名取、岩沼、亘理《わたり》、山本町と八十キロほどつづく海辺の平野地帯を南下した。

海に近い細い道は地震によるひずみで凹凸がひどく、瓦礫はその道の傍にうずたかく積みあげられていた。海側の村や町などはすべて津波で転がされ破壊されたままで、なかば水没していた。地盤が沈下したのであろう。この辺の瓦礫は平坦な平野部を数キロにわたって津波によって何度も転がされ、堅く絡みあったもので、木材あり、トタンなど金物あり、家財道具や車などの断片もありで、それらの解体は容易ではない。その廃材は莫大な量で、収容するには大きな野球場が何百あっても足りないであろう。

政府はこれを撤去する経費として、ほぼ四兆円の一次予算を組んだというが、市街地の瓦礫は丁寧に取りのぞく必要があるが、仙台南の何十キロもつづく今は無人のような荒野の瓦礫は、一列に道のそばに集め、米軍が飛行場造りなどに使ったように大型工作機械で、圧搾して防波堤の中に埋め込む材料に使うことは出来ないだろうかと考えた。

こうした案は素人の絵空事であろうかと思い、元大手ゼネコンの実務家だった友人（植月さん）に話し、意見を求めたら、技術的には充分可能な案だが、ゼネコンを排除するというのでは、かれらとつながりの深い建設官僚たちの賛成は難しいだろうということであった。

それからでも半年経つし、大津波からは十ヵ月になる。振り返って思うと、二〇一一年三月十一日は歴史的な日となっていた。その日を境に国民の意識が微妙に変わったからだ。政府はこれに東日本大震災と命名した。福島第一原発の爆発、放射能汚染の人災を含めてである。その後、どんな言葉が使われ、新しい意味が与えられたか。

一人ひとりの内面から湧き上ってくる絆は大切にしたいという感覚と、絆こそが大切だ、今こそこの「国難」を乗りきるため「絆を強めよう」と呼びかけるのとではまったく違う。「がんばろう日本」には、キナ臭さがある。戦時下の「一億一心」を連想させるからである。津波で大きな被害を受け、その上、原発事故で町から退避させられた南相馬市の婦人が怒ったような顔をして言ったという。

「『がんばれ、がんばって』といわれたって、何をがんばるんですか。生まれてはじめて知らされた放射能のなんとかという名前（シーベルトとか）、目の前を往《ゆ》き来する異様な防護服を着た他県ナンバーの車の人、自分の町、自分の家に立ち入ったとしてとがめられ、悪人のような扱いをうける。ここの住人だというと、『がんばってください』といわれる。いったい何をどうがんばるんです。三月十一日まで七万人が住んでいた町ですよ、ここは。いまは多くが仮設住宅に避難している。そしてそこにはボランティアの人が駆けつけてきてくれて、何かと助けてくれ、世話をしてくれる。足りない物資もとどけてくれる。それはありがたいことです」と。

こうした言葉を「近代的な市民道徳ではなく、古い〝ムラ意識〟に根ざしている、共同体内だけの助け合い、古い絆ゆえのもの」と解釈する近代主義者の理解は全く見当はずれで、こんどの東日本大震災の救援活動をになった数十万人のボランティア思想とも違った次元のものであろう。むしろ、それを受け入れた現地の人びとの方が正しく理解していたのである。

二〇一一年三月十一日から、まもなく一年になる。この間に、日本国民のなかに新しく生まれた創造的な思想の酵母は、これから腰をすえてとらえ直してゆきたいと思う。

(『東北の再発見』河出書房新社刊、二〇一二年)

復興エネルギー　農村から
――『自由民権』(岩波新書)について

この本が出た一九八一年は、板垣退助らが自由党を創立して一〇〇年。「自由民権百年」の記念として企画されたものです。全国の研究者が横浜市の公会堂で開いた一〇〇周年記念のシンポジウムには、二日間で七〇〇〇人もの人が集まった。当時、いかに自由民権運動が注目されていたかがわかります。

これはいまなお民権運動をコンパクトにまとめた手頃なテキストとして紹介されています。というのも、運動全体を取り上げた本がその後もあまり出ていないからです。もちろん対象を細分化して掘り下げた研究は進んでいますが、『自由民権』の通史は少ない。

歴史学者の世界では、通史を書くと一段下に見られるという空気があるのです。私なんかはそれをやって異端視されてきました。歴史家が自分の専門領域を超えて、ひとつの時代の全体像を描き出すということも、少なくなりました。大学院に進む人でもない限り、一般の読者が特殊に専門化した個別史に興味を持てなくなるのは当然でしょう。人びとが関心を持つのは、人間と時代が生み出す悲劇性や喜劇性が、歴史の中にどう語られるかということです。

自由民権運動は、国家権力に激しく対抗しながらも、結局は天皇制の体制に吸収されていったといわれます。しかし、変革の志が消滅したわけではありません。私がこの本で自由民権運動を「未完の文化革命」として描こうとしたのは、そのためです。

明治維新後わずか十余年、全国の農村でルソーやミル、あるいは欧米の憲法典を読む学習会が重ねられていたことを忘れてはなりません。無名の青年たちが集まって、自分たちの国を将来どうするか、そのためにどんな憲法、どんな議会をつくればいいのかを議論していたのです。地域を超えた結社のネットワークをつくり、自ら目標を立て、勉強し、提言する。こうした明治時代の取り組みには現在も大いに学ぶ点があるのではないでしょうか。

最後まで在野で抵抗し、生活基盤を失っても志を捨てなかったそれら多くの人びとが、「未完の革命」の担い手でした。民権運動を支えた地方の豪農層は、明治の初めには自ら耕作する富農であり、質屋や酒屋も営む商人でもある多元的な存在でした。それが資本主義の発展とともに分業化し、明治二〇年代には彼らの一部が寄生地主となっていき、農村からの変革のエネルギーを減退させます。

農村、特に東北の農村がかつていかに貧しかったかは明らかです。もちろん現在の農村はかつての農村とは違います。都市化し、豊かになったことで若い労働力は都市に流れ出し、進出した工場により兼業化も進んでいる。

こんどの地震、津波の被害によって、若い人たちがもう一度先祖の地を立て直そうということになれば、農村部から再び新しいエネルギーが出て来ることになるでしょう。復興への情熱が彼らの力になる。第二の戦後ともいうべき、新しい出発点になりえます。第一の戦後では、農村から大量の労働力が都市へ移動し、それが日本の高度経済成長の推進力にもなった。それが今度は、ふるさとの復興へと逆流していくのではないでしょうか。そういう動きが始まっていると私は思います。

（「朝日新聞」夕刊、二〇一一年二月二八日）

日本民衆史に残る体験
――書評『3・11慟哭の記録』金菱清編

東日本大震災は一〇〇〇年に一度という経験で、このとき庶民が何を考え、何を訴えたかを知ることは、私たち民衆史に携わるものにとって極めて重要な機会である。本書は巨大地震、大津波、原発事故に遭遇した七一人の被災者が、直後に万感の思いをこめて記録したものだけに特別の価値をもつ。

「おじいさんは大好きな海に帰ったんだ」と祈るように記した宮城県石巻市の丹野さん、「祖母の手を放してしまった」と悔恨の情をつづった七ケ浜町の渡辺さん、「夢半ばで逝った息子を想う」とつづった名取市の小原さん、津波に流されながら生き延び、「供養碑の下の石を拾い集める日々」を書いた岩手県大船渡市の及川さんの記録などは、未曾有の体験だけにその価値は日本民衆史に残るものである。

また、いまだに解決のメドさえ立っていない福島原発の大事故について、一九編の証言や訴え、告発などが胸を打つ。「果てなき流浪へ」（福島県浪江町の新田さん）、「真実は避難者には知らされない」（南相馬市の池田さん）、「政府も誰も信用できない」（福島市の鴨原さん）。なんという悲しい訴えであろうか。

この記録には仙台市での地震の経験も記されている。とくに高層マンションでの震度六の揺れの報告は、首都直下型大地震が近いとささやかれている今、それに備える人々には見過ごせないだろう。そうした事態に備える行政の準備は大丈夫だろうか。市民ひとりひとりの心構えも問われている。

大震災ではおびただしい帰宅難民が出た。また、起こる可能性の大きい住宅火災の広がりにたいする備えも必要であろう。私たちは日本という地震列島の上に住んでいる。そうであればこそ日常不断の覚悟をもつことが必要なのだ。

記録という点から言えば、大地震と大津波で家を離れた二〇万人とも三〇万人ともいわれる避難民の人たちにも、この本に倣った被災の経験を書き残してほしいと思う。

（「岩手日報」二〇一二年三月二五日）

林中独語①

独居老人の課題

今年ほど春の早く来るのが待たれた年はない。標高一〇〇〇メートルの森の中にある私の鹿野苑《ろくやおん》はひどく冷えこんだ。一四年前、ここに越してきた時はそれほどこたえなかったのだから、加齢のせいであろう。雪に降りこめられ、終日誰とも会話せず、笑うこともなく、独居をつづけていることの寂寥は表現のしようもない。だが、好んで選んだ生活だから文句はいえない。それに近ごろ知人や同世代の友人が次々と死んでゆくので、よほどしっかりしないと沈みこむ。打ち勝つ方法は仕事しかないと考え、小さな原稿依頼や講演も断らずに引き受ける。また、『平成時代史』なるものを書きはじめて自分に課題をあたえた。よく見ると冬枯れのような樹立《こだち》にも小さな蕾《つぼみ》がふくらんでいる。

＊

二年前のアメリカ国際教育研究所調べという「出身国別の米国への留学生数」なる統計が発表された（『朝日新聞』二〇一二年一月二九日）。これを見ると日本の若者がいかに内向きで、保守的であるかわかると記者たちが嘆いているのだ。わたしの見解は反対だ。あまりにアメリカに食傷して米国に興味を失った日本の若者の健全性をここにかいま見る。中国は一五万七〇〇〇人余、インドは一〇万三〇〇〇人余、韓国が七万三〇〇〇人余に対して日本は台湾以下、二万一〇〇〇人余だという。中国が多いのは後進国だからだ。

アメリカをいつまでも世界の指導的な存在だと思いこんでいる日本のエリートたちにはうんざりする。アメリカに留学などしなくてよい。もっと冒険と発見のできる国へ、日本の若者よ、どんどん行け。中央アジア、中近東、アフリカ、南米、面白そうな所が、いろいろあるではないか。わたしが若かったら、アフリカの深部へ行きたい。

＊

今井正監督の名画『にごりえ』（一九五三年作）を三度び見て圧倒された。陰翳《いんえい》の深いモノクロ画面の美しさ、構成の緻密さ、俳優たちの好演、とくに今度は淡島千景《あわしまちかげ》の名演技に感嘆した。

この『にごりえ』は樋口一葉の三題話の集成で、丹阿弥谷津子《たんあみやつこ》と芥川比呂志《ひろし》、久我美子《くがよしこ》と仲谷昇、淡島千景《ちかげ》と山村聡が主役を演じている。淡島は一九二四年生まれ、宝塚歌劇団から松竹に行ったスターで、『麦秋』『絵島生島《えじまいくしま》』などで主演、その芸域の広さは森繁久彌と組んだ『駅前シリーズ』などにあらわれていた。だが、この『にごりえ』の芸妓の微妙な色気を演じたお力《りき》役が最高の出来だと思う。お力を無理心中に連れだした源さんの女房を文学座の杉村春子が好演している。一葉が生きてこの映画を見たら何と云うだろう。今井正の前に頭を垂れたことであろう。一九五〇年代は『生きる』や『七人の侍』など、黒澤明の全盛時代でもあった。当時、演劇青年であった私にも宝石のような青春であった。

＊

〈一月二三日の日記から〉

　政府は消費税を増税するという。今年度の予算で収入（税収など）の二倍以上の支出（経費）を計上して、その数十兆円になる赤字分は国の借金として国債に積みあげるという。過大に経費を計上して、足りないから増税して穴埋めをするという。財務官僚らの言いなりだ。その前に公務員の人数を減らし、給与を削ったり、政党助成金とか米国への思いやり予算とかなどのムダを削る努力もしないで（口先では冗費に大ナタをふるうなどといっても、じっさいには何もやらない）、消費税を一〇パーセントも上げて穴埋めするとは許しがたい。

　民主党の野田首相が不退転の決意だなどと気張っているが、笑止である。公約の行財政改革もほんのわずかな試みだけで止めてしまったではないか。官僚たちの天下り受入れ先機関に国費を注《つ》ぎこんでいる不要な公社や法人などは膨大にある。それらをすべて廃止してみよ。

（『やま かわ うみ』vol.5、アーツアンドクラフツ刊、二〇一二年）

林中独語②

人生、朝露の如し

　この間、久々に藤沢周平の『蟬しぐれ』をテレビで見た。なんど見ても良い。しみじみとした名作である。その蟬しぐれを圧倒するほどの耳を聾するような、わが林中のひぐらしの声を聞いているうちに、季節が移っていった。

　深夜、めざめると外は満園の虫しぐれである。緑の林のなかで遠く近く鳴いていた鶯やカッコウは去り、いまは大きく空を渡る雁の群れの夕映えのみ。

＊

　最近、毎年実施される市主催の定期検診に行った。五〇〇〇円だという別料金を払い、胃の検査を受けた。例によって大量のバリウムを飲まされ、長い筒型の機械に入れられる。そして右向け、左向け、こんどはうつむけ、また右向け、さらに頭を下にするから、しっかり棒につかまれ、などと急がされ、汗にまみれた。なんで、そんなに急がなくてはならないのだろう。能率第一、スピード第一、こちらが高齢者だろうが心臓病みだろうがお構いなしだ。

それにバリウムというヤツを飲まされると、正常に戻るのに三、四日はかかる。腹が張ったり、ひどい下痢をしたりして苦しむ。こういう野蛮な旧式な検査法をなぜ何十年も改めないのか。医師本位、能率本位なやり方で、受ける側の人権を無視しているからだ。こうした進歩のない検査医学と石頭の行政や、厚生連など医師側のマンネリズムを責めたいと思う。

＊

さて、話変わって、政治の動きについて。小沢一郎が小沢チルドレンという一年生議員四～五〇人をひきつれ、民主党を離党したのは七月のはじめのことだった。このとき総理だった野田は離党議員を除名処分にした。わたしはそれを見て、かつての同志を厄介払いした野田佳彦という男の権力意志が露骨に感じられて不快だった。それにしても五〇名というのは少ないなと驚いた。小沢軍団は一〇〇名ぐらいはいたと思っていたから。いざ政権与党から離れるとなると、たちまち半数に減ってしまう。かれらも、ある程度は信念を持った政治家ではなかったのか。欲得だけで集合した烏合の衆ではあるまい。

一面、これは小沢の政治教育の失敗とも言えよう。それにしても新議員の諸君にも失望した。きみたちは国会議員としてかずかずの特権と高給をもらいながら、この一年有半、なにをしてきたのか。なにを学んできたのか。これらの多額な給付はわたしたち国民のふところから出た公金なのに。

＊

わたしは別に小沢の支持者ではないが、政治家なんて情けないものだとおもった。小沢も新党をたちあげて、「国民の生活が第一」なんて、たいそうな看板をかかげたが、中身があいまいで、何をするのか今になってもよく分からない。増税のまえに行政改革をやるといっていたが、具体的な内容や財政的裏付けが示されないと、空手形になる。また、各官庁の聖域とされる官僚の利権にほんとうに斬り込む覚悟や手立てがあるのか、官僚たちからそっぽを向かれたとき、行政的な空白をどうするのか、などの対策が具体的に示されていないのである。

国民は口だけの公約（それは文字通りの口約だった）に裏切られつづけて、すっかり覚めているのだ。いま選挙をやったら、勝者はいないだろう。だから、野田は自民、公明にすりより、消費税増税案を自公民三党で通し、政権維持に汲々とした。その上、安全保障政策や憲法問題でも、自民と同質のものを持っていることが、わたしにはたいそう危険なものと思われた。

　野田佳彦自身が、持論だという集団的自衛権の拡張解釈、武器三原則の緩和に対しても意欲的だという。これは憲法九条の変更に結果するだろう。これでは自民党の路線と変わりないではないか。こんな男をなぜ一時的にも総理、総裁に選んだのか、民主党への失望は深い。

　また、オスプレイ騒ぎのとき露呈した、アメリカへの多年にわたる従属的な政治姿勢を改める断固とした自立の思想も、この諸君には無い。その自立の思想と心構えがあって、はじめて対等な日米協力も安全保障の協約も可能になると、わたしは思う。

　そんなことを言っているあいだにも、時はどんどん流れ、二〇一二年も残りわずかとなった。「人生、朝露《ちょうろ》の如し」という。わたしも仕事を急がなければならない。

（『やまかわうみ』vol.6、アーツアンドクラフツ刊、二〇一二年）

林中独語③

恐怖の符号――水俣病と福島の放射能汚染

水俣病が日本チッソ株式会社による有機水銀をふくむ工場排水によってひき起され、その汚染が九州熊本・不知火海全域の沿岸住民数十万人にひろがるのに何年もかからなかった。猛毒のメチル水銀は人命（当初の死者約二〇〇〇名）ばかりではなく、海に住む無数の生き物、魚貝類や海底生物（ベントス）までを犯した。さらにそれを食した人体、母体を通して胎児にまで及び、治療の方法のない胎児性水俣病患者を多数生みだしたのである。

　一九七〇年代にわたしは不知火海学術調査団を組織して、不知火海沿岸の村や水俣現地に一〇年ほど通ったが、胎児性患者や激症患者の姿を見て、言葉を失った。これを企業や人間の罪といわずしてなんというべきか。

　メチル水銀は、ごく微量でも人間を殺傷できる毒物である。しかも、これを含んだ工場排水は、はじめプランクトンに吸収され、さらにこのプランクトンを食した小魚の体内に入り、さらに大きな魚の体内にと移行するたびに、有機水銀が濃縮され、さいごに魚をたべた人間の臓器に蓄積されて人命を滅ぼすのである。

　胎児性水俣病は母胎を通して、直接魚をたべない嬰児の胎内に、メチル水銀が入ることによって起された。この毒物の連鎖、凝縮過程を見るとき、福島の原発の放射能汚染が、これから長期にわたって母胎から嬰児に濃縮され、肝臓疾患や甲状腺がんの発症におよぶことを怖れる。

＊

チェルノブイリ原発の事故が起ってから、すでに二〇余年、未だに問題は解決できないでいる。ウクライナ政府によると、被曝した住民の放射能被害は、甲状腺がんを訴える親たちから、胎内で被曝した子どもたちまで、数十万人をかぞえるという。

最近、自民党の政調会長高市早苗が、「原発事故によって死亡者が出ている状況ではない」と発言して、被害民から猛反発されたが、事実は自殺者を含めて被災者から数百人の犠牲者が出ているのである。

原発は安全だとして、外国への原発売り込みに奔走した自民党安倍晋三政権の本質を露呈したものといえよう。

（『やまかわうみ』vol.8、アーツアンドクラフツ刊、二〇一三年）

林中独語④

学徒出陣――私の敗戦体験

「わだつみ会」という日本戦没学生を記念する会から、「学徒出陣七〇周年」を記念する講演を頼まれた。七〇年前というのは一九四三（昭和一八）年のことで、その秋一〇月に緊急勅令によって、多数の学生生徒が入隊を強《し》いられたのである。

一九四一年一二月八日、日米戦争（太平洋戦争）がはじまったとき、わたしは旧制第二高等学校の生徒で、ある程度の判断力はもっていた。だから単純な軍国少年だったわけではなく、日本が世界でも強大な軍事力と生産力を持つアメリカと戦争して勝てるわけがないと思っていた。

一九四三年、昭和一八年一〇月、二高を繰り上げ卒業させられて東京大学文学部に入学した。その月、「学徒出陣」令が下り（東条英機が首相であった）、徴兵された。わたしは年齢の関係でその第二陣として一九年に土浦海軍航空隊に入隊。もう、ガダルカナル島で敗れ、山本五十六海軍司令長官が戦死し、サイパン島グアム島の守備隊が全滅するという敗色の濃い時期であった。軍部はわたしたちのような速成可能な学生を動員して、体当り、特攻の作戦に使うつもりであったのだろう。虎の子の陸軍士官学校や海軍兵学校出の現役将校は極力温存して、わたしたち予備学生や予科練習生を消耗品として使う意図であったろう。わたしたちは訓練を終えて士官になっても「予備少尉」といわれて差別されていた。

そのためであろう。昭和一八年一〇月、東大文学部に入学した四〇四人中、卒業できたのは二三〇人、他の一七四人は戦死、戦病死、中途退学、消息不明者となった。わたしは伊勢湾にある答志《とうし》島《じま》の特攻基地に配属され、そこで敗戦を迎え、前途の希望を失って復員した。

伊勢から電車を乗り継ぎ東京をめざしたが、列車は超満員で、復員兵士や〝闇《やみ》〟の担《かつ》ぎ屋で溢れていた。途中駅で窓から乗りこんでくる者、座席に立つ者、一二時間も阿鼻叫喚がつづいた。東京駅に降り立って見た。街は度重なる大空襲で完全に廃墟と化していた。その焼け跡のなかを、崩れた瓦礫につまずきながら、どれほど彷徨したことであろう。あまりの荒廃ぶりに涙も感傷も湧かなかった（後に名画「また逢う日まで」で主演の久我《くが》美子《よしこ》が最期を迎えるその同じ場である）。

本郷の大学裏の不忍池《しのばずのいけ》をまわって上野に行くと、駅周辺にはバラック建ての闇市《やみいち》が立ち並び、どこから湧いて出たのか、襤褸《らんる》のひとびとが溢れていた。浮浪児や乞食の群《む》れもおびただしい。それに、派手に化粧したパンパン（娼婦）づれの米兵が目立っていた。

「国破れて山河あり」その言葉どおりの感傷であった。

その年の冬、わたしは上野駅から親友たちのいる仙台に向かった。窓硝子もなく、吹雪のふきこむ無蓋《むがい》列車の踏踏の中に囚人のように黙り込んで。

悲報乱れ　汽車途絶えんとする日本の
北国の冬をわれは旅ゆく

その間じゅうわたしは考えた。この国の未来に、なんの光明ありや、なんの生き甲斐ありや、と。そこから立ち直るのに何年を要したであろう。みじめな青春だった。

大学に復学して、研究に身を入れだしたのは一九四七年、昭和二二年からである。そしてしばらくして、手を着けたのは、生きて還れなかった戦没学生たちの遺稿をあつめた『遥かなる山河に』（東大戦没学生の手記）の刊行であり、それをさらに発展させた日本戦没学生の手記『きけ わだつみのこえ』への協力であった。こういう経験を、いまの若者たちに繰り返させてはならない。

（『やま かわ うみ』vol.9、アーツアンドクラフツ刊、二〇一四年）

林中独語⑤
大戦後70年——昨今の日本は

歴史家の義務

第二次世界大戦が終わったとき、私は満二〇歳の海軍少尉だった。私は特攻機に乗りそびれた一〇代の予科練習生を指揮して、〝震洋《しんよう》〟を敵の爆撃から守る洞穴を、岩壁に掘る仕事を急がされていた。だが、結局それは徒労に終り、出動まえに敗戦となった。

その日のことは鮮烈に憶えている。朝から陽がギラギラと照りつける夏の盛りであった。天皇の言葉は士官だけ聞き、兵士等には故郷に帰れると伝えただけだった。喜びに沸く兵舎を横目に、私たちは国から見捨てられたような虚脱と虚無感に苦しんでいた。それから軍の資料はすべて焼却し、武器は解体ないし破棄し、残務監理をすませ、丸腰になって退隊した。九月の半ばであった。焼け野原になった名古屋、横浜、東京をさまよい、帰郷、私が元の大学に復学したのは、翌年の六月である。

その敗戦から七〇年が経つ。七〇年といえば人の一生ほどに長い時間だ。それを振り返らなくてはならない。そういう時が来るなど夢にも思ったことがなかった。だが、歴史家、それも近代史家である以上、この義務から免れられない。

異状気象

昨今、日本列島は異状気象に苦しめられた。各地の大洪水、大規模な山崩れによる犠牲者をおもうと胸が痛む。まだ、解決されていないし、復興の見通しも暗い。私の住む山梨県の八ヶ岳山麓の草庵は経験したことのない集中豪雪に見舞われた。それに一晩で一メートルを越す豪雪が降った。そのため県全体が交通途絶、陸の孤島になったと報じられた。私の住まいは山中なので、とくにひどく、一日に一メートル四〇センチも一挙につもり、まる五日間一歩も出られなくなった。ゴミを捨てようと外にでたら、胸まで雪に沈み、動きがとれず、身の危険を感じた。買い出しに出られるようになったのは七日目である。救急車も動けず、病気したらどうなるかと思った。

この雪害も気象学者は地球温暖化の影響だという。人類があまりに多くの化石燃料を浪費しすぎたツケだというのだ。日本だけの話ではない。世界の各地で異変が起きていた。大洪水のために数十万の人が犠牲になったインドネシアや東南アジアの海岸部の住民の苦しみを他人《ひと》事《ごと》とは思えなくなった。これから二〇年後、五〇年後の地球人はどうなるであろうか。人類にはそういう想像力が必要になってきたのだ。

(『やま かわ ぅみ』vol.10、アーツアンドクラフツ刊、二〇一五年)

林中独語⑥
市民に期待したい

先年、亡くなった映画監督の土本典昭さんが私に託した言葉がある。

「近頃のこの国の指導者たちの言動は憂慮を禁じ得ません。この国はどんな方向に進んでしまうのか、心配で眠れなくなります。あなたにお願いしたい。どうかこの国と国民を五〇年、一〇〇年見守りつづけてください」と。

私は日本の現代史を研究してきた人間だ。それだけにこの友の遺言に応えなくてはならない。

戦後七〇年を集約

最近「戦後七〇年」という言葉が氾濫している。私は、その七〇年を戦中世代として生き抜いてきたひとりである。一九四五年八月一五日、敗戦の日を海軍航空隊員として三重の答志島の特攻基地で迎えたから、特別の感慨がある。四千人余の還らぬ特攻隊員を送り出した海軍や国家への不信と虚無感は深い。荒廃した戦後の廃墟のなかに投げ出された若者の苦難である。占領軍支配下の日本の民衆は、その後、どう生きていったのか。飢え、失業、インフレ、住宅難、アメリカ兵への売春、それらは暗い印象として焼きついている。

米ソ和解による国際平和への期待などたちまち破られている。朝鮮戦争、ベトナム戦争は十余年にわたって数百万人の現地住民の犠牲者を出した。日本政府は軍需物資と基地を提供し、アメリカ軍を援助した。国民はその〝恩恵〟に浴し、「神武景気」だの「ベトナム特需」だのと喜び、戦後復興から高度経済成長を成し遂げていった。

アメリカに次ぐ「第二の経済大国」になったと日本が称賛された期間は、しかし、短かった。一九八〇年代末には早くもバブルが崩れ、九〇年代新興中国などに急追され、やがて追い越された。いわゆる「平成不況」が長く続いたのである。それから脱け出そうとしてどれほど多くの政権がめまぐるしく交替したか。その果てに、民主党野田政権に代わって、自民党安倍政権が二〇一三年に成立したのである。こうした間に世界情勢も大きく変った。西欧諸国はEUに統合されたし、とくにアジア諸国の発展はめざましかった。

私は近代史を専攻してきた歴史家として、それらを集約し、記述しなくてはならないと思い、昨年秋から全力をあげて執筆に集中し、この五月末、『戦後七〇年史』（講談社刊）として書き上げた。

時代遅れの安保法制

その過程でこの国の行末や国際関係の問題をいろいろと考えた。その知見の一つはこうである。私はこれからの世界は、「国家対国家」、あるいは「国家連合対国家連合」という関係だけで理解してはならないと思っている。

二つの理由をあげられる。一つはそうした戦争は相互を抹殺しあう終末戦争、自滅に至るもので、実際には出来なくなっているからである。世界には核弾頭とミサイル兵器を保有している国がすでに十ヵ国もある。北朝鮮や中国の脅威を念頭に日米軍事同盟の強化のため、世界中どこにおいても集団的自衛権の行使を可能にする安保法制を安倍内閣は強行可決したが、これによって国民の安全が保たれるとの認識は、時代遅れも甚だしい。国民大多数の反対を押し切っての拙速な決定は、かれらの墓穴を掘ることに結果しよう。

アメリカは老獪な国である。中国と事を構える気などさらさらない。犬の遠吠えのようなまねをしている日本政府から「金」だけではなく「血」まで引き出そうとしているだけである。安倍たちには、そういう裏を見抜く識見も経験もない。「平和の党」を旗印にしていたはずの堕落した今の公明党にもない。だが、こうした政権与党を選挙で選んだ国民の責任もまぬがれ難い。私はこうした「愚民」のエゴイズムを拒否する良識ある日本国の市民に期待したい。

（『やまかわうみ』vol.11、アーツアンドクラフツ刊、二〇一五年）

地球君、人類を笑う

忘れもしない一九九二年の秋だった。その年は十月になってもいっこうに寒くならず、今年の紅葉はよくないねと言われていたときだった。夏が猛暑の連続だったので、何か異変がおきなければよいがと農家の人は心配していた。害虫の大発生をおそれている。家庭菜園をやっていない私は他人事のように思っていたが、ある日、ぎょっとするような事態にぶつかった。

いつものように家のまえの木漏れ日通りを散歩していたら、靴底がぬるっとしたようなものを踏んで、滑る。見おろすとナメクジのようなものがぞろぞろと山のほうから降りてきている。それが尋常な数ではない。数千、数万匹もいようか。道にあふれ、側溝にそってもゾロゾロ這いおりている。私はぞっとして、逃げ帰った。

近所の浅間さんに電話してきくと、「ヤスデよ、家のあたりも大変」という。翌日、外にでて、さらに驚いた。ヤスデの大群は道から林に入り、私の家をかこみ、境のコンクリート壁にもはいあがってきているではないか。背筋が寒くなる。

村では情報が飛び交っていた。発生は天女山《てんにょさん》の辺らしいとか。その下をとおる小海線が線路を埋め尽くしたヤスデで脱線しそうになり、不通になったとか。前にもあったが、こんどは数百万匹はいるだろうとか。

私はその夜、家のなかにまで侵入してきたヤスデの大群にかこまれ、立ち往生している夢をみた。これまでテントウムシやカマドールなど昆虫の異常発生にはなんども遭って苦労してきたが、こんな恐ろしいのははじめてであった。

夢の中では白い衣装の人類君と赤い帽子をかぶった地球君が言いあっている。これは「地球温暖化と無関係じゃないぜ」と。それどころじゃない。

「温暖化のため極地の氷や氷河がとけだし、陸地や島が沈む。海水面の温度は上昇し、異常気象が発生、大洪水や竜巻き、猛台風、砂漠化の被害が激増し、食べものがとれなくなる。オゾン層が破壊され、ガンもふえてくる。いまこそ協力して取り組まないと人類はあぶない。このままでは地球がほろびる。開発や消費を抑制しよう。」

こういう人類君の悲鳴を、顔をそむけて聞いていた地球君がうんざりしたようにいう。

「地球が滅びるだって！　なんという大げさな言いかただ。きみたちが勝手にふるまい、多くのいきものを滅ぼし、万物の霊長だなどと思い上がっていたくせに。こんどは泣き言か。」

「いや、泣き言なんかじゃない。破局が迫っているのだ。だから京都に集まって、予防しようと決めたのだ。」

すると、「『京都議定書』なんてザル法さ。汚染の半分をだしている犯人アメリカが入っていないじゃないか」

とあざ笑われた。

　さすがに人類君は怒気をあらわにし、言い返した。

「他人事のように言うな。君たち全体にふりかかってい る問題なのだぞ。このまま環境破壊が進んだら、地球は 砂漠化し、美しい星ではなくなる。やがて破滅して滅び てしまうだろう。」

　人類君は最後に口をすべらした。ここまで言われると 地球君も黙っていられない。相手をにらみつけ、赤い帽 子をなげすて、積もる憤懣をたたきつけた。

「オイ、冗談も休み休み言え。滅びるのは君たちだけじゃ ないか。ほかのものたちはオゾン層や温暖化などに関係 ない。むしろ鳥も魚も牛や豚や羊も、森の樹も草花たち も君たちには早く死滅してもらいたいと願っているだろ う。同情するのはペットの猫や犬ぐらいのものさ。この 地表の共同体は君たちだけのものじゃないぜ。わしは君 たちが他の生き物をたべるということに反対しているわ けじゃない。君たちの際限のない物欲が問題なのだ。獣 たちは必要な分しかとらない。君たちだけが、欲の突っ 張りあいをして争い、最後は核を持ちだし、殺しあいを はじめそうではないか。最低だよ、人類は。

　狂牛病だって、罪は牛になかった。欲に狂った人間の ほうにある。それなのに何百万頭も殺したね。ましてわ しらの地球が滅びるだって！　お笑いだ。何億年もまえ から、わしらは氷河期と温暖期をくりかえしてきたのだ。 要するに君たちの騒ぎは自分の生存が危なくなったとい うことだけ。それは自業自得じゃないか。」

　人類君の旗色は悪い。切りかえす言葉が見つからなく なって黙っていると、さいごに地球君から意地のわるい 一刺しを受けた。

「地球温暖化の加速は、わしらから見れば、人類に早く この地上から退場してもらうチャンスではあるわね。」

「歯止めのない市場万能の新自由主義経済とか、投機屋 たちのグローバリズムというのも君たちの自滅を早める と思うね。人間中心思想、『人権』絶対という考えも、 撤回したほうがよさそうだ。いまに、飢えた貧民や寝た きり老人、要介護者がふえすぎて、その重圧に生き甲斐 を失った若者たちが自暴自棄におちいり、あたらしい 『楢山《ならやま》』を考える時代がくると思うよ。」

　それから十日ほどして、とつぜん寒波が八ヶ岳山麓を おそった。気がついて見回すと、道にも林にもヤスデの 姿はもうなかった。屍骸すらなかった。あの洪水のような群れはどこにいったのだろう。魔法使いが杖をひとふりした後のように思われた。

林の枯葉の下で死にたえたのか。ヤスデのいなくなったあと、小鳥たちは葉を突つき、小動物たちは斜光の林をはしりまわっていた。細かい雨がやんでから、いつもの脇道にはいってみると、赤や白の小さなキノコが昨日生まれたようにふるえていた。

それからしばらくして木枯らしが潮騒のように森を揺らしたあと、きびしい寒気が山から降りてきた。こうなると林のヤスデはおろか、地下室で繁殖していたカマドールでさえ生き延びることができない。ある日、地下室のドアをあけたら、床はかれらピョンピョン虫の死骸でいっぱいだった。そして、万物が無音になったかのような寂寞のうちに、雪がしんしんと降りはじめた。荒れた森が荘厳になるのはこの季節だ。わたしたち人間もこの全き白の世界を謙虚にうけ入れる。

(『猫の手くらぶ物語　八ヶ岳南麓』
山梨日日新聞社刊、二〇〇八年)

歴史事情

歴史の波頭に

修羅場となった欧州

日本の二〇世紀は、前半は軍事大国をめざして躍進し、没落した時期、後半は経済大国をめざして繁栄し、急落した時期と単純化できる。世界史の眼でみると、二〇世紀はフランス革命以降、各地につぎつぎと成立した近代国民国家が、たがいに覇権を争いあった「戦争の世紀」であった。

その多くは植民地や経済的な利権をめぐる先進諸国の争奪戦であったが、後半期には圧制権力に抵抗する人民戦争や民族の自立、独立をもとめての解放戦争も各地に見られるようになった。しかし、その最大のものは、一九一四年から四五年という、わずか約三〇年の間に二度もくりかえされた世界大戦である。世界の主要国が大量殺人兵器をきそって開発し、それを戦線ばかりか後方の住民にも使用する戦争となったため六〇〇〇万人をこえる空前の死者と、数しれない難民、莫大な文化的、経済的な損失をもたらした。

その戦場になったのはロシアや北アフリカをふくむ全ヨーロッパ、それと東アジア、とりわけ中国全土、日本、東南アジア、太平洋諸島であった。いまなお、その癒しがたい傷は、殺された人びとの遺族や戦跡に、また生き残った人々の心に深く刻まれている。

「二〇世紀の一〇大事件」は何かと問われて、つねにその一位に第二次世界大戦があげられるのは当然である。自分の最愛の人をうしなった人たちの悲痛がつづいているからだ。そうした苦痛は何年たっても忘れることはできない。それも、どこか離れた戦場や空襲の修羅場で、だれにみとられるでもなく苦しみながら非業の死をとげた人が、夫や恋人や息子であれば、なおさらである。しかも、そういう犠牲を強いた高位の人たちが責任も問われずに済んでいる国にあっては、怒りをむける場さえない。

二度の大戦争の惨禍をもっともひどく受けたヨーロッパでは、戦後この戦争から多くの教訓をひきだし、実行に移している。隣国同士の死闘の結果、ヨーロッパが得たものはなにか。勝った方にもなんの収穫もなかった。それどころか地獄のような荒廃と貧窮と植民地の喪失であった。繁栄したのは戦場が本土と離れていたアメリカだけだった。植民地問題ではじまった大戦は、皮肉にも戦後「民族独立の時代」をひらいた。そのころ五〇もなかった独立国が、世紀末には二〇〇近くに増加していたのである。

なんのための戦争だったのか、西欧諸国は痛切に慚愧《ざんき》しホゾを噛む。そして歴史的な怨みをのりこえ、二度とヨーロッパ域内では戦争をしないことを誓い合う。宿敵であったフランスとドイツが中心となってヨーロッパをひとつに統合する共同体づくりをめざした。これは世界史上、画期的なことで、人類が進むべき未来を指し示した。今やEUはヨーロッパ統一市場、統一通貨、統一議会、統一軍隊までもっている。

また、ヨーロッパは今世紀のイデオロギー支配の怖さからも十分に学んだ。何百万のユダヤ人を工場で機械処理するように殺したアウシュビッツの大虐殺、昨日までの同志を叛逆を企てたとして何百万人も処刑したスターリンの大粛清など、衝撃的な事件から全体主義イデオロギーがなにをもたらすかを各国の国民に徹底的に知らしめた。その後、ドイツではナチズムを煽る行為を違法と定めたEU諸国は人種差別にきびしい態度をとっている。

それにたいして日本は戦争の総括をあいまいにし、責任を回避し、近代史の教育を怠り、若い世代に真相を知らせないできた。近隣諸国への日本国としての公式謝罪もない。自民党内閣のある首相などは日本が仕掛けた今度の戦争の全体的な評価を「後世の歴史家の判断に待つ」などと答弁している。かれらは歴史認識を先送りしてすますつもりなのである。日本がいくらカネを拠出しても、国際的に尊敬されない理由の一つはここにある。

日本国民の慢心

まず前半期をふりかえってみよう。一九四五年までの日本は戦争の連続だった。その大半が中国への侵略である。一九〇〇年、清国を制裁するとして帝国主義列強に最大の兵力を出し、北京を占領、歴史的な離宮を焼き払ったりした（北清事変）。それ以後、中国は列強に急速に植民地化された。一九〇四―五年、日露戦争、戦場となったのは朝鮮と満州（中国東北部）であり、当事者には祖国防衛の愛国戦争と映ったろうが、客観的には日露両国の朝鮮、満州の支配権をめぐっての争奪戦であった。日本国民はこの勝利後、すっかり慢心し、中国人をチャンコロ、ロシア人をロスケと蔑称したり、朝鮮を脅して併合したりした（一九一〇年）。

一九一四―一八年、欧州大戦に日本は英国側に立って参戦し、戦時景気で大もうけをする機会をつくった。その上、ドイツがもっていた中国の山東半島の利権と南洋諸島を手に入れ、そればかりか対支二一ヵ条要求を中国につきつけて、中国人民の抗日運動をよびおこした。

一九一七―二二年、日本はロシア革命をつぶし、シベリアに支配をおよぼそうともくろみ、五万をこえる大軍を送り込んだが、結局何も得ることもなく撤退、世界の世論からも孤立した。二七年、第一次山東出兵。二八年、満州で張作霖将軍を爆殺。三一年、関東軍、満鉄を爆破し、全満州を占領。三二年、上海事変。三三年、国際連盟総会は圧倒的多数で日本の侵略を非難、撤兵を要求、松岡洋右《ようすけ》全権はそれを拒否して、国際連盟を脱退。その後の日本の大戦争への驀進を阻止するとしたら、このころが最後の機会であったろう。

一九三六年、二・二六事件まで軍部が権力闘争で混迷している間に、リベラル派、和平派や憲政擁護勢力が天皇のもとに結集し、強力な打撃を与える必要があったのである。

近衛文麿の不決断

一九三六年二月二六日未明、閣僚や重臣を射殺し、首都の中枢部を制圧した陸軍反乱部隊は二七日になっても鎮圧される気配は一向になかった。軍首脳のこの態度に怒り、再三督促し、ついには「朕自ら近衛師団を率い、此が鎮圧に当らん」と統帥大権を発動し、戒厳司令官に「奉勅命令」をださしめたのは昭和天皇自身であった。

かれは一三名の将校たちの助命嘆願を退け、その後、関係した皇道派将軍らを退陣させた。

このときリベラル派の重臣たちや政党員や言論人たちが一致して天皇を立て、軍の政治介入を封じこめる行動に出ていたら、その後の事態は変わっていたにちがいない。ところが、重臣らはテロにおびえ、政党は腐敗し、有力な言論人は沈黙していたのである。

それどころか、広田弘毅《こうき》内閣は五月に「軍部大臣現役武官制」を復活させてしまう。これにより軍は現役武官を内閣に出さないことによって合法的に倒閣できるというチャンスと力をもった。つぎの林銑十郎《せんじゅうろう》内閣はさっそくこの制度でつぶされるのだ。

この後に登場したのが、若き貴公子近衛文麿《このえふみまろ》である。かれは国民から絶大な期待をもたれたが、一九三七年、日中戦争をはじめ、また四一年、南仏印（ベトナム）への進駐をゆるし、国家を日米戦争の瀬戸際においつめた。東条英機《ひでき》首相が開戦の裁可を上奏したのは、近衛の辞任からひと月半後のことだ。不決断な近衛は終始、自分を推薦してくれた陸軍にあやつられた。日中戦争を全面戦争に拡大させ、南ベトナムに進駐し、米英から決定的な経済制裁（石油の輸出禁止など）を受けてしまうのも、近衛が陸軍に譲歩した結果だった。要するに世界情勢を見渡しての合理的な政策決定ができなかったのである。

当時の日本は指導者も国民も重大な国際情勢の誤認をしていた。一九三六年一二月の西安事件によって分裂した中国が、新しい国・共の団結した中国に変わったことも理解しなかった。張学良を説得した周恩来が蔣介石と西安で握手し、日本軍の侵略と徹底的に戦うと誓いあった国共合作を重大に受けとめなかった。日本政府も軍もこの変化を無視して三七年七月、国民政府軍を攻撃した。そのため、いくら奥地まで攻め込んでも中国は屈服せず、講和にも応じなかった。結局、中国人民の底力を侮ったところに、日本敗戦の真の原因があった。この泥沼戦争からぬけだす道は、中国からの撤退しかなかったのに。

もう一つの誤認がある。当時の国民は、日本は国が小さく、資源が乏しいのに人口が多いから、国の発展のためには、大陸や南方に進出して植民地を獲得するよりほかに道はない、という政府や軍の宣伝を信じていたことだ。それに共産主義国の魔手から自衛するため、満州や朝鮮が必要だという理屈がついていた。

「満州は日本の生命線」という言葉が常識とされていたのである。もし、立場を変えて、中国人が「九州は中国の生命線」といったら、どんな気がするだろうか。ロシア人が「北海道はロシアの生命線」といったら憤慨するであろうに。

日本人は「自己中心」で、自分を他者との相互関係で考えることに未熟であった。このことは戦争の被害と加害の関係についてもいえる。満州引揚者の悲惨は強調しても、それ以前に、日本人が満州で何をしたかは考えなかった。原爆を浴びた広島、長崎の被害民の苦しみと、日本軍がした慰安婦や捕虜への虐待、中国での大虐殺などの加害行為を、戦争の全過程のなかで正当に関連づけてとらえる歴史認識に欠けていた。

石橋湛山の卓見

「日本は小国、少資源の国だから生きるために侵略もやむなし」という考えは間違いだと主張した日本人が早くからいた。中江兆民も内村鑑三も清沢洌《きよし》も矢内原忠雄もそうだが、石橋湛山《たんざん》（一九七三年死去）の例をみよう。かれは中国に排日運動が起こった二一年から、早くも植民地は有害無益だという説を展開していた。湛山は常識にさからって言う。

〝朝鮮も台湾も樺太も満州も返そう、中国やシベリアへの野心も棄てよう、そのほうが、かえって日本の経済発展になり、安全にもなる。植民地領有はその民族の抵抗を強め、軍事費の負担をふやし、国内産業の発展を阻害し、結局、戦争の危険をまねく。とくに中国本土への進出は米国との対立を深める。その危険はなんとしても避けなくてはならない。植民地必要論は幻想である。大日本主義を棄て、小日本主義でわれわれは十分発展できる〟と。こういう主張を一九二〇年代から「東洋経済新報」の社説に連載していたのである。

湛山の独創はその説を経済上の損得で裏づけた点にある。つまり、戦争でかち得た植民地からの全収益より、米国や英国、中国やインドとの交易からの利益の方が、何倍も大きい事実、また本土の国内産業に力をつけ、国内市場を拡大することによって経済を発展させることができると数字をあげて論証した。実際には、そのために寄生地主制のくびきから農民を解放したり、財閥による経済独占をやめさせ、自由競争の余地をひろげたり等々、社会全体の民主改革が必要だったのだが、彼の示した方向自体は間違っていなかった。その証拠に、敗戦により日本は全植民地を失ったが、かえって経済大国として発展できたのである。

一九四五年、日本は主として米国および中国と戦って完敗した。史上はじめて外国軍隊に全土を占領され、半ば強制的であったが社会全般にわたる民主改革を実行した。長い抑圧から解放された民衆はこの改革をわがこととして歓迎し、戦後復興に尽力した。石橋湛山も吉田茂内閣の大蔵大臣として、この力を結集し、日本再建に参画した日本はよみがえる。

自信喪失の谷間

二〇世紀、日本は二度世界の先頭に躍り出たことがある。一九三七―四五年の軍事大国の時代、二度目は一九七〇―九〇年の経済大国の時代。その二つのピークの間には自信喪失の時期があった。今はその谷間から抜けだそうと、もがいている。「いよいよ新世紀、日本はどこへ行こうとしているのか。」二つの大国に戻ることはできない。それならいったいどこへ？

なぜ、以前のような経済大国にはもどれないし、もどるべきではないのか。そもそも敗戦国日本が、なぜ高度成長に成功し、経済大国になりえたのか。結論からいえば、敗戦の荒廃から日本が立ち直れたのは、占領下での一連の民主改革（女性解放、民法改正、農地改革、財閥解体、労働運動の奨励、教育改革、民主憲法制定など）で、国民が働く意欲を奮い起こされ、生活の再建と経済の復興に全力を注ぎ得たからである。それに国際的な「幸運」が日本にプラスした。

一九五〇年からはじまった朝鮮戦争による特殊需要が日本の産業界を活性化し、生産力を急増させたのである。この「幸運」（朝鮮民族にとっては非常な不幸）がなかったら、五〇年代後半からの日本経済の高度成長はなかったろう。

それに石油が中東戦争などの政情と大国支配によって、一バレル一―二ドル台という安さで（しかも一〇年間もっづいた）湯水のように使えたことも大きい。ここにはパレスチナの（やがてベトナムの）おびただしい人民の犠牲があった。たしかに高度経済成長の成功を支えたのは、すぐれた経済官僚の誘導と技術陣の精励と終身雇用制などによる勤労者の忠誠心が大きかったが、同時に内外の無数の棄民を切り捨てて猛進した点も見落とせない。

たとえば四大公害はほとんど成長過程の初期に発生していたが、一九七〇年代まで省みられなかった。全山閉鎖に追い込まれ、ヤマを追われた数十万の筑豊の炭坑夫たち、農山漁村からのおびただしい流民、こうした人々を企業が低賃金で利用し、短期間に莫大な資本を蓄積できた。そのことを忘れて、「奇跡の成長」だけを賛美することは許されない。八〇年代に入ると日本人の価値観はカネ一辺倒に変わる。国民の大半がバブルに踊り、「財テク」といって投機に走った。そのツケで今なお苦しんでいる。日本は再びあのような経済大国にもどるべきではない。

二〇世紀後半の日本の主題は日米関係にあった。安全保障（安保）の問題も憲法をめぐる論争もそうであろう。「日米は運命共同体」と言いきった中曾根康弘首相のころは、米ソ武力衝突の危険を口実に、秘密裡に日米共同作戦が立てられ、日本の軍需拡大が要求された。それでも中国が日米安保条約を容認したのは、その矛先がソ連に向けられていた上に、その条約で米国が日本の核装備など独自行動を抑制する役割を果たしていると見たからであろう。

キッシンジャー元大統領補佐官は「日本の軍国主義化を防ぐことが米中共通の利益だ」と中国首脳を説得していた。一九八〇年代の終わり、冷戦構造が解消し、さらにソ連がなくなると、日米安保は理論上の存在理由を失う。だがアメリカはこの条約を手放さなかった。なぜか。安保は日本を守るためというより、強国になった日本を管理する手段と考えていたからだ。日本が米国の核の傘に入っている限り、日本が核保有に走る誘惑は小さい。そのことは中国やアジアの国々にも安定感をあたえる、と。

米国の呪縛からの解放

今や米国は世界唯一の最強の国である。それを脅かすものは存在しない。それでも日米安保条約を維持するのは、米国の世界戦略に自衛隊と日本のカネの利用を組み込んでいるからである。本来は駐留費はもちろん基地の借地料も米国が支払うべきものだ。ところが、日本の政治家は米国への従属に慣れきってしまったため、その不合理を理解することができない。それどころか憲法を改正して、より積極的に米国の作戦に協力できるようにすることさえも考えている。周辺事態への出動とかＰＫＯへの派兵とか国連軍への参加とかも、結局は世界の覇権をにぎる米国の意向次第になっている。そんな軍事行動に日本の若者が命を賭けて志願するだろうか。

二一世紀、日本の道の選択にはさまざまな議論があろうが、過去に照らして、二度と軍事力を行使しない、非戦、赤十字国家のような道をすすむのが賢明であろう。冷戦構造解消後のいまこそ憲法前文と九条の精神を生かすのである。

どこにでもある二〇世紀的な普通の軍事国家になる必要はまったくない。そう決断してはじめて、日本人は米国の呪縛から解放され、自由な人類の一員になれるだろう。

司馬史観に異議あり

（「東京新聞」二〇〇一年一月二三〜二五日）

ある大新聞の人気投票でミレニアム＝この千年紀の文学者として司馬遼太郎が、夏目漱石についで二番目に選ばれているのにはおどろいた。漱石の作品は英語をはじめ、多くの外国語に翻訳されて世界中（とくに英語圏）の人に読まれている。司馬の小説はどうか。日本人にしか読まれないと思う、めずらしく普遍性にとぼしい代物《しろもの》なのだ。明治維新や新撰組に材をとった代表作『竜馬がゆく』や『燃えよ剣』は日本人には面白くても、坂本龍馬や土方歳三にしびれる外国人はまずいない。司馬遷《しばせん》の『史記』や『三国志演義』の世界的な面白さとは比ぶべくもない。

日露戦争期の長編『坂の上の雲』についても言える。日本海海戦のあたりなど、読み進むうちに引き込まれてしまうほど私たちを興奮させるのに、おなじ大戦争を描いたトルストイの『戦争と平和』の読後感とひどく違うのは何だろうか。相手側から見る目を欠いているからだろうか。兵士や人民の視点がない英雄史観の限界からだろうか。人間の内面を深く洞察する哲学的な掘り下げの貧しさゆえか。「おれは司馬遷に遼《はる》かに劣る男なのだ」と卑下して、司馬遼太郎と名乗ったというのだから、初期のかれは自分の限界を知っていたにちがいない。「おれは大衆に娯楽を提供するただの小説屋にすぎない」と。それなのに、その後あまりにも取り巻きがもちあげすぎたためか。人間の悲しさで、成功を重ねてゆくうちに、おれはそんなに大物なのか、と当人も錯覚してしまう。いつも遠くからじっとみつめている醒めた目があることを忘れて。

かれの嫌いな昭和の歴史に司馬作品をおいてみると、面白いことがわかる。『竜馬がゆく』が「産経新聞」に出始めたのは、一九六二年、池田内閣の所得倍増時代で、押せ押せの上昇ムードのただ中だった。そこに時代にマッチしたスピードの速い、わかりやすい文体をもった明るいヒーローをえがく面白い小説があらわれた。読むと未来に希望がもてる、元気がでるというので、当時のサラリーマンに大評判になり、ベストセラーになっていった。まさにその司馬遼太郎は高度経済成長に棹《さお》さした作家である。『坂の上の雲』（一九六七―六九）も同様で、六〇年代の会社族に、経済大国化の栄光と明治の栄光とを重ね合わせて読まれた。かれは後に日本の堕落のもとになったと嘆く経済バブルに、小説によって貢献していた。

同じ時期、『レイテ戦記』を書いた大岡昇平と比較してみるとよくわかる。司馬はかれの好きな高いビルの上から通行する人たちの人生をみおろすという俯瞰《ふかん》的な方法で物語を書く。だが、大岡は底辺の兵士から目をはなさず、戦場で勇敢だが無益に死んでゆく敵味方の兵や住民にも目配りし、鎮魂の痛覚をそのリアリズムにこめた。大岡は太平洋戦争の全局面をぼう大な資料や証言をあつめて描いたが、個々の人間の内的な洞察を忘れていない。司馬はその達者なペンで、大岡の千倍の読者を得た。だが、はたしてどちらが世界文学として通用するか。

『レイテ戦記』は歴史小説の傑作として後世にのこるだろう。だが、『燃えよ剣』や『坂の上の雲』は国際的な視点では歴史小説の名に値するだろうか。歴史小説とはなにか、きびしく議論をしたいが、ここでは先を急ぐ。

司馬遼太郎には『この国のかたち』という評判の高いエッセー集がある。ここでかれは「明るい明治」の強調と対照的に、戦前の「暗い昭和」を誇張している。かれの最悪の過ちは、日本を滅ぼしたのは統帥権を独占した軍部であり、天皇も法的にはこれを抑制できる立場になかったと、独断したことであった。司馬が根拠にしたのは、あやしげな一冊の秘密文献（昭和七年陸軍参謀部の『統帥参考』）にある次の一句、「統帥権ノ本質ハ力《ちから》ニシテ其作用ハ超法規的ナリ」であった。明治憲法には「第十一条　天皇ハ陸海軍ヲ統帥ス」と明記していたのに、司馬は天皇をかばうために、次のような事実に反することを述べている。

「憲法によって天皇は政治に対し、個人として能動的な作用をすることはいっさいできず、例外的にそれを行ったのは、敗戦の時のいわゆる〝聖断〟だけである」（司馬遼太郎『この国のかたち』一、傍点筆者）。天皇は憲法上なにもできないというのは、明治憲法の二大解釈、天皇神権説にも天皇機関説にも合致しない。なるほど天皇は国政にたいしては内閣の輔弼《ほひつ》を要するが、国軍の統帥に関しては憲法上の制約を受けていない。参謀総長は大元帥である天皇の諮問《しもん》役、勅命の伝達役にすぎない。天皇はロボットではない。敗戦時の聖断だけだという司馬の嘘については事実をあげて反論しよう。

①張作霖将軍を関東軍参謀河本大佐が爆殺したとき、

天皇は厳重処分を命じたが、軍が抵抗し、甘い処分を田中義一首相（陸軍大将）に上奏させたため、天皇が怒って途中退出した。そのため、翌日一九二九年七月二日、田中内閣は総辞職した。この天皇は無力だったろうか。

②二・二六事件の時の能動的な天皇の行動については、侍従武官長本庄繁の日記が詳しい。「此日、陛下ニハ二、三十分毎ニ御召アリ、事変ノ成行キヲ御下問アリ。且ツ鎮圧方督促アラセラル」。翌二七日、本庄は一日に一三回も呼び出され、叱責されている。「此日、陛下ニハ鎮圧ノ手段実施ノ進捗セザルニ焦慮アラセラレ、武官長ニ対シ、朕自ラ近衛師団ヲ率ヒ、此ガ鎮圧ニ当ラント仰セラレ、真に恐懼《きょうく》ニ耐ヘザルモノアリ」。杉山元《はじめ》参謀次長も、その手記に「速カニ鎮圧セヨト下命」されたと記している。翌二八日、まだ動かない師団長に天皇は激怒し、武官長に「未ダ嘗テ拝セザル御気色ニテ、厳責アラセラレ、直チニ鎮定スベク厳達セヨト厳命ヲ蒙ル」（『本庄日記』）。ついに「奉勅命令」が公示され、反乱軍は降伏。一三名の将校は銃殺、秋にかけて大規模な軍の粛正が行われた。

③対米英戦争開戦の決断のとき、どんなに天皇が政府や軍の首脳を再三再四よびだし、下問し、苦悩し、再考を促し、最終決定にいたったか。内大臣木戸幸一の日記や杉山参謀総長の克明なメモなど沢山の一級史料で検討したら、統帥権を独占した参謀らが開戦を決定したなどという司馬遼太郎のたわごとが吐かれることはなかったろう。かれの歴史認識は間違っている。それは尊皇人間である司馬が、ひたすら天皇の責任回避の釈明を擁護したいという心情に溺れたからであろう。かれがリアリストなどと自慢するのは笑止の沙汰である。

（『日の沈む国へ』小学館刊、二〇〇一年）

問われているのは日本国民
――新歴史教科書の波紋

韓国政府からの三〇項目ほどにおよぶ再修正要求の内容を読んだとき、私は問題の日本の教科書を精細に検討したという韓国の歴史学者たちの顔を思い浮かべた。こうした問題での抗議は今にはじまったことではない。一九八二年、文部省の検定教科書の大陸「進出」を「侵略」に書きかえさせたときにも一度あった。

一五、六年前、私たちが韓国近現代史学会を代表する学者たちとソウルで三日間にわたるシンポを開いていた間にも、東京から聞こえてくる自民党閣僚らの放言が問題になっていた。「南京大虐殺などなかった」「従軍慰安婦なんて娼婦みたいなものだ」「韓国併合は合法的で、日本は朝鮮近代化のためにつくした」など。つまり、かれらは本心では反省していなかったのだ。今度はこうした発言と同質の歴史教科書が、最右翼の言論人たちの集団「新しい歴史教科書をつくる会」によって扶桑社から出版され、国の検定をパスしたのだから問題だ。

私は先の会合で面と向かって言われた、にがい言葉をおもいだす。「お国には内的な深い自省など期待しても所詮ダメでしょうか。日本民族には救いがたい道義的な欠陥が宿命的にあるような気がしてくるのです」と。日韓の和解と真の友好を願うリベラルな知識人のあいだにも絶望感がひろがっていたのである。

中国政府の要求もそうだが、韓国は内政干渉にならないよう問題を日韓関係に限定して、扶桑社本などの事実誤認を具体的に突いてくる。私の判断ではそのうちの半分ぐらいは日本の著者たちの研究不足による誤認で、すぐにも直すべきだったと思えた。研究不足とは韓国学者の研究業績を無視して、自国の側からの記述にばかり固執したため。あと半分は韓国との関係を述べたところで、日本の国家主義的な歴史解釈を一面的におしだした箇所についての訂正要求である。一九八二年、一九九二年、一九九五年と、国家間でなんども政治的に諒解しあった歴史認識まで無視していると彼らは指摘する。

たとえば「新しい歴史教科書をつくる会」の検定本（扶桑社）の朝鮮半島脅威説は日本の立場からの一方的主張だ。韓国併合を正当化している記述や植民地朝鮮の開発に日本が貢献したという主張は事実経過を無視し、相互の関係を公平に見ていない。関東大震災時の朝鮮人虐殺については扶桑社本は故意にとしか思えない軽視や重大な誤記をおかしている。総じて侵略し支配した行為の自己弁護と居直りに終始している。一九九二年に宮沢首相が軍隊慰安婦に日本軍が関与したことを認め、韓国国会で公式に陳謝したにもかかわらず、慰安婦問題をまったく無視して、記述しないことも許されない。こうした問題点をかかえたテキストであるのに、なぜ日本政府が検定をパスさせたのか、というのである。

小泉首相らは再修正には応じられない、と強気であるが、それは自分をささえる与党の大多数の政治家らが基本的に「つくる会」の意見に賛成だからであろう。壁は日本の教科書検定制度にあるのではない。それは外交辞令であって（制度は直せるのだ）、小泉をはじめ、彼らの国家主義的な古い歴史観こそが問題解決をさまたげている根本原因ではないのか。

「つくる会」の会長西尾幹二は『国民の歴史』という日本主義による評論風の大著を扶桑社から出し、ベストセラーとなったが、その扶桑社はかの極右の産経新聞の会社である。フジ産経・グループや読売新聞など強力なメディアの援軍がうしろについている。その上、保守派の政治家たちの厚い支持がある。西尾や漫画家小林よしのりらの「新しい歴史教科書をつくる会」発足の声明は一九九六年一二月であるが、その前年、終戦五〇年にあたって自民党の歴史検討委員会は「大東亜戦争の総括」を出していた。その結論は「つくる会」の主張とほとんど変わらない。大東亜戦争は自存自衛の戦争で、アジア解放の意味も持ち、ただの侵略戦争ではないということ、南京大虐殺、慰安婦などは大げさなデッチあげだというのである。この勢力と「つくる会」が以心伝心でおなじ方向に動いていたことに注目しなくてはなるまい。

一九九七年二月、「日本の前途と歴史教育を考える若手議員の会」が行動を開始し、「つくる会」のメンバーと連携し、各府県の議会や党支部や教育委員会にも働きかけをはじめた。そこにどんな人脈が浮かび上がってくるのか明らかにされよう。現在、「つくる会」の会員は一万名余、全都道府県に支部をもち、年間四億二〇〇〇万円の収入があるという。保守系政治家、文教官僚、マスコミ、財界ともパイプをもち、KSD汚職の小山孝雄前自民党参議院議員などを通じて、国会にも働きかける侮りがたい勢力になっていた。

さて、この歴史教科書は日本人が読んでも、時代逆行で、ひどい内容なのだ。前書きのあと、本文の書き出しがアマテラスの神話なのである。この神武天皇の東征へとつづく長い叙述は、「伝承」と断っているが、歴史に在ったかのように描かれている。これでは戦前に私たちが読まされた皇国史観の国定教科書と似てしまう。あの教育で洗脳されて、日本は神の国、自分たちは皇軍の神兵と信じ、天皇陛下のために戦場で死んでいった多数の青少年がいた。そういう青少年をまで扶桑社本は賛美しているのだ。さらに本文に「わが国の歴史には、天皇を精神的な中心として国民が一致団結して、国家的な危機を乗りこえた」例が何度もあったと書き、最後は昭和天皇の功績を二ページにもわたって讃えている。この本は教育勅語や欽定憲法を高く評価するわりには、敗戦と新憲法によって国民主権の民主国家になったことに冷淡なのである。

一方、小泉首相は靖国神社が明治以来、陸海軍省の所管の特殊神社（別格官幣社）であり、大祭のときには天皇が親拝した軍国主義普及の最大の拠点であったこと、戦後は東条英機らA級戦犯も祭っていることを知っていながら、死者は平等だ、お国のためになくなった方々の慰霊に行ってなにが悪いと開き直り、靖国参拝を強行した。アジア世界では孤立しているこうした論法が、いまだに日本で通用しているのは、国民多数の歴史認識がこの程度だからではないだろうか。

（『日の沈む国へ』小学館刊、二〇〇一年）

自分史ブーム

「自分史」という言葉は、歴史のなかに「自分」という主体を強く押し出す意味でつくったもので、一九七五年に私が『ある昭和史―自分史の試み』（中央公論社）という著書ではじめて使ってみた。それまで学界では「自分」などという主観を出すことは極度に嫌われていた。ところが、この本が毎日出版文化賞を受賞したりして評判となり、広く読まれるようになってから、自分史も一般化していったのだと思う。

今では「自分史講座」なるものが、マスコミ各社のカルチャーセンターはじめ、全国の行政の生涯学習コースにあり、その類のマニュアル本も多数出版されている。さらに北九州市の自分史文学大賞とか春日井市の日本自分史センターとか、自費出版ネットワークの日本自費出版文化賞などまでつくられている。近年のこの流行現象は平成不況下のせち辛い世相の一端にすぎないであろうか。

安・近・短のレジャーと同様、安く気軽に自分の足跡を本にする知的な遊戯だと、一部からは見なされている。しかし、高齢者には人生の経験という財産があるのだから、その身近な価値に気づくことは結構なことであろう。高齢者ばかりではない。最近は若い世代の自分史への参加もめだつ。

それはパソコンやインターネットの普及による。二年ほど前から「自分史クラブ」というホームページを開設した人がいて、四〇〇〇人をこえる登録者を得たという。しかも、その八割が三九歳以下の世代とのこと。また、「自分史友の会」という全国ネットがつくられ、自分史のすすめと自費出版を組み合わせて成功している。その一端として「孫たちへの証言」を公募したら、全国から数千編が集まったという。このように高齢者と若い世代が競争しているように見えるが、パソコンなどにより確実に交流も生まれている。

思い返してみると、八王子の故橋本義夫さんが三〇年前に、「ふだん記」という庶民の文章運動をはじめたとき、その中心は、中年世代の人生苦闘記であった。それを全体史のなかに位置づけ、「自分史」として意味づけることを私は『ある昭和史』で試みた。その経験からすれば、自分史は高齢者の自伝でもなければ、功成り名遂げた人の「生《お》い立ちの記」でもない。まさに歴史と人生にもまれていた人の魂の痛切な叫びであり、喜びや悲哀の告白だった。それこそが人の心を強く打った。自慢話や自己陶酔史は歓迎されず、率直な失敗談のほうがよろこばれたのだった。

自分史は、自分がいちばん書きたいこと、くやしかったこと、自分の体にトゲのように刺さったところ、その痛みの感覚から書きだすとよい。とくに孤独におちいり、自分の生きている意味を見失い、存在の不安感におちこんだときなど、そのことを表白した文章はかならず人の共感を得る。それほどに現代社会は不安だからである。

個としての自己存在のなかに歴史を発見してゆく。それは、自分の外部にあると思いこんでいた歴史に自分を見つけ出すことと同じなのである。自分史の醍醐味《だいごみ》はそこにある。決してひとりよがりの道楽ではない。戦時下に生きた人、バブルの時代に踊った人には、思いあたるところがあるだろう。人はどこかで歴史と切り結んで生きている。その歴史と自分との結び目、結節点、そこに他者の目をも意識してメスを入れる。それが私の望む自分史なのである。

最近、パソコンによる「自分史作り講座」をはじめたあるグループは、会員から想い出の写真を出してもらい、それに解説を加え編集することから自分史作りをはじめて成功したという。文章だけではない、詩や歌による自分史、絵やイラストによる自分史、音楽による自分史があってもよいし、すでにそうした佳作が発表されている。自分史の可能性は未来に開かれている。

このように、いまでは自分史は大流行で、その講座は全国各地にさまざまな形で開かれている。毎年の受講者は延べ一〇万人にものぼり、自分史の自費出版も年間二万冊をこえているという。五年前から日本自分史学会や各種の自分史大賞、日本自費出版文化賞までつくられ、マスコミも行政もさかんにとりあげている。

この大流行をみては、提案者たるもの、感慨なきを得ない。「自分史」はひとり歩きをはじめ、予想外の展開を見せている。なかには私たちのいう自分史を誤解し、自分だけ史、自慢史、自己陶酔史など、自分垂れ流しものが氾濫し、紙資源の浪費だ、押しつけがましい、と嫌われるような現象も一部にあらわれた。

自分史は自己中心の伝記や私小説のたぐいではない。そもそも私が自分史などに思い至ったのは、民衆史の研究からである。私の民衆史は敗戦体験への反省から生まれたのだ。

「なぜ、この国の民衆はこんな大それた戦争に同調したのだろう。軍部や政治家にだまされたからでは説明にならない。その軍部や戦争を圧倒的に支持し、積極的に参加したのには民衆の側にそれなりの理由があったはずだ。どうして民衆があのような傾倒をしたのか」と。

だが、民衆とはなにかを問いつめてゆくと、最後は自分につきあたる。民衆とは私でもあった。私が欠陥だらけの存在であるように、民衆もまた歴史に規定された弱点を多くかかえた存在であった。民衆史とは、つまるところ、そういう私達史、私《わたし》史、自分史の複合体であることがわかってきた。どうして民衆はあのように急坂をかけあがり、そして転落するのか、それを解きあかせない歴史学など私には無意味なものに思われた。

研究者にとってばかりではない。一般の人にとっても、生きた歴史のほんとうの姿を明らかにするためには、自分史という原点から見直さなくてはならないと思った。歴史に翻弄されていた私は、同時にその時代の歴史を支え、それを自分の体に刻みこんでいたからである。

そうした歴史と自分との関係、全体史と自分史（個人史）との相互作用を冷静にとらえようという問題意識があれば、決して自慢史や自己中心的な回想記におちいることはないであろう。

（『日の沈む国へ』小学館刊、二〇〇一年）

一国民俗学という否定的評価

柳田國男の生誕一〇〇年記念の大集会がひらかれたのは、一九七五年のことであった。世界中から学者が招かれ、東京で国際学会や宴会がもたれた上に、柳田ゆかりの各地でも多彩なイベントがおこなわれた。そのころ柳田は近代日本が生み出した「内発的な発想」をもった土着の偉大な学者として称賛され、たくさんの研究書も刊行されていた。今にして思えば、あのころが柳田評価のもっとも高いときであったろう。私のような門外の者まで一冊著作を出すことができたほどである（日本民俗文化大系第一巻『柳田国男』講談社、一九七八）。

あれから四半世紀たって柳田評価は様変わりした。「近代国民国家論」が流行して、近代の価値が相対化され、国民国家の統一や形成、支配というもののイデオロギー的な欺瞞がばくろされるにつれ、それに大きく貢献したものが、逆に批判の対象にされるようになったからである。柳田の常民観や方言周圏論や稲作一元論も槍玉にあげられた。

柳田には『山の人生』に結実した山人論や列島のなかの異族アイヌの文化に対する関心があったのに、昭和初期以降、それらを棄てて、常民論に、「一つの日本論」に集約していったのはなぜか。私も前著でその問題にふれたのだが、国民国家論的な観点からではなかった。私はむしろ柳田の皇室や天皇制にたいする保守的な態度のなかに、その追及放棄の謎を解こうとした。

戦前の日本は天皇の「臣民国家」で、イギリスやフランスのような「国民国家」になっていない。明治史の専門家としては当然のことながら、その点に私はこだわっていた。ところが、一九九〇年代に大流行した舶来の国民国家論は、イデオロギーとして否定的に近代国民国家の擬制をとらえたもので、天皇やヒトラーやスターリンの国家も国民国家に含まれるという大雑把な概念のものであった。そうした視角から見るなら、柳田もその学問で国民国家に貢献し、それを正当化した一人であることは明白である。それは「いくつもの日本」を否定した「一国民俗学」だという柳田学批判に集約されていった。だが、その批判者たちは「いくつもの日本」なら無条件に肯定できるのかという懐疑に目を開いているわけではない。彼らもまた愛国主義のくびきから自由になっていないように見える。

柳田國男の学問は複雑な谷筋をおおく抱えたぼうだいな山脈であって、「一国民俗学」であると、その限界を指摘したところで、もう学ぶにあたいしないというものではない。汲めども尽きない知恵蔵《ちえぐら》のようなもので、謎めいた多くの問題を抱え込んでいる。一つだけ例をあげよう。『山の人生』の書き出しの物語をめぐっての諸説の混乱である。

一九二六年に刊行されたこの本は、はじめに強烈な印象をあたえる二つの短文を収録している。とくに「山に埋れたる人生あること」は衝撃的であった。飢えに瀕した二人の子どもが斧を研いで、いくら働いても一合の米も手にいれられない炭焼きの父親に、「おとう、此れでわしたちを殺してくれ」とたのんで死んでゆく話である。

柳田は後年『故郷七十年』で、「あの偉大な人間苦の記録」と書いているが、原話は法制局参事官時代（一九〇二―一四）に読みふけった庶民の犯罪記録にあったものだという。「三十年あまり前、世間のひどく不景気であつた年」というから、一八八〇年代の松方不況時代のことかもしれない。「眼がさめて見ると、小屋の口《くち》一ぱいに夕日がさして居た。秋の末の事であつたと謂ふ。……その日当りの処にしやがんで、頻《しき》りに何かして居るので、傍へ行つて見たら、一生懸命に仕事に使ふ大きな斧を磨《と》いで居た。……さうして入口の材木を枕にして、二人ながら仰向けに寝たさうである。」

じつはこの話には『奥美濃よもやま話』（金子貞二、一九七〇）という本にそっくりの話がある。二人の子どもの首を斧で切り落として、死にきれなかった新四郎という男の身の上話である。新四郎は一九四〇年まで生きていた。金子貞二氏はその新四郎を作男に使っていた父の金子信一から話を聞いて、後に「聞き書新四郎さ（ん）」として収録した。だから、この話は直接の聞き書きではない。柳田のも調書を読んだ記憶からのもので直接ではない。谷川健一氏は「新四郎さ」の話と柳田のものを比較して、柳田の記憶違いだろうとしている。それに異議を呈し、『山の人生』も「新四郎さ」もどちらもほんとうの話なのだと解説してみせたのが、日本民話の会の吉沢和夫氏であった（「初期柳田学の作為について」一九八八、『民話の手帖』三六号）。吉沢氏は美濃の新四郎屋敷まで訪ねている。

私はこの友人の論文に教えられて書く。『山の人生』の子殺しの話は、事実よりも感じたるままの真実を尊ぶ柳田による作為だったと思う。吉沢氏も指摘しているように、二つの話には大きな違いがある。柳田は三〇年ほど前の秋の事件にしているのに、新四郎は明治三七年（一九〇四）の春だという。子殺しに走った直接の動機もたいへん違う。柳田のは極貧、飢えだが、新四郎の場合は娘が奉公先でうけた屈辱である。殺してくれと言い出したのは子どものほうだが、斧を研いだのは子どもではなく、新四郎自身であった。読み比べてみると、凄みのあるのは子どもに斧を研がした柳田のほうである。首を斬る前の情景もまるで違う。こうしてみると、二つは別の事件ではないかと考えたくなるほどだ。

ここで記憶違いか、作為か、別の事件かと論争するまえに、確かめなくてはならない大事なことがある。『山の人生』の基になった法制局の原史料を見ることだ。まだ、だれも柳田以外にこの事件の警察調書や判決文を読んだ人はいない。私は明治のその種の調書や古文書など原史料をあびるほど読んだが、それらにはお上《かみ》の立場からの事実の色づけや、取捨選択が多くみられ、史料批判ぬきには使用に耐えないものがあった。かりに柳田の見たものが、新四郎事件の書類であったとしても、晩年の新四郎本人が語ったような詳しい記録ほど、心情を伝えるものではなかったのではないか。

さいわいこの国にも情報公開の法律ができたので、私も旧法制局時代の犯罪関係史料の閲覧を請求してみたいと思っている。柳田國男の作為がどんなものであったか、それと読み比べたら、かなりのことが分りそうである。それと有名な『山の人生』の序話ひとつとっても、まだ解明されていないことが多い。歴史学における事実と虚構、作為と真実、民俗学における伝承と説話の問題を考える上でもよい材料である。

(『柳田國男全集』筑摩書房、二〇〇二年)

不屈の精神――秩父事件から一二〇年

歴史の教科書に「秩父事件」という項目はあっても内容を知らない人が大部分になった。縄文人の暮らしは知っていても、明治の人民がどんな暮らしをしていたかは知らない。まして人民の怒りが爆発して武装蜂起にまで発展した事件があったなど想像もしない。

最大八〇〇〇人もの人が秩父で決起に立ち上がり、上州、信州を駆けめぐった民衆蜂起(秩父事件)一二〇周年にあたるこの秋、それを忠実に再現した『草の乱』という自主映画が話題になっていた。主役の緒方直人が、自由党員で困民党の組織者井上伝蔵(死刑の判決をうけながら三三年間逃げつづけた)を、林隆三が困民軍の総理田代栄助を演じているが、この映画の圧巻はそれらプロの俳優たちの演技にではなく、ボランティアで参加した延べ八〇〇〇人といわれるエキストラの強烈な蜂起場面であったろう。その大波のようにつづく群集シーンの迫力は日本映画史上、出色のものだ。

秩父事件については四〇年も前から熟知していたつもりの私でさえ、そのエネルギーに眼をみはったほどだから、はじめてこの事件を知った人々の驚きはいかばかりだろう。見終わった後、耳にした感想は、「明治の人はえらい。泣き寝入りせずに立ち上がった」「相手が国家でも、粗末な武器しかなくても、抵抗している」「そんな元気がいまの日本人にあるだろうか」「自分の運命は自分の手でひらく、他人まかせにしない、かれらのほうが民主主義だ」というようなものだった。そして、もっと詳しく事件の真相を知りたいと語っていた。

私はこの映画を傑作だとは思っていない。事件そのものの方が一〇〇倍もエピソードに富み、多彩で、個々人の内面も深く、劇的だからだ。だが、『草の乱』は一二〇年の時間を超えて、私たちをその歴史に引きつける力を持つ。では、どこに秩父事件の魅力があるか。それは蜂起に参加した四〇〇〇人余の民衆と一〇〇人余の自由党員の人間的魅力にある、またその両者の関係の深い意味にある。

四〇〇〇人は誇張ではない。私たちがこの事件研究の先駆者、故井上幸治氏とともに二〇年かけて編纂した『秩父事件史料集成』全六巻（二玄社）六〇〇〇ページ余には、四二〇〇名余の参加民衆の裁判史料が収めてある。その中に困民大衆（強欲非道な金貸しに懲罰をあたえる）と、自由党員（専制政府を倒し人民を自由ならしめん）という異質な目的や思想をもった両者の、生き生きとした交感が読みとれる。何度もの集団交渉、蜂起という共同行動のなかで予期しなかった精神の飛躍をみせ、エネルギーを爆発させる。そのダイナミズムこそが歴史を前進させ、たとえ蜂起は敗北に終わっても後世の人々を打ってやまないのである。

この年、明治一七（一八八四）年、全国で数十件の困民党による負債返弁騒擾《そうじょう》が起こっているが、そのほとんどは近世以来の一揆の伝統をつぐ農山村民の行動であった。だが秩父事件は違う。秩父では井上伝蔵や田代栄助ら公表自由党員二七人、新井周三郎（教員で大隊長に推された）ら非公表自由党員一〇〇人余が蜂起に参加し、指導的役割をはたしていた。彼らは政治的な目的をかかげて参加大衆に受け入れられていたのだ。この秩父事件を自由民権運動と切り離して百姓一揆や世直しの延長と主張することは全くできない。

官側の史料をみても、当時の政府高官は鎮圧に動員されて死傷した巡査らにたいする恩賞基準について、「戦時出兵」に準ずるものと認め、その基準での手当金の支給を県官らに指示している。県官はまた困民軍と軍隊との戦闘を「児玉郡金屋ニ於テ開戦、我兵大勝利」などと報告しており、この蜂起を「尋常一様の一揆の類」とは見ていない。「暴徒、暴動史観」が定着するのは鎮圧後、とくに政略的な判決を下した後のことである。

この事件の内部経過を暴動史観にとらわれず、最初に詳しく報道したのは明治の信濃毎日新聞であった。困民軍参謀長で信州転戦隊を率いた菊池貫平（死刑、後に無期懲役）が出獄して故郷佐久郡に帰った直後の明治三八（一九〇五）年三月に一五回にわたって連載された。貫平の口述をもとに記者の佐藤桜哉《おうさい》が執筆したもので、たてまえは「暴徒による暴動」のように表記しているが、ほんねは菊池らに同情的で、なぜ彼らが決起したのか、その思想や目的はなんであったか、いかに勇敢に戦ったかを読者に伝えている。これ以上に詳しい蜂起過程の報道は明治大正期には無いのである。当時としてはこの菊池の勇敢な行動であったと思う。

この武力抵抗の戦死者三一人、死刑一二人、重罪一四二人（内、三〇余人が獄死）、その他軽罪、罰金刑三六六〇余人。死刑を宣告された井上伝蔵は逃げ延びたが、大正七（一九一八）年、死の直前に自分の過去を家族に告白している。そのとき父のそばにつきそった娘たちから後に私は伝蔵の直話を聞くことができたが、伝蔵は最後まで自分たちのやった「自由民権による武力抵抗」の正義を疑っていなかったという。

「自由」は権力に対する人民による不断の監視と、たゆまぬ努力があってはじめて守られる。そのことの意味と不屈の精神を、この事件は私たちに伝えてくれている。

（「信濃毎日新聞」二〇〇四年一〇月六日）

戦後の宝は「考える個人」

過去の日本人と比べると今、公に対する意識が急速に崩れてきているようだ。一九六〇年代ごろまでの日本人には自分が世間から地域社会から絶えず見られているという意識があった。

ところが今は、電車の中で化粧をしても子供のおむつを替えても、じゃれ合っていても平気なようだ。私がしたいことをして何が悪いの、という感覚。それを「新しい人間」として周囲やメディアがもてはやす空気がある。ひと昔前なら母親は「世間の目を考えなさい。みっともないじゃない」といさめた。今はその世間という意識自体が崩れてしまったようだ。

目に余るような人たちはよく「自己中《じこちゅう》」と言われるが、その態度は個人主義とは違う。なぜならその自分とは、社会や公的な世界と対峙した自立した存在ではない。自己責任の感覚の欠けた自己は、容易に全体主義に揺さぶられる危ない存在でもある。

柳田國男は敗戦後、こんなことを書いている。日本人の本質は事大主義にあるようだ。時々の、強い力をもつ、より大きな者になびく。そういう性格を、日本人は封建時代から持ち続けてきた。そうした人たちを、どうやったら時代の大勢に対しても、ノーと言えるような国民にすることができるか、それが自分の使命である、と。

そのためには一人ひとりが思考力、判断力をつけることが先決と柳田國男は考え、国語教育に情熱を注いだ。

その思いは、戦争中の自分の態度に対する痛切な自責の念から生まれている。自分は学問をやっていながら、どうしてあの戦争を阻止する力を持てなかったのか。今こそ思考力を持った自立した個人をつくらなければならないという信念が、柳田を戦後の行動に駆り立てた。

公の意識を回復するには、まず国を思う心が必要と説く人もいる。そうだろうか。戦後、日本人は国家から自己を分離し、個人として生きようと決意した。そのとき、国家の陰に隠れていた地域の共同体や自治体や市民社会が、公的な関係として見えてきた。公を犠牲にせず、自分の能力をどう生かすかを、敗戦後の日本人は職場や地域で実践してきたのではないか。国家に個人を取り込めば、皆がしっかりすると考えるのは、順序が逆だ。

でも私は悲観していない。戦前、良くものが見えていた人は二〇万人もいなかったろう。今は、二〇〇〇万人もの国民が、主体的に考え、事態をよく見るようになっていると思う。この一〇〇倍に増えた人々こそが、戦後の財産なのだ。

（「日本経済新聞」夕刊、二〇〇六年八月一六日）

停滞ではなく成熟と考えて生きていこう

――これからどうする

まず、「今」を歴史的に認識することが大切で、いたずらな悲観や楽観は無益であろう。一九八九年（昭和の終わり、平成の始まり）が画期だった。この年、東西の冷戦構造が終了し、七〇年余りもつづいた社会主義体制や共産主義の価値・理念が東欧の共産諸国からソ連本体まで、将棋倒しのように瓦解していった。

その後、世界の覇権国家となったアメリカは、わずか一二年後の二〇〇一年に起きた九・一一事件に象徴されたように、全世界のテロリストの攻撃にさらされるようになった。ニューヨークの巨大ビルを倒壊させた九・一一事件に暗示された二一世紀は、グローバルな時代となり、軍事、外交面はもとより、経済面でも政治面でも一国だけで安定することができなくなったことを示した。

この国、日本のことを振り返ってみてもわかる。明治維新以来、昭和の終わりまでの日本は、幾度かの浮き沈みはあれ、概して右肩上がりの時代であった。その急速な近代化、経済の成長ぶりは世界の人びとから羨望され、「歴史の奇蹟」などと言われたこともあった。その勢いがパタリと止まったのが、八〇年代の経済バブルが崩壊した一九九〇年以降の平成日本であろう。

この時期、お隣の中国や韓国、インドや東南アジアなどの経済発展、劇的な急成長があったため、それに対しての日本人の停滞感、自信喪失の閉塞感がいっそう深まった。だが、これは一九八〇年代以降の世界の構造変化、日本をとりまく環境の劇的な変化を思えば、当然のことであり、失望、自失することはなかったのである。

日本は現状を受け入れ、停滞ではなくむしろ成熟の段階に入ったと考え、その高度な技術と豊富な経験を活かして、あらたな課題を発見し、国際貢献をしてゆく道を進めばよいのだ。

たとえば、日本の自衛隊の能力とその用途について見よう。二年前の二〇一一年三月、未曾有の大地震と大津波によって、海沿いの数十万戸が倒壊したり、津波に流され、二万人近い人命が奪われたとき、緊急に災害救援におもむいた自衛隊の働きは瞠目すべきものがあった。少なくとも一万人の命が、押しつぶされ流失したりしていた車や家屋の中から救出された。その後も行方不明者の捜索や道路の復旧、ライフラインの再建などに彼らは尽力し、貢献した。

また、福島の東京電力第一原子力発電所の爆発の時にも、自衛隊員はその特殊な装備や技術を活かして活躍した。これを見てわたしたちは、この実力を備えた大組織が、海外の緊急な災害に対しても即時出動して国際貢献できることを確信した。戦力による国土防衛ではなくむしろ災害救助活動こそが、わが国の自衛隊の主任務であり、存在意義であると認識したのである。法的にもそう明記すべきである。

原発について言えば、福島の大事故の結果からも明らかなように、放射能汚染の根本的な解決は至難事で、不可能に近く、これまで排出された原発ゴミ、使用済み核燃料などを含め、それらの処分方法、解決方法もわかっていない。それらは、わたしたちにのしかかった半永久的な重い課題と言える。この底なしの恐怖と途方もない始末の負担を知った国民多数が、「原発の全廃」を願ったのは当然であろう。これを無視することは、総選挙によって選ばれた新政権であっても許されない。これまで長年にわたって原発政策を推進してきた自民党は、とくに猛省すべきなのに、言を左右にして従わない。わたしたちは、この党をこそ監視しつづけなくてはならないと思う。

これからわが国が力を入れなくてはならない新分野、医療・福祉・介護関連の施設や産業、また独自な技術開発の分野には、特に公的資金を投入し、推進しなくてはならない。それなのに、実態はお寒い現状である。一つは各官庁の官僚らの古い規則や規制が多く、せっかく予算をつけても実現が妨げられている。そのうえ、営利をむさぼる民間の受託特定業者がサービスの質を落としている。それらの害は、最近頻発する介護施設での不幸な事故（集団感染死や火災死など）にもあらわれている。

急激な少子高齢化の進行に各地域の行政の対応能力が追い付かないという現実はあろうが、実際に介護・福祉の第一線で働いている底辺の介護士や看護師たちは、薄給過労のなかで身を削る努力をしているのである。こうした現実は行政機関ばかりでなく、国民みんなが、わが身の問題としてもっと関心を持つべきだと思う。

また、日本が世界に誇る高い技術は、大企業を支えている優良中小企業の専門化された工場にこそあるのだから、その技術者、勤労者たちを誇りだというならば、国民全体が関心を持ち、支えなければならない。それは集団的自衛権の保持とか国防力の増強とかいう一部政治家たちの扇動より、根源的な問題なのである。
(岩波書店編集部編『これからどうする』岩波書店刊、二〇一三年)

憲法論争の問題点――起草過程の史実にふれて

二度目の憲法調査会の意図

憲法調査会法は、四四年前にも衆参両院で可決成立していたのです。「押しつけ憲法」かどうか、日本国憲法の制定の経緯を、元GHQ民政局の担当者たちの健在なうちに証言を聞いておこうと、調査会から委員がアメリカに派遣されたりしました。その調査のくわしい内容は、六年後にまとめられた分厚い報告書に残っています。

そこには日本の憲法が、単純に押しつけられたものでないということが、実証的に記録されています。古参の国会議員なら知らぬはずはないのですが、研究心の足りない今の議員たちは、今度の調査会が初めての憲法調査会であるかのように、錯覚しているようです。

今度、衆参両院にできた憲法調査会も、数年かけて、憲法のあらゆる問題点を調査研究することを目的としていますが、この会の設置を提案し、それを実現しようと議員連盟や運動に携わってきた中川太郎氏らの動きを見ていると、それは四〇年前一度挫折した改憲(自主憲法制定)の願望が漸く陽の目を見るようになったと、錯覚しているようです。

現憲法は、GHQから押しつけられた英文憲法で、わずか一週間でつくられた屈辱的な憲法であるということを、国民にあらためて宣伝して、一挙に憲法改正に持ち込む、というのが彼らの本当の狙いだろうと思います。

もちろん、社民、共産、民主党の一部は設置に反対の発言をしましたが、この会は、憲法の調査研究が建前であり、憲法改正のための会ではない、として自民党主導で可決されてしまったのです。

GHQ民政局生き残りの証言

実際に論争が始まってみると、直ちに出てきたのは、一に押しつけ憲法論、二に九条改正論でした。唯一調査らしいものといえば、五月二日にアメリカから三人を招いて、参議院で証言を聞くとしたことです。

当時、民政局には二五人のスタッフがいましたが、現在生存しているのは数人で、そのうちリチャード・プール氏(八一歳)、ミルトン・エスマン氏(八一歳)、ベアテ・

シロタ・ゴードン氏（七六歳）の三人を招き（ミルトン・エスマン氏は病気でこられず、メッセージだけとなりましたが）プール氏、ゴードン氏が証言されました。

押しつけかどうかの陳腐な質問にさぞウンザリしたでしょうが、繰り返し「押しつけたのではなかった」と答えられ、その模様を各紙が報道しています。

憲法草案作成の中心人物は、チャールズ・L・ケーディス氏（民政局次長兼行政課長、大佐、弁護士）で、その右腕になったのがマイロ・ラウエル氏（法規課長、中佐、弁護士）とアルフレッド・ハッシー氏（海軍中佐、弁護士）であり、マッカーサー総司令官の厳命で、起草のために一週間、連日連夜で取組んだ人たちです。ラウエル・ノートやハッシー文書が残っていて（私はそれを全部、閲覧しました）、それがいちばん憲法制定過程の内情を証言しています。

今度来日した人たちは、ラウエルやハッシーの下にいた、当時はまだ二〇歳代の女性で、「あの憲法は、日本人たちのことを思い、民主主義と世界平和のために、若い純粋な情熱を傾けて作ったものであり、決して押しつけたりしたものではない。もし、よくない憲法であれば、日本国民に疎まれて長続きはしなかったろう。五〇年経っても日本人たちが支持しているということは、私たちのやったことが、間違っていなかったと確信できる」と言っております。

そのベアテ・シロタ・ゴードンさんは、父上が日本の芸大の教授で、自分も日本滞在が長く、日本語も達者で、唯一人女性の立場から、戦前の日本女性がどんなに奴隷的な扱いを受け、殆ど人権のない状態に置かれていたかをよく見知っておられ、女性の権利を憲法に書き込む努力を懸命にされた。

「あの憲法は、人間にとり、人類にとっての普遍的な問題を書き入れたのであり、どこかの国がどこかの国を支配するためのものではありません」と、ご自分の本でも述べておられる。

そういう人が植民地的憲法だとか、押しつけ憲法だなどと言われるのは、大変なショックだったろうと私は思います。

憲法第一条が問題

改憲、論憲、護憲といろいろ言われますが、結局は憲法改正がメインになっていると思います。なぜ改正かと言えば、今の憲法は制定事情からして自主性がないから、日本人の手でつくり直すべきだということで、もう一つは今の世界情勢の中では古くなって適合しなくなっているから、の二点が論拠だと思います。

その焦点として出てくるのが九条です。不思議なのは第一条を問題にしないことです。第一条には、天皇は、日本国の象徴であり日本国民統合の象徴であって、この地位は、主権の存する日本国民の総意に基く、とあります。

つまり戦前は日本国家の統治権を総覧する絶対主権者で神聖不可侵の存在だった天皇が変質させられ、主権が国民に移ったという、革命にも等しい大変革であるのに、第一条の条文は曖昧で、その矛盾について殆どの人が何も言わなかったのはなぜでしょうか。

私が思うのは、中曾根康弘氏らには、第一条を「日本国の主権は万世一系の天皇にあり、天皇は日本の元首である」、と変えたい願望が強くあったのではないかということです。しかし、それをいきなり出すと反発が強いので、ジワジワと既成事実を積み重ねながら国民世論の地ならしをして行き、何年もかけて改憲賛成派議員を増やし、三分の二を獲得した時、一挙に第一条をふくめての憲法改正を提案、可決させる、という戦略ではないのかと私は思います。

そして、もう現に改憲派議員数は民主党内の保守系分子を含めると、三分の二を越えているのではないでしょうか。今度の総選挙でその数が更に増えることにでもなれば、憲法改正の提案が国会に上程され、改憲は現実のものとなります。日本国民はのんびりしたところがあり、憲法調査会の結論はまだ四、五年先だろうなどと思っていると、先日の「日の丸・君が代」のように「あッ」という間に事態は進みます。この問題は、やはりしっかり考え直す時期にきていると思います。

「みどりの日」の四月二九日を「昭和の日」とする案が昨日参議院の委員会を通過し、今国会で成立の見通しです。この日はヒロヒト天皇の誕生日で、かつては「天長節」と呼ばれていました。昭和の時代は一五年戦争、敗戦と幾波乱もありましたが、その後、経済大国日本にまで発展したのは天皇のお蔭だから、昭和を代表する昭和天皇の遺徳を讃えようというわけでしょう。

その次には、五月三日の「憲法記念日」をなくす日が来るでしょう。つまり、あのような、天皇をおとしめた植民地憲法を記念するのはいまいましいと思う人たちの念願が叶う日です。その前に元号法、国旗・国歌法が通っており、教育基本法の改廃と共に最近靖国神社の問題が浮上しており、憲法第一条をめぐる外濠が少しずつ埋められつつあるという気がします。

押しつけの歴史的状況

さて日本国憲法が、押しつけであったかどうかの問題に入ります。一九四六年二月一三日、外相公邸で吉田茂（外務大臣）と松本烝治（国務大臣、憲法担当）が政府代表としてGHQ民政局の代表と会っています。このとき初めてホイットニー（民政局長）とケーディス（前述）がGHQでつくった憲法草案を持ってきます。日本側が蓋を開けてみたら第一条で、天皇主権が否定されていて、「臣・吉田茂」は非常にショックを受けます。

実は前年一〇月からGHQは、憲法起草担当の松本烝治に対し、早く草案を出すように求めていたのです。憲法のような日本の運命を決める基本法は、日本国民の自発的な意思によりつくられるべきだ、というのがポツダム宣言の趣旨にあって、だからGHQが勝手にアメリカのつくった憲法を押しつけることなどできるわけがなかった。もし押しつけたりすれば国際的な問題になります。日本を敗北させた占領軍を構成しているのは連合国一一ヵ国で、その連合国総司令部（GHQ）の総司令官を出しているアメリカ政府が一方的に行動すれば、他国（とくに社会主義的国家）の反発を招きます。

それでGHQは憲法の起草を日本政府に督促していたわけです。無条件降伏した日本はポツダム宣言で、

一、軍国主義を完全になくす
二、封建主義を根絶やしにする
三、天皇の地位を変える

の三原則を守ることを諸国に約束させられており、その三原則を入れた憲法を自分でつくるよう、マッカーサーから指令を受けていたのです。

しかし、当時の日本政府はまだ天皇の任命による政府であり、起草委員らも明治憲法の一種の改正案をつくればよいぐらいに考えていました。一方、連合国側は、敗戦後の新しい国づくりにふさわしい新憲法をと考えていて、出発当初からして双方には大きなズレがありました。それでも民主的な改正ならよいだろうとマッカーサーは待ったのです。それなのに一九四五年の一〇月、一一月、一二月、翌年一月になっても出来ず、近衛文麿が自分にやらせてほしいと名乗りでたこともありましたが、戦犯の身だからと拒否され、近衛は自殺します。そのうち世界情勢が変化し、国際連合が動きだしたのです。

日本占領をアメリカだけに任せず、連合国がそれぞれ

代表を出し、極東委員会という最高決定機関をつくって日本の動静を監視することになったのです。そうなるとGHQは上部機関である極東委員会の拘束を受けることになりました。その委員会の動きだすのが四六年三月、その代表の来日も決まったのでGHQは焦り出しました。もし日本政府の草案が間に合わないと、極東委員会が直接関与するようになり、アメリカ国務省としては、占領政策上重大な障害にぶつかりかねません。というのは極東委員会の中で、ソ連、中国、オーストラリアは天皇制を廃止せよと強く主張しており、アメリカ国務省は天皇制は、性質を変えて存続させる方針だったからです。それで極東委員会が動きだす前に、日本政府をせき立てて米国政府の意に添った民主化草案をつくらせようとしていたのです。ところが期待通り進まなかった。

一九四六年二月一日、毎日新聞が未だ正式ではない松本私案をスッパ抜きました。「学徒出陣」から日常生活に戻ったばかりの私たちも、それを見て、驚きました。

政府案の第一条が明治憲法とあまり変わらず、天皇主権で、軍隊も残しており、全体の基本的骨格が殆ど変わっていないのです。これにはマッカーサーも狼狽したでしょう。とても受け入れられるものではない。もしこれが日本政府の正式憲法草案として表面化したら、極東委員会、マッカーサー司令部、日本政府の三者間で取り返しのつかない事態となる。その前に何とかGHQの意に副《そ》うような草案に変えさせようと、民政局の部下たちにその原案を「急遽、一週間でつくれ」との命令を出すのです。一三日に極東委員会の代表が来るから、「一〇日までに作れ、三原則さえ外《はず》さなければあとは自由にやれ」、と言うことで、二月三日から民政局による草案づくりが始まったのです。

そういう歴史的過程を顧みもせずに、「押しつけだ」というのはどうか。まず責められるのは日本政府の起草委員たちのサボタージュです。面倒なことは、みな先送り、というのが日本政府の官僚的統治の体質かもしれません。こういうことが、一見乱暴とも思える〝一週間での憲法草案づくり〟という問題の背景だったのです。

日本人の民間草案を生かす

では一週間でどのようにして草案をつくり得たのか。日本国憲法の英文のものと日本語のものを比較してみると、日本が修正した箇所は問題の九条の他けっこう沢山あります。「ピープル」(「人民」)を全部「国民」と訳し直すなど、表現を和らげ、解釈の余地をなるべく広く残しています。もちろん、その全体の骨格は殆どＧＨＱの原案のままです。民政局側はこれは草案ではなく、参考案を日本側に示したまでだと言っていますが、一週間にしては非常によくできています。スタッフは立法、行政、司法、女性の権利、経済関係、主権、平和問題などに分担して、焼け残った図書館を駆け回り、米ソその他社会主義系の国々の憲法も調べて参考にしました。

とにかく、ＧＨＱは軍隊組織ですから、その命令による期限までに遂行しなければならず、キリキリ舞いをしていたところへ助け船を出したのがラウエル中佐とハッシー中佐でした。彼らは一九四五年一〇月ごろから憲法学者鈴木安蔵の本を取り寄せたりして研究し、事前の準備を始めていたのです。ポツダム宣言による日本民主化という占領直後からの呼びかけに応じ、日本の民間の憲法学者、法学者、弁護士らも自分たちで試案をつくっていましたし、ケーディス民政局次長の元にはそういう民間草案が三〇編ほども集まっていたそうです。

いちばん密度の高い草案は、ラウエルとハッシーのもとに寄せられた、鈴木安蔵を中心とする七人の学者たちの憲法研究会の草案でした。主たる起草者は憲法学者の鈴木で、第三案まで議論を重ね、一九四五年一二月二六日に最終案を政府とＧＨＱに提出していたのです。

ラウエル法規課長はこれに詳細な検討を加え、「この憲法草案に盛られている要項は民主主義的で、賛成できる」「ここに盛られているすべての骨子は新しい憲法作成にあたって採用さるべきものである」とＧＨＱの幕僚長への覚え書の中で強調していたのです。

鈴木安蔵（一九〇四～八三）は日本の自由民権運動の輝かしい理論家植木枝盛《えもり》（一八五七～九二）の憲法草案や日本憲政史の研究者であり、それらの成果を活かした提案が高く評価され多く採用されたことを誇りとしていました。現憲法が日本の歴史や伝統を軽視した植民地憲法だという保守勢力の批判は勉強不足です。その二日前に同じ憲法学者稲田正次も憲法懇談会で討論してまとめた草案を提出しています。今は亡き鈴木、稲田両氏に生前私は直接会って話を聞きましたが、「当時は燃えていたね。長い間軍国主義と封建制で抑圧されてきた人たちが、敗戦直後の焼ビルに集まり、ローソクのもとで必死になって議論をした、あの情熱は忘れられない」と述懐しておられた。米国のニューディール派リベラリストのラウエルやハッシー達もまた、理想主義的な憲法をつくって見たい、アメリカでは実現不可能でも、白紙に戻った日本でならできるかもしれない、と熱い血を滾《たぎ》らせていたことが、証言でよく分かりました。

ベアテ・ゴードンさんは女性の権利をどう憲法に盛りこむかで猛勉強し、一〇いくつかの条文にまとめたのに、最後の所で削られて無念泣きしたと言っています。日本女性の解放のために非常に大きな功績を残してくれた人なのに。それを日本人が作ったものでないから、押しつけだという（江藤淳らが主張していた）のは、なんという狭い料簡、不勉強、ためにする議論でしょうか。

民主化日本への出発

一九四六年四月、戦後初の総選挙で日本はガラッと変わります。進歩党が九四議席、社会党が九三議席、共産党も五議席。女性議員もおおぜい出て、自由党は一四一議席。一般人の国会への出入りも自由になり、日本政府の様相は一変しました。

二月一三日に吉田茂たちが憲法草案を受け取り、閣議に諮り、四月に日本政府の公式草案として公表。新しい国会議員によって六ヵ月にわたり審議されます。それ以前の日本政府は終戦処理内閣で、マッカーサー司令官の下に従属しており、天皇もまた同様でした。

無条件降伏直後の日本に国家主権などはなかったのですから、対等でない立場での国家主権が踏み躙られたもの、押しつけ憲法だったなどというのは当たりません。日本の場合は民主化の約束つきの無条件降伏であった点がドイツと較べ、恵まれていました。つまりポツダム宣言に明記されていた「日本国民を隷属的状況から解放する、軍国主義を一掃」するなどの原則を、日本が受け入れてスタートしたのですから、あのような斬新な草案が起草できたのです。しかも、極東委員会が浮上してくるという特殊事情があって、急遽ＧＨＱ草案がつくられたことも念頭においてほしいことだと思います。

パーフェクトな平和の道を

最近の改憲論者は殆どが第九条を問題にします。九条を起草したのはケーディス大佐であり、彼に元毎日新聞の大森実記者が密着取材して『マッカーサー憲法』という本を書いています。大森氏が「九条の完全戦争放棄の発想は幣原喜重郎の発言がヒントだったのか」と聞いたのに対し、ケーディスは「そうではない。あれは天皇の一九四六年一月一日の詔勅によってひらめいた」と答えています。天皇はそのとき「人間宣言」をし、これからの日本は完全な平和主義に徹することで道を拓くしかない。国民はこの道を進むように、と言っています。日本国民は天皇自らの人間宣言ということに驚いたのですが、アメリカ人は、天皇発言のパーフェクトな平和主義、徹底平和主義の方に重要性を見出したようです。日本は軍国主義、侵略主義によって、多くの人を戦禍に巻き込んだが、それらの罪がこの戦争放棄という誓いの言葉で反省され、新しい未来を拓いて行ける、「これだ」とケーディスは思ったそうです。

当然国家主権としての自主防衛権利をどうするか、には最後までひっかかったようですが、今はただ、いちずに平和と秩序をめざすと明確に出した方が、交戦国の人びとにも受け入れられる、と思って決めたそうです。

一九四六年の国会でGHQ草案にもとづく政府案の各条審査が始まり、その過程でいろいろな修正案がだされました。当時憲法審査小委員会委員長だった自由党の芦田均も九条の修正案を出しています。つまり第九条の一項に自衛の戦争なら容認されるような解釈の余地を残したり、さらに九条の二項に、原案にはなかった「前項の目的を達するため」を入れています。

これらがあると、侵略されたときは自衛のために武力を発動できる、という解釈も不可能ではないのです。しかし、当時、吉田茂が首相になってから、国会で憲法九条について質問され、公然と答弁しています。「日本は完全な戦争放棄をしています。日清、日露、太平洋戦争、いずれもみな開戦の詔勅では自衛のための戦争でした。戦争というのは当事国にとっては、みな自衛の戦争ということになるのです。そのことを反省し、こんどは憲法で自衛権まで放棄しています」と。「いや自衛権は必要だ」と言ったのは共産党の徳田球一議員でした。

そのようにしてできた憲法ですが、一部には屈辱的で押しつけと感じた支配層もいました。片や大正デモクラシーや社会民主主義運動の経験者たち、戦争中に治安維持法や軍国主義で痛めつけられてきた学者、弁護士らは長い軛《くびき》からの解放と感じとり、多くの女性、労働者、農民、一般市民は、人権規定を持つ新憲法で人間らしい暮らしができると、一斉に大歓迎。新聞も全紙が評価、歓迎の論調でした。発表当時は食糧難時代で、国民的議論にまで広がりませんでしたが、年毎にこの憲法は人びとの間に根づいて行きました。そんな世論と大勢が、この憲法をひっくり返したかった輩の野望を押さえ込んできたと思います。しかし、彼らは野望を諦めたわけではなく、せめて第一条と九条を変えたいと願い、その思惑が、今の憲法調査会の動きに見てとれます。今度もし選挙で私たちがあやまった選択をすれば、憲法改正への道を開いてしまうと私は見ています。

国民投票で決められそうになった天皇の地位

吉田茂がGHQ代表から憲法草案を渡されたとき、「天皇の地位がこれでは受け取れない」と突き返したのに対し、ホイットニー局長は「この参考案をあなた方の草案に生かせないというのなら、このGHQ案と日本政府案を国民の前に開示し、どちらを日本国民が選ぶか国民投票で決めてもらおう」と言い切ります。

天皇の地位を国民投票で決めるなどとは不敬の極みと、吉田は譲歩を余儀なくされます。このときの威圧はかなりのもので、B29が低空で公邸の上を飛んだとか、それで結局、第一条の「天皇は、日本国の象徴であり、日本国民統合の象徴であって、その地位は、主権の存する日本国民の総意に基く」となります。二つの異質なものを繋げた感じがするのですが――。

二年後の一九四七年、極東委員会（「ソ連邦」「新中国」等、社会主義的な国家が加盟している）がマッカーサー司令部を通し、憲法の点検をやるよう指令を出し、政府にも一般人にも通達されます。これに対し四九年、丸山真男や辻清明、鵜飼信成らが憲法改正意見をまとめ、政府に提出します。その案は非常に明快で、第一条「日本国の主権は日本人民にある」だけです。「日本国の象徴」とか「国民統合の象徴」とかいう妥協的な、あいまいな表現は削ってしまいます。そして、「天皇は、ただ儀礼的行為のみを行うことができる」と限定します。当時の日本政府は改正案を何も出さず。極東委員会は、新憲法を日本国民が受け入れているとみなし、追認します。そこで国際法上は決まりです。そういう改正のチャンスがありながら沈黙していたのは、かれら旧支配層だったのです。

栄光の九条の道か「普通の国」か

ソ連のアフガニスタン侵入のときも憲法九条が問題になり、集団的自衛権としての国軍が必要だとの意見が出ましたが、当時はまだ社会党の議員数が多く、野党の抵抗も強くて政治日程にもとり上げられませんでした。今また憲法調査会で九条を問題にしだしていますが、本当に九条は現実に合わないからダメなのでしょうか。

それにはまず、日本が二一世紀に向けてどういう国であろうとするのか、これまで通り少数者の道を守り、戦争放棄の理想を掲げて生き続けるのか、それとも小沢一郎流に「普通の国」になるのか、その基本をはっきりさせないと、九条をどうするかも決まりません。日本は一九四六年にすべての交戦権を放棄して、世界唯一の徹底平和主義国家として出発し、この道を五〇年間歩んできました。なしくずしに自衛隊をつくってはきましたが、「自衛隊は正規の軍隊ではない」と内閣法制局長官も繰り返し弁明しています。つまり「自衛隊の武器はあくまでも外からの侵略者に対し、最終段階の水際で、日本を守るための最小の治安維持的なものであり、国際紛争処理のための武力ではない」と明言しています。

先だっても国籍不明船が領海侵犯をしてきて、追跡して逃げられましたが、海上警備隊や自衛艦は憲法上の制約を承知しているから、追撃したくてもできないのです。そうした世界唯一の道を貫くのか、それとも遅ればせながら「普通の国」になり、徴兵制を布き、国軍を持ち、戦力を充実して東アジアの安保体制の一環に入るのか、それを決断しないと九条改正の是非は論じられません。東条もヒトラーもフセインもみな自衛の戦争をやむなく戦ったと言っており、自衛権と実際の交戦権との兼ね合いをどうするかとなれば、峻別することはできません。その境界をあいまいにしたまま、「周辺事態」の際の米軍への全面的な協力を合法化したのが最近の新ガイドライン関連法でした。

日本国憲法の先見性

一九八九年にベルリンの壁が崩壊し、九一年にはソ連を仮想敵国として結んだ日米安保条約が目標を失い、ソ連上陸に備えての北海道の戦車部隊ももはや使い途がなくなりました。代わって新しく仮想敵国にされたのは北朝鮮ですが、そちらへ向けようにも在韓米軍つきの大韓民国を乗りこえて戦車は進めません。そして今やアメリカは唯一の超大国、一国覇権主義国家となり、各地の紛争処理に一方的に出て行って、世界の警察軍的行動をとり、武力をわがもの顔に使っています。日本の自衛隊は、その米軍の補助部隊として位置づけられています。

さらに小渕政権下に成立した日米ガイドライン関連法により、東アジアに紛争が起これば自衛隊のみならず、地方自治体までもが米軍に物資、医療その他の援助とサービスをする義務を負うことになってしまったのです。憲法九条について種々問題にしてきた「専守防衛」のための自衛隊という性格は、この立法を境に変わったと言えるでしょう。ガイドライン関連法は、九条の外濠どころか内濠までに手をつけたと私は思います。

こういうときに九条を変えたらどうなるのか。最後の歯止めまで失うことになります。国の根本的な方針の大転換となり、日本国民は今までとは全く違った道に踏み出すことを意味しましょう。八九年に冷戦が終結したとき、これで日本国憲法は長い〝冬のトンネル〟を抜けられたなと思いました。それまでは、第九条は米ソのきびしい冷戦の対決構造の中にあって、余りにも理想主義的、非現実的と言われ、戦後民主主義の産んだ鬼子扱いを受け、嘲笑されてきました。その冷戦の時代がようやく終わり、日本国憲法の理想がこんどこそ現実味を帯びるときにきた、と思えて感無量でした。

日本がしっかりこの憲法の前文と九条の示す理想主義の道を現実化してゆくことにより、アメリカの暴走もチェックできる、そう思ったのです。ここでアメリカの言いなりになるような従属的な軍や法体制をつくってしまったら、アメリカの一人勝手な振る舞いを抑止できなくなります。まさに天皇の言葉にあったような〝パーフェクトな平和主義〟を貫く姿勢の国が存在しつづけないと、国際関係はまた息詰まるような危険におちいる可能性が十分あると思います。

既に国民国家、民族国家というのは理論的には時代遅れで、克服されなくてはならないものと言われています。EUなどは民族国家の枠を越えて、国家統合の方向へさまざまな実験を始めており、二一世紀にはおそらく一つの大きなコミュニティーのような地域に変わるように思います。経済も情報も技術もマネーも、主要なものがグローバルになっている今、もう国と国が軍事力を競い合い、張り合う時代ではなくなっているはずです。そういう古い構図の中に何もまた日本が入ることはないでしょう。EUが試行している方向を、アジアでもめざし、日本は九条の光を掲げて、まだしばらくはつづく茨の道を行った方がよいと私は思います。

憲法問題が総選挙の争点になっていないというのは残念なことです。しかも野党である民主党の党首・鳩山由紀夫氏は憲法改正の発言を公然としています。このことは、改憲議員を三分の二以上集めようと画策している黒幕の自民党中曾根康弘氏らの思う壺に嵌る危険があるように、私には危なっかしく思えます。その意味でもこんどの総選挙は重要です。私は今度の選挙で二一世紀の日本の運命が決まるように思うのです。

（『近代の光と闇』日本経済評論社刊、二〇一三年）

戦争と平和、そして憲法九条

今から約百二十年ほど前の明治時代に、庶民によって国民主権の憲法草案の起草が試みられていた。草の根の五日市学芸講談会員らによる「五日市憲法草案」、立志社による「東洋大日本国々憲案」など。植木枝盛《えもり》の「東洋大日本国々憲案」は徹底した人権を掲げ、政府が憲法に背き人権を妨げるときは、国民は新政府を建設できる——などフランス憲法に触発されたらしい条文も盛り込まれていた。

新憲法草案起草の転換点は第二次世界大戦後の一九四六年二月一日。ＧＨＱ（連合国軍総司令部）の指令を受けて日本政府が内々で作ってきた草案が、新聞に掲載された。だが、それは明治憲法の焼き直しで、国民の民主主義的傾向の復活を約束したポツダム宣言に反していた。

それを見たマッカーサーは直ちにホイットニー民政局長に草案起草を命じた。ポツダム宣言は日本国民の自由意思による国家再建を定めていたためＧＨＱが憲法を押しつけるわけにはいかない。表向きは衆議院、貴族院、枢密院で半年間練って、四六年十一月三日に公布された。

起草の中心となったのはケーディス大佐、ラウエル中佐、ハッシー中佐のハーバード大学卒の弁護士組。ラウエルは、憲法学者鈴木安蔵ら七人による憲法研究会が提出した民間草案を民主主義的で賛成できると評価。これらを参考にして日本国憲法草案は一週間でつくられた。単純な押しつけという訳ではない。明治の民間憲法、大正デモクラシー運動を経た憲法学の蓄積を生かした。

ケーディスらはアメリカでは実現できないユートピア思想を抱き、平等で自由な社会の実現を目指した。日本で育ち、女性の隷属的な日本社会を見てきた民政局員ベアテ・シロタ・ゴードンも、女性の利益のため女性解放の条文を準備した。新憲法はアメリカの利益のためという単純なものではないことを理解してもらいたい。

一九二八年、日本を含む国際連盟加盟国によってパリ不戦条約が締結された。正式名称は「戦争放棄に関する条約」。国際紛争解決のための戦争を非とし、国家の政策手段としての戦争を放棄するというもの。だが日本は満州事変を起こし、三三年に国際連盟脱退。同年、ドイツも脱退。第二次世界大戦に発展した。

この教訓を生かし、四五年、国際連合が設立された。「共同の利益の場合を除くほかは武力を用いないことを原則」とし、平和に対する脅威の防止・除去のため、集団的制裁を含む安全保障の考えと平和的手段を強調。領土保全や政治的独立のためでも武力行使は慎まなければならないとした。アナン事務総長がアメリカによるイラク攻撃は国際連合の理念に反すると批判したのはこの点だ。

一九四六年、日本国憲法は米ソ冷戦前の国際的な協力の中で制定された。冷戦が始まると、マッカーサーは国益のため、第九条は軍の障害にならないと方針を転換した。一年遅れていたらこの憲法はなかったかもしれない。この年に制定されたことに歴史的意味がある。

今、日本政府は北朝鮮の脅威をあおり、陸海空軍やミサイル防衛、日米同盟の強化を進めようとしている。だが冷静に考えてほしい。北朝鮮の人々は飢餓状態にあり、綱渡り外交をしている。日本と戦争をする、つまりアメリカと戦争をするという自殺行為に出るとは思えない。

仮に攻撃に出てきたとき、政府が考えているミサイル防衛構想で守れるのか。いったい何を守ろうというのか。守らなければならないのは国民の生命、財産。ミサイル防衛に金を投じるなら親善友交に使い、自衛隊を災害救助隊、国際救助隊に変える発想に転換したらどうか。

日本は交戦権を放棄するという規定があるから北朝鮮を攻撃できない。九条が歯止めになっている。日本の将来はＡＳＥＡＮを中心に日本、韓国、北朝鮮、中国、ロシアが加わり、アジアの共同体をつくる、そういう国家目標をはっきり決めることで、日米同盟のくびきから脱出できる。防衛とは何なのか、九条はどうあるべきかを今はしっかり考えるべきだ。

（「山梨日日新聞」二〇〇五年四月一六日）

改元の権利は国民に

私には改元そのものに余り積極的な意味を見いだせない立場がある。現日本国憲法に違反するものと思われるからである。

だが、そう言い切ってしまうと、今の憲法論議に加われない。だから世間一般の通説に従って、多様な議論に参加してみたい。

昭和は二つに分けられている。戦前と戦後。戦前は戦争に次ぐ戦争、戦後は一転して平和を謳歌《おうか》、世界の平和国家の象徴となる。その現実に立てば、現政権による政策論争など枝葉末節のことのように思われる。

平成から令和への改元の権利も主権者としての国民の権利である。日本国憲法により「主権は国民に存する」と規定されているからである。

「国民の幅は広いから、現政権の閣僚らも含まれる」などとの詭弁《きべん》を弄《ろう》することは許されない。「令和」が中国書以外の国書・万葉集からその語句を採っているなどということも枝葉のことである。

また、三権分立の国であるわが国で、行政権が特出していることはおかしなことだ。安倍内閣のそれが特出しているように。司法も改元のことに発言する権利を持つ。「行政」のみが特出することは許されない。例えば「行政」が改元のことで最高裁長官にその意見を聴取したであろうか。

要するに私の根本的な立場はこの憲法上の規定に立っているだけのことにすぎない。

（「山梨日日新聞」二〇一九年四月二七日）

戦後75年インタビュー

――東京大学入学の翌年、一九四四年に海軍に入り、三重県で敗戦を迎えています。海軍予備少尉でした。天皇の玉音放送を聞いて、どう思いましたか。

アメリカに負けて悔しかった。軍人なら誰でもそう思ったでしょう。四五年六月ごろ、私は伊勢湾の基地で特攻隊に二十数人送り出していました。戦争が終わり、残った人たちは「俺も行かせてくれ」「死なしてくれ」と訴えて泣きましたが、そんなことはできませんでした。

死地に送り出した者たちの実家に手紙を出しました。特攻隊で征ったのですから、亡くなった可能性が高い。送り出した者として、殺してしまって申し訳ないという気持ちが私の中にありました。

――自身もあわや戦死という体験をしていますね。

敗戦間際の四五年四月、伊勢湾の答志島《とうしじま》に基地をつくる任務に就きました。その仕事の最中、カッター三隻で鳥羽に戻る際に米軍の戦闘爆撃機に見つかって攻撃され、護衛のための戦闘駆逐艦一隻が撃沈され、私たちのカッターは間一髪で助かりました。私たちが助かったのは全く偶然です。

私たちは自分の意志で生きているんじゃない。偶然、生かされているにすぎない。そういう人生観が身につき、落ち着かない、不安定な気持ちです。その感覚は今も続いています。

――三一年の満州事変勃発の翌年に小学校入学、日中戦争が始まった三七年に中学校に入学、太平洋戦争が始まった四一年に「飛び級」して仙台の第二高等学校に入られます。著書『ある昭和史』には時代の情況と心境とが克明につづられています。

太平洋戦争が始まった時には、民族の存亡をかけた戦いが始まったと緊張しました。頭から戦時中のイデオロギーを信じていましたから。一方で、目の前の道や橋が突然バカッと落ちたような気持ちになったことも、覚えています。

――大学入学直後に「学徒出陣」の緊急勅令が出ました。そのため、徴兵検査を受け、入隊を控えたころ、どんな心境でしたか。

当時、千葉県の市川市に下宿していました。下宿先の家の長女が私を好きになり、結婚したいようなことを言われました。彼女の愛情は本物でしたけれど、私はこれから戦争に行って死ぬかもしれない身です。ずいぶん煩《はん》悶《もん》しました。いたたまれなくなって、私は江戸川の川べりを東京湾に向かってひたすら走ったこともありました。

――軍隊で何度も激しい暴力を受けた体験を記していますね。

最初に入ったのは茨城県の土浦の海軍航空隊です。廊下ですれ違った将校に、同じ少尉なので敬礼をしなかったら、殴る、蹴るの暴行に遭いました。彼は海軍兵学校を出た正規の少尉、私たちは大学出の予備少尉だったからです。そういう海軍士官学校出の将校に講堂に集められ、夜通し腕立て伏せをやらされたこともあります。ずっと続けていると、腕ががくっとなって床に落ちる。すると、「軍人精神注入棒」とかいう棒で尻をバーンとたたかれました。

――なぜ軍隊に暴力がはびこったのでしょうか。

日本社会は徹底した家父長主義的な社会でした。家の中でも父親の存在は絶対で、子どもや女性に対しても手を上げることが珍しくなかった。そうした体質が社会の根底にあったからだと思います。

日本の教育レベルは今ほど高くなかったので、高等教育を受けていない兵隊が大部分だった。いちいち紙に書いて、言葉で言って覚えさせるより、暴力のほうが手っ取り早く分ったからでしょう。

――中国戦線から帰った元軍人の体験談が『ある昭和史』に出てきます。平凡な家庭の父である男性が、戦地で女性に残虐な行為をはたらき、虐殺した。衝撃的ですね。

中学生のころ、父の運送会社の仕事を手伝っていた元陸軍伍長という運転手から聞きました。「俺たちはきれいごとを言ってきたけど、ひどいこともしたんですよ」って。私はまだ、子どもでしたが、その話の重さはズンと響きましたね。中国人は、当時はシナ人と言われましたが、かわいそうだなという気持ちと、中国は日本軍に激しく抵抗しているのだからやむをえないという気持ちとの間で、揺れ動いていました。

――戦後、歴史家として、日本の戦争と天皇制に激しく向き合ってきました。いまだに周辺国との関係がぎくしゃくし、国内では排外主義的な言葉がはびこっています。最近は新型コロナウイルス感染者への心ない言動も目立ちます。

日本社会の家父長主義やアジアの他国に対する差別意識、近い者とは親しくするが、遠いものを軽蔑する考え、こういった感情は、今も変わっていないのではないでしょうか。

（「朝日新聞」二〇二〇年三月一五日）

旅

死んだらどこへ行くのか

初冬の山麓の林のなかを歩いていると、色とりどりの無数の葉っぱの亡骸《なきがら》が、足の下でカサコソと声をあげる。斜光をあびた樹間に漂うのは、倒木の朽ちてゆく匂い、循環する命のはなつ臭気なのであろう。また春がきてみどりが芽吹くころ、さまざまな形をした生き物としてあらわれよう。

この晴れた青い空の下、人は死んでどこへゆくのだろうか。人も林の生き物たちと同じなら、苦しむこともすくなくてすむ。だが、人間には肉体のほかに魂というものがあり、死ぬとき体をぬけだしてどこかへ行くという観念もある。そのために、よけいに苦しみをあじわい、迷う。人間の歴史はそれにまつわる物語や嘆きにみちている。それゆえに他の生物にはない言葉や文化や宗教というものが作られ、人を癒したり、救ったりもしてきた。

私は今年も惜しい友人たちをたくさん失った。その多くがガンによる病死で、病院で家族や友人につきそわれて死んだもの、自宅で孤独死したもの、旅先で愛人を残して逝ったものなどさまざまだが、集中治療室で針や管をさされたまま、脳死したものが少なくなかった。

臨終に最愛の人に手をにぎられたまま意識を失っていったものが、いちばん幸せであったろうが、総じて現代人の死は暗く、ひっそりと淋しい。おそらく彼らは自分の魂が消滅をまぬがれ、どこかに生きつづけるとは信じなかったろう。もし、魂が生きつづけているとしたら、最愛のもののもとにあらわれるはず。だが、そうしたことは、あの釈尊すら否定していたのだ。

死の近づいた尊師を絶対的に敬慕し、号泣する愛弟子《まなでし》アーナンダに釈迦はこう説いている。

やめよ、アーナンダよ。悲しむな。嘆くな。わたしは、あらかじめそのように説いたではないか。──すべて愛するもの、好むものからも別れ、離れ、異なるに至るということを。およそ生じ、存在し、つくられ、破滅さるべきものであるのに、それが破滅しないように、ということが、どうしてありえようか。アーナンダよ、そのようなことわりは存在しない。（中村元訳『ブッダ最後の旅──大パリニッバーナ経』岩波文庫、一九八〇年）

たがいに献身しあう純粋な愛であっても絶対的なものではない。釈迦は絶対という存在を認めなかった。もちろん、自分を絶対視することを許さなかった。かれは自分を礼拝しようとするものをしりぞけた。また、死後の世界にこだわるものをも無益なことと、しりぞけている。

仏陀とは真理を悟った人をいうのであって、全能の救済者や奇蹟をもたらす者のことではない。釈迦は人間が苦しみから救われるために真理を説いた知性の人で、そのための修行をすすめた。後世の人がかれを神格化し、礼拝の対象にまつりあげたのはあやまりである。このことは、なんどくりかえしてもたりない。かれの思想は土俗的な輪廻転生の信仰を装飾した『死者の書』などとは関係ない。オウム真理教団の麻原彰晃《しょうこう》らの教説とも無縁である。だが、釈迦は当時のインドの惨状のなかにあった庶民を哀れみ、その転生を願わないではいられない心情を尊重した。その教えはインドでは早く滅び、今やヒンズー教の輪廻観におおわれている。

数年前の冬、私はガンジス河にそって下り、デリーからカルカッタまで旅したことがある。ヒンズー教の最大の聖地ベナレスに着いたのは一二月三一日であった。インドでもそのころは気温がさがり、水はつめたいのだが、人びとはガンガ（ガンジス河）に入り、ひたすら合掌していた。一生に一度はここで沐浴し、罪を浄め、来世での幸運を祈ることが願いなのだという。遊行期《ゆぎょう》に入った多くのヒンズー教徒は、この岸辺を起点として巡礼に出、またそこを終点として戻り、死を待つ。「ガンガ讃歌」がながれていた。

「至福の粋を得たり　汝　ガンガの岸辺にて　そばを離るれば　眼は涙にあふれる　涙にあふれる
恭しく合掌せむ　汚れなき水波《すいは》に　ふたたび相見えむ
福徳高きガンガに」

天上の女神ガンガは、シバ神のなかだちで天下り、人びとに福徳をもたらす大河となって、インドの大地をうるおす。ここにはインド独立の父マハートマ・ガンジーも最初の共和国首相ネルーも、カーストの低い幾億人もの貧民も、ひとしく遺灰となって流される。この聖なる河に抱かれて一つになり、ベンガル湾にそそぐのだ。

　私も、遺体が薪の上にのせられ、油をそそがれ、喧噪のなかで焼け落ちてゆくのを見守っていた。火葬は日没前に終えなくてはならない。体内の「火」の要素は太陽に還る必要があるから維持され、肉や血などの「水」の要素は灰として水に帰してやらなくてはならない。骨などの「土」の要素は、空にまくか、水に浮かべてやるという。鳥葬の国チベットとは違うやり方だが、死者の亡《なき》骸《がら》を全部自然に帰すという考えは共通している。

　それにしても、この群衆のなかでの公開されたインド式の葬り方は、ひどく温かく人間的なものに思われた。ここでは死は孤独ではない。他界に旅立つときにも、同胞といっしょであって、人びとの祈りの声を背にしてゆくことができる。風も吹かず、青い空の光もなく、草ひとつない密室のなかで、脳死まで保《も》たされて孤独に死ぬ現代の「文明人」とは違う。

　私は死のアジア的な明るさに羨望さえ感じるのだ。とくに人生の終わりにゆったりとした林住《りんじゅう》期や遊行期を持ち、故郷の人びとと別れをすませたあと、自己浄化の巡礼の旅をへて、ガンガのほとりに集まってくるインドの人たちの、その充足した表情は経済大国日本人の失ってしまったものであろう。私はそうした良い顔をした老人たちを、岸辺の雑踏のなかで何人も見かけた。

　ベナレスから少し離れたところにサルナートがある。ここは紀元前二、三世紀、アショカ王時代から栄えた仏教の聖地である。釈迦が数ヵ月滞在し、初説法を行った鹿野苑《ろくやおん》には静寂の気がただよっている。

　アショカ王は武力による征服の悲惨への悔恨から、仏門に帰依《きえ》し、ついに戦争の放棄を宣言、政治に慈悲の理想を実現しようとした。日本国憲法第九条の先覚である。

　かれが武器を棄て、普遍的な人間の真実を守るべきことを人民に告知した美しい大石柱が二二〇〇年を経て、いまなお残されている。「天竺《てんじく》」という言葉を実感させるように。

（『日の沈む国へ』小学館刊、二〇〇一年）

遠い道を歩く人たち

いま遠い道を歩く人が増えている。シルクロードを旅する人が増えている。その先達として有名なのは唐の僧玄奘《げんじょう》、三蔵法師だろう。かれはいったい何万キロ歩いたろう。釈迦の教えを慕い、真理をもとめて、一一〇ヵ国、三万キロは歩いたという。西暦六二九年に唐の都長安を密出国し、タクラマカン砂漠から天山山脈を北に越え、中央アジアの大草原のキルギス、カザフスタンを通り、いまのアフガニスタンの山中を大迂回してガンダーラ国（パキスタン）に下っている。それからもインドにいたる長い道のりだ。このルートがどんなにきびしいか、危ないか、私も野宿をかさね、実地に辿ってみたことがあるので、骨身にしみて知っている。

『西遊記』に出てくる野獣や妖怪、盗賊にあうだけではない。烈風さかまく天山の峠や砂漠や氷河の谷にはばまれ、空気のうすい高地では絶えまのない頭痛や呼吸困難という高山病に苦しめられた。夏でも吹雪に見舞われ、氷のように冷たい川をなんども渡り、何キロもつづく断崖絶壁の、落石の多い回廊に肝を冷やさなければならなかった。とくにアフガニスタンのバーミアン盆地に向かうヒンズークシュ山中は困難をきわめた。私たちが最初にその渓谷に入ったとき、もう晩秋で、山は雪におおわれ、あたりの樹林はすごいほどの黄葉に変わっていた。

私はその谷のあまりにも荒れた美しさに圧倒されて息をのむ。そこには身の丈五五メートルもある世界一の石仏がひっそりと立っていた。三蔵法師も驚嘆したその磨《ま》崖仏《がいぶつ》は、金色燦然と輝いていたというが、すっかり剥げ落ちていたばかりか、最近では内戦の犠牲となり、腹部を砲撃で破壊されてしまったという。かけがえのない文化遺産にたいするなんという愚かな犯罪行為であろう。

それはとにかく、玄奘らがこれほどの苦難をおかして、インドへの道をめざしたその情熱はいったいどこから湧いていたのか。万事打算的な現代人には理解できなくなっていよう。自分の名誉や出世のため、金のため、ただ教典を中国に持ち帰るためであろうか。『論語』にこういう言葉がある。「あしたに道をきくことを得ば、夕べに死すとも可なり」と。「学もし成らずんば死すとも帰らず」という古詩もある。こうした生死をかけた真理への情熱こそ玄奘三蔵らを駆り立てたものであろう。このごろの学者、研究者にはこうした志が欠けているのだ。

　高い志をもち、苦難をおかして旅だった者は玄奘一人ではない。数十、数百人の唐の高僧が西方をめざして歩き、その多くが帰らぬ客となったのである。たとえ一八年かかろうと、生きて還れた玄奘は幸いであった。その高僧のひとり義浄《ぎじょう》は、インドからの帰国途中、スマトラ島に漂着し、二五年目にようやく生還した。かれは多くの同志が、あるものは南海に沈み、あるものは砂漠で消息を絶ち、あるものは途上で病死した事例をあげ、『大唐西域求法《ぐほう》高僧伝』を遺した。じつに一人の玄奘の蔭には六十余人の還らなかった唐の高僧がいたのである。私たちがいま国宝として貴重している奈良時代の文化のかずかずも、こうした人びとの真理への渇望や犠牲の代償として招来されたもの。人間の歴史はそこには生きた人びとの情熱の余韻がある。

馬を走らせ西へ来り　天に到らんとし
家を辞して月の両回　円《まどか》なるを見る
今夜知らず　何《いず》れの処にか宿《しゅく》せん
平沙《へいさ》万里　人煙を絶つ

『唐詩選』の一首が浮かぶ。それにしても三蔵法師はなぜ、あれほどの迂回路を辿ったのか。インドへゆくためなら、なぜ、もっと短いルートを選べなかったのか。おなじ道で苦労した私の疑問である。

　そのわけは当時の政治状況にあった。玄奘が出発したころ、まだ唐は大帝国を確立できず、西域は不安定な状況下にあった。玉門関の西には強力な吐蕃《とばん》（チベット王国）、遊牧民の突厥《とっけつ》帝国などがあって、唐の支配がおよばなかった。そこで玄奘は高昌《こうしょう》国王の援助と斡旋により、突厥王に旅の安全を保障されて、その支配下の中央アジアを迂回したのだ。それからインドのナーランダ大学などに学んだあと、帰国のときは唐の力が強大になっていたので、より近い道を通ることができた。そのパミール高原越えの道を私も辿ってみたが、これもけわしく長すぎると思った。もっと近い最短の道があったろう。ユーラシア大陸の地図を見れば、中国からチベットを斜めに切って北インドへゆくヒマラヤ越えのルートがある。これを行けば玄奘は往路の三分の一の距離ですむのだ。

　私はその第三のシルクロードを確認したいと思った。さいわい三度目のチベット調査の帰り、ヒマラヤのシシャパンマ峰（八〇二七メートル）の麓の村で、その古道の存在を知った。この同じ年の春、私たちより一足早く中国の四川《しせん》大学考古調査隊が、七世紀に唐からインドに派遣された使節王玄策《おうげんさく》によって岩に刻まれた碑文を発見していたのである。

そこはオーストリアの登山家ハインリヒ・ハラーが『チベットの七年』で、かれのふるさとアルプス山麓のような高燥な快適地だと特記していた吉隆《キエロン》、その手前、四、五キロの四一三〇メートル地点だという。もし、事前に情報を得ていたら私たちも必ず立ち寄っていたであろう。なぜなら私は長安からラサを通ってインドへゆく最短コースがあると予測し、一九八六年に東北大学チベット学術登山隊の人文班を編成したとき、その現地調査を課題の一つとしていたからである。第三のシルクロードはたしかに存在していた。ただし、このルートが使われたのはチベットの政情が安定していた短い期間だけだろうと思う。

いま日本では「四千万歩の男」伊能忠敬《ただたか》の足跡をたどろうと、「平成の伊能忠敬　ニッポンを歩こう　二一世紀への百万人ウオーク」というイベントが行われている。それ自体は結構なことだが、いささかの違和感もある。伊能忠敬は外国船来航によるさしせまった危機意識という明確な使命感で全国を測量するために歩いたのだ。平成の伊能たちには、いったいどんな目的があったのだろうか、と。

（『日の沈む国へ』小学館刊、二〇〇一年）

星空の下の草原情歌

アジアは一方的に西欧に負けるものなのか。いや、アジアにも西欧に優越するものがある。それは慈悲。人間にたいしてだけではない、自然のすべての命をふくめた大いなる愛。もう一つは奥の深い美意識、さらに敬虔な巡礼の心をつけ加えることができる。そう言いきったのは、日本美術院の指導者岡倉天心だった。かれがインドで書いた英文の『東洋の覚醒《めざめ》』『東洋の理想』という著書にある「Asia is one」（アジアは一つ）という有名な呼びかけも、じつはその共通の心情をあらわしていた。アジアはその偉大な理想をもって西欧に対抗できると天心は訴えた。まだ西欧に強い劣等感をもっていた二〇世紀の初頭のことである。

イスラム教の影響がひろがる一〇世紀ごろまで、アジアのほぼ全域、インドから中央アジア、中国、韓国、日本、東南アジアなどは、一つの世界宗教、慈悲と瞑想を重んずる仏教で結ばれていた。そのむすびめの聖地や寺院に、喜捨《きしゃ》を乞いながらまわる敬虔な巡礼たちの行列があった。

一〇世紀以降の仏教徒の最高の聖地はチベットであろうが、ヒンズー教に変わったインドでも、カイラス参りはもちろんのこと、全土で聖地への巡礼がさかんに行われている。わが国では江戸時代ほどの盛大さはないが、いまでも四国のお遍路さんのように各地の札所《ふだしょ》や霊所をまわる巡礼の姿を見ることができる。巡礼は俗世をみかえす眼をもつゆえに煩悩にまみれた魂を浄化し、人と人とのあいだにぬくもりをひろげる。巡礼のうたう御詠歌は胸にしみるほど深く、民族の心の琴線に触れる。日本ばかりではない。アジアを旅して、さまざまな巡礼たちとめぐり会い、その旋律に聴き入るとき、人種や宗教や国の違いをこえて、ある共通のものが底流していることに気づくのだ。

そこには天上への呼びかけがあり、人生無常、死の感覚ととなりあわせの慈悲の発露があり、大いなる自然への賛歌があったように思う。私はキルギスの大草原の星空の下で、少女たちが唇に指をあて、祈りのように哀切な曲を奏して歓迎してくれた光景を忘れることができない。それはアイヌのムックリ（口琴）の技法や旋律とひどく共通していたし、チベットのヤルルン谷で聴いた柳の葉による草笛をも思い出させてくれた。

島崎藤村の「千曲川旅情の歌」に「暮れゆけば浅間も見えず、歌かなし佐久の草笛」などとあるから、かつては日本でもさかんに用いられたのであろう。チベット最高の聖地カイラス山（六六五六メートル）をめざして集まってくる巡礼の一行が、歩きながらうたう御詠歌は、私には自然賛歌、人間賛歌のように聞こえたが、その旋律はさきの草原情歌と共通していたのである。

かれらは宗教や人種のちがいをこえて施しをわけあい、難所ではたがいに手を取り、助けあっていた。それは感動的な情景で、岡倉天心の主張どおりアジアの慈悲の健在を確信させてくれたのである。

神の山カイラス（チベット語ではカン・リンポチェ）の巡礼たちの露営地にタルチェンという二〇戸ほどの集落がある。その近くの草原に私が同行のチベット人たちと寝ころがって休んでいたら、一〇歳ほどの二人の少年が走ってきて草にねそべり、手をふって微笑みかけた。聞くと親のない巡礼の孤児で、タルチェンの人がみんなで育てているという。カイラスにまで辿りつきながら病にたおれ、鳥葬された若い母親が残した子たちなのであろう。どんなに大事にされているかは、そのこざっぱりした衣服をみればわかるし、なによりもいじけたところのない明るい表情でわかる。この子たちには、どの宗派の巡礼たちも養育の糧にと喜捨をしてゆくという。

ここは標高五〇〇〇メートルに近いチベット高原の最奥地、アジアの幾つもの大河が流れ出るところ、そこに東から西から北から南から、大草原や砂漠やヒマラヤの峠を越えて巡礼たちがあつまってくる。数十日も数百日も歩きつづけて、ようやく辿りついたかれらの陽焼けした顔は満ち足りて一様に明るい。そしてうたうのだ。

聖なる山　カン・リンポチェに発する
あまたの川は
馬の国　チベットを流れ
象の国　ネパールを流れ
獅子のように強い人の住む
西方のラダックを流れ
佳人の国　中国を流れる

読者のなかには以前、ＮＨＫテレビが放映したひとりの片足のヒンズー教徒が、インドのカルカッタから気の遠くなるような長い道のりを、松葉杖で歩いてカイラスに辿りついた感動的なシーンを覚えている方もおいでだろう。その孤独な巡礼は特別の苦行者でも行者でもなく、気の弱そうな庶民だった。いまの日本の若い人にはそんな無益なことに人生を費消するなど考えられもしないだろうが、そうしたことがカイラスでは日常の光景として見られる。

この酸素のうすい四五〇〇メートルの山麓に露営して、一〇〇回も二〇〇回も巡拝しているという男女の話を聞いてみたが、なぜ、そこまでするのか深い意味を、かれらは語らなかった。ただ、私たちが出会った巡礼の多くが、たいそう朗らかで、きよらかな顔をしていたのは、そのあつい信仰心と長くきびしい孤独な旅の辛酸が、かれらを浄化したためであろう。そうした人びとの内面の輝きにふれるとき、私たちは心の底にとどく感銘をおぼえる。欧米にうまれた近代文明は、この種の人間の美をおきざりにしてきた。わが国にも今はほんとうによい顔をしている人が少なくなったのである。

（『日の沈む国へ』小学館刊、二〇〇一年）

カイラス幻視行

深い静寂が支配する地

二〇年前、マイカーでユーラシア大陸四万キロ放浪の旅をしたのが病みつきとなって、この一五年間、私はほとんど毎年、アジアの奥地に出かけた。旧ソ連領中央アジアとアフガニスタンのほぼ全域。タクラマカン砂漠周辺のシルクロードのほぼ全線。トルコ、イラン、イラク、アゼルバイジャンの国境地帯からパキスタン、北インドにかけてのアジア・イスラム圏。ヒマラヤ山脈の北は青海・チベット高原、南はラダック・ネパール・ブータンの西蔵仏教文化圏。さらに、フンザ渓谷からパミール、天山を越えてキルギス、ウズベクの大草原へ、私は旅した。

そこは人口過密で高温多湿な喧騒の国日本とは対照的で、深い静寂が支配している。時折襲う激しい嵐さえ静寂の凄みを加える。夜には星がひときわ美しく、風景が大きく、かわいた風がいつも吹いていた。だが、人煙稀《じんえんまれ》だといって歴史がないわけではない。数千年にわたる諸民族の興亡争乱の廃墟が所々に露頭していて、歴史家の想像力を刺激した。

こんど私が世界中の仏教徒、ヒンズー教徒の最高の聖地カイラス峰（カン・リンポチェ）をめざしたのもその延長である。一九八六年、東北大学西蔵（チベット）学術登山隊の人文班長としてカイラス行の許可をもらいながら、現地で断念させられたことがあって、それが私の宿願となっていた。

その後も一度計画して挫折、今度こそ他に頼らず自力で実現しようと決意し、私は昨年（一九九一年）秋から中国側と直接交渉を進め、同行の友七人を得て「日本西蔵聖山踏査隊」を編成した。隊員はどこにもヒモのついていない民間人ばかりで、登山家もいれば宗教学者、社会学者、薬学者もいる。写真家、肩書なしの自由人もいるといった多彩さで、年齢も二〇代から六〇代まで各世代にわたっていた。

万一に備え身辺整理

中国側は北京から同行した朝鮮族出身の連絡官の他は、すべてチベット族で、運転士四人（ランドクルーザー三台と食糧やドラム缶積載のトラック一台）、炊事係、通訳、交渉係の七人で、かれらはラサで雇ってもらった。

西蔵体育旅遊公司の社長が経験豊かなスタッフを提供してくれ、日本隊員もおおむね快調であったにもかかわらず、体に弱点のある私には苛酷な旅となった。

出発前、私は自分の年齢（六七歳）や体調の状態からして、生還の可能性を五割プラス、アルファではないかと見ていた。そのため、そのアルファを少しでも高くするため、毎週近くの山に登るなどして足腰を鍛え、緊急時にそなえて身辺を整理し、救命具をも用意した。また発病したとき隊の行動を妨げないように私一人の撤退と途中からの脱出の方法も考えていた。

ところがラサを出て四日目、チャンタン高原に入ってみると、事態ははるかに厳しいということが分かった。平均高度四五〇〇メートル余、行程二〇〇〇キロ、世界最大、最高といわれるチャンタン高原は、毎夜降雹《こうひょう》と雷鳴が鳴りひびき、後へも先へも私の退路をはばんでいた。私は五〇〇〇メートルを越えるたびに高山病による呼吸困難におちいり、酸素を補給してもらったり、ガモウ博士が考案した携帯用の加圧装置（ガモウバッグ）の中に入れてもらうという始末であった。

道なき大高原を横断

たしかに今度の旅は尋常ではない。ほとんど道なきに等しい大高原を横断し、チベットの最西端獅泉河《しせんが》（インダス川の源流）を迂回し、カイラス山や国境地帯の聖域を巡回して、ヤルツァンポーの大河谷を下る。この約四〇〇〇キロ余の旅がすべて富士山頂以上の高さであった。しかも五〇〇〇メートル以上の峠越え八回、氷河の水を集めた大小の河川を渡渉すること数十回。いったん豪雨に見舞われたら、後にも先にも行くことができない。私たちは幸運にめぐまれ、ほぼ全行程を事故なく通過できたが、それは決して自慢できるようなことではなかった。

二〇世紀の初めと半ばに、スウェーデンの探検家、スヴェン・ヘディンやオーストリアの登山家、ハインリヒ・ハラーらがこのチャンタンで苦闘した状況を思えば、私たちの困難など物の数に入らない。ヘディンは中途で駄獣のほとんどを失い、自分の乗馬さえ凍死させている。彼はほとんど瀕死の状態で魔の高原を乗りきり、サガの北辺に脱出したのである。

私はといえば、文明に保護されていながら、ただ、体力の限界だけはどうすることもできなかった。若い時代に肺の一部を切除したツケは大きく、酸素の吸収力は生命維持の限界スレスレにまで落ちていた。脈拍は一〇〇より下にさがらない。そして、その負荷は結局恐れていた心臓にきた。

旅に出てひと月めだった。私は聖湖マナサロワールに向かう途中、胸痛に襲われ、心臓に異変を感じた。私は車を停めて、大地にうずくまった。昨夜から二度目のことだ。意識が薄くなってゆく。そのとき私には驚きも感傷もなかった。こんどこそ終りだろうと観念した。

そこはナムナニ峰（七七六六メートル）の鞍部を下った砂漠状の曠野で、雪解けの小さな流れが、たまたま細長い緑のベルトをつくっている所だった。私は血行の停滞した首筋の血管を、葛西（ジュニア）君にほぐしてもらいながら前をぼんやりと見ていた。すると、水辺にたくましいあざみが花をつけている、その鮮烈な紫が目に飛びこんできた。なぜ、この荒地にかくも美しく生きようとするのか。氷河おろしの冷たい乾いた風も私の意識を強くよび戻した。ふり仰ぐと紺碧の空に白い雲が浮んで東へ流れていた。その瞬間、熱い想いが走った。そうだ、ここまで来たのだ、一緒に東へ還ろう、隊員たちの友情にこたえるためにも、そうしなくてはならない、と。

一夜の夢に見た人生

それまでは野営のテントの中で幾通りもの死の形の夢を見つづけた。邯鄲《かんたん》の盧生《ろせい》の故事ではないが、六十余年が万華鏡のように一夜にあらわれた。それを冷ややかに見返していた虚ろな眼。その果ては直視に耐えがたい老醜であった。その退行していた私の意志が鮮烈な紫の花の前で転回したのである。

こんどの旅には忘れがたい幾つかのシーンがあった。神の住むという聖湖の岸に野営したときである。日没前、霊峰カイラスが壮麗な姿を一瞬見せたが、一天かき曇り、驟雨となった。そしてすぐ雹に変った。その時、一人の老人がわがチベット人スタッフのテントの前に立った。ネパールからヒマラヤを越えて来た巡礼で、空腹なのか重い荷に難渋している。するとスタッフたちはこの巡礼に驚くほど丁重な態度で食べ物を供し、茶を飲ませ、金を喜捨した。そして、その見ず知らずの老人に二人がかりで荷物を負わせ、肩を抱いて見送ってやった。巡礼は暮れかかった丘に黒い点となって消えていった。

彼らはネパール人とは言葉が通じない。しかし、心はカイラスへの敬虔さでつながっている。私はこの一部始終を見守っていて、言葉にならないほどの感動をおぼえた。この優しさは一体何であろうか。人道主義ではない。アジアの〝慈悲〟というものであろうか。

こんどの旅は多くの啓示を私にあたえてくれた。

（「日本経済新聞」一九九二年一一月三日）

「アジアはひとつ」の夢
――岡倉天心のインドを旅する

ベナレスから

日本人には、インドはデリーよりもカルカッタよりも、強烈なベナレスの印象からはじまる。

聖なる河ガンジスに面したヒンズー教最大の聖地で、人びとは人生を終え、その遺骸を灰にして流してもらうことを切望している。ガンガの神に抱きとられることによって、人は来世でより良い生に生まれかわれるものと信じているからである。それなら、終焉の地にふさわしく、哀悼の念に満ち、厳粛に、静寂が保たれているのかと思うと、全くそうではない。

ガンジスの河岸には蜿々数キロにわたって数万の人びとが群れ、ベナレスの市街には数十万の群衆が騒音をたてて雑踏しているのである。

遺体を焼いている近くで、大声で物を売る商人、また洗濯をしたり、沐浴をし、祈り、談笑する人びともあり、それぞれが独立した生き方を主張してはばからない。そこにはほとんど裸身に近い痩せこけた行者もいれば、遠い村から長い旅を続けてきた家族もいる。じっと大河を眺めながら死を待つ老人たちも。

そのまわりを走り回る子供たち。人生の転変、輪廻の無常を感じさせながら、そこにはエネルギーが溢れている。私は一九七一年にはじめてこの岸に立ったときの衝撃を忘れることができない。そして二度、三度と来るうち、この宗教都市の、一筋縄ではゆかぬ複雑さと、ヒンズー教によって結ばれたインド人のアイデンティティの強烈さに打たれたものである。

今ではベナレスの人口は一〇〇万人に達し、ますます膨脹を続けているという。日本では遠藤周作の『深い河』が映画化されて、再びその存在が注目されるようになった。秋吉久美子がガンジスに入ってインドの人びとと共に祈るシーンが印象的であった。ベナレスは堀田善衛から三島由紀夫まで、日本の作家たちにも強い影響をあたえてきた。私は四年前、ガンジスの最源流であり、ヒンズー教と仏教の共通の最高の聖地カイラース山に辿りついたが、そのときの氷霧のもとの静寂と、ベナレスの雑踏の中の孤独とを相対比しながら、インドを見る眼を深めることができたのである。

ブダガヤの大塔を仰いで

ブッダ（仏陀）が悟りを開いた地ブダガヤから、数キロ離れたムチルンダ村を訪ねた帰り、椰子の樹ごしに夕陽を浴びた大塔がよく見えた。ブダガヤの市街をはずれたネイランジャナ河の砂洲の上からも、シルエットになった大塔がよく見えた。この大塔のある聖域には、タイ寺、チベット寺、日本寺など各国の仏教教団の寺々が競い建っているが、二、三年前、私がリスボンからのマイ・カーによる帰国の途中、立ち寄ったときには日本寺が新設されたばかりで、寺域は閑散としていた。大塔に詣る巡礼の姿もごく少なく、観光客を認めることは稀であった。それは季節が晩秋であったためばかりではあるまい。インド自体がまだ全体として貧しかったからであろう。そのとき、私は写真家・松本栄一らしい若者を日本寺で見かけたように思うのである。

歴史は動く。一〇年ほど前、インドが開放経済政策をとりはじめてから国内市況は活気をあらわし、一般の生活水準もあきらかに向上した。それはベナレスやブダガヤの巡礼たちの服装や持ち物にも、みやげ物売屋の賑いにも、店先の品数の豊富さにもはっきりとみてとれた。とくにブダガヤの大寺にきて、インド人観光客の多さに驚いた。寺域内外とも家族づれの人で溢れ、参道には店が立ちならび、喜捨を求めて集まった物乞いまで、まさに門前、市をなす盛況であった。

ヒンズー教徒が仏教の史蹟に観光に来ているのである。仏教大学の大遺跡のあるナーランダへ行っても同様であった。これは正月の休日のためだけではなく、インドの市民生活に余裕が生じたからだと私には思われた。ベナレスからブダガヤにくる国道も車でいっぱいで、昔の倍以上の時間を要したのである。

昔の静寂をもとめて私はブダガヤの市街を離れる。そして干上がったネイランジャナ河の広大な砂州《さす》をあるき、小さな流れを幾つも渡って川原に立つ。ここはいまから九四年前、岡倉天心が堀至徳《しとく》らと東洋宗教家会議を日本で開こうと話しあった所だと思うからだ。

一九〇二年、明治三五年の春のことである。天心はこの四年前（明治三一年）に学内反対派などの卑劣な工作により、東京美術学校の校長や帝室博物館美術部長などの職を追われた。だが、半年後には、在野のアカデミア「日本美術院」を創設して対抗したが、経営にゆきづまり、明治三四年、一切の役職を投げだして単身、幻の恋人を追ってインドを訪れた。彼はそれから約一〇ヵ月（一九〇一・一二〜一九〇二・九）、インドに滞在し、ほとんど全域を巡行、また、当時ベンガルで最も革新的な影響力をもっていたタゴール一族と親交を深めている。そしてこの間に二冊の英文著書を書きあげ、インドの独立運動を励ました。“The Awaking of the East”（『東洋の覚醒《めざめ》』）と“The Ideal of the East”（『東洋の理想』）である。ここで使われた“We are one!” “Asia is one!”（「アジアは一つ」）は永く歴史に残る名句となった。

天心はブダガヤに来る前に、カルカッタの郊外、ガンジスの河畔の別天地ハウラを訪ね、ヒンズー教改革派の高僧スワミ・ヴィヴェーカナンダと逢っている。ヴィヴェーカナンダは近代に傑出した世界的な宗教学者で、その新ミッションにはシスター・ニヴェディタをはじめ、ミス・マクラードなど熱烈な白人の信者も多く、インドの改革・独立にも心を砕いていた。天心と逢って深く共鳴し、「われわれは……二人の兄弟だ」とマクラードに語っている。天心はヴィヴェーカナンダから彼の世界宗教家会議の経験を聞き、ヴィヴェーカナンダを日本に招請して東洋宗教家会議を主宰したいと考えたのである。

だが、その雄大な構想は実現しなかった。その半年後に、頼りのヴィヴェーカナンダが病死し、同志の堀至徳もまた一年後に急死したからである。だが、ブダガヤの大塔を仰ぎながら天心が夢みたインド―中国―日本を軸とした汎アジアの宗教家、知識人の結束の志は、後に大タゴールに伝えられ、さらに上記の天心の著書に実を結んだと私は思う。

国際人とは何か――タゴールと天心

いま、日本の国際化がしきりに叫ばれているが、岡倉天心ほど早く、在野の日本人として、中国やインドを視野に収め、西欧に対抗するため進んで連帯、結束しようと独自の構想を提示し、アジアの覚醒を説き得た人間はいなかったのではないか。

彼は明治国家の官僚や福沢諭吉ら「洋学紳士君」と違い、欧米人に劣等感を持つことなく、是々非々で中国やインドにも対し得た。彼は中国の奥地を何度も旅行し、すぐれた人や史蹟を訪ね、歴史的な文物に触れ、この民族の偉大な能力を発見していた。

後に大タゴール（ラビンドラナート・タゴール、一八六一～一九四一、ノーベル賞受賞者）が天心を回顧して言っている。自分がボストン美術館に岡倉天心を訪ねたとき（一九一三年二月）、天心はタゴールに中国訪問をすすめ、「真の中国」を見せるために自分が案内役を買ってもよいと約束した。だが、天心はその年の九月に死んだのだ。

「それはただちにこの古い土地への私の関心と、中国の未来への信頼の念を強めた。なぜなら、彼が中国の民に対する敬愛を披瀝するとき、私は彼を信じることができたからである……彼は中国人民が、アジアの歴史に鮮烈な栄光をもたらす啓示の、新たな実現の機を待ち望んでいるといった。彼と初めて出会った時、私は日本も知らなければ、中国についても何ひとつ経験がなかった。私はこの……偉大な人物との個人的な交友を通じて、これら両国を知るにいたった」（大岡信氏の訳による）。

明治の一日本人が、このインドの大詩人の目を開かせることができたというのは、何という光栄であろう。真の国際化とは、こういう創造的な行為を意味するのではないかと私は思う。

ブダガヤの近くムチルンダ村には仏陀（釈迦）が沐浴したという円い池がある。いまでは蓮の葉におおわれ、牛や農夫のいこいの場となっている。その村びとから、いろいろと聞いているうち、一人の自作農がこう答えた。

私が「あなたの畑は、いつごろから自分のものになったのですか」と聞くと、

「もう一〇〇〇年も前に。お釈迦さまがここに来られた前からです」（?!）

夜、村中の人があつまって、私たちを歌と踊りで歓迎してくれ、日常の暮らしぶりも見せてくれた。ここには古き良き時代の伝統的な村落共同体が生きていた。農業の生産性は近代の技術を採り入れたため飛躍的に向上しているにもかかわらず、である。「二一世紀はインドの時代になるかもしれない」もし、それまで人類が保つとして――そんな考えがちらりと浮かんだ。

次の夜、私たちはガヤ駅から夜行の特急列車に乗ってカルカッタ（コルカタ）に向かった。列車に乗りこむと、名画「インド・大地の歌」のテーマ・メロディが私の耳に鳴りつづけてやまなくなる。冬の夜なのに毛布を持たないで乗ったため、夜じゅう寒さに慄《ふる》え通し。八時間後、カルカッタ駅に降り立ったときには足もとが揺らいでい

た。しかし、目がさめて見回すと、カルカッタ中央駅は数年前に来たときとは見違えるほど綺麗になっており、構内の施設も整備され、ガヤ駅のような無政府的な混乱や雑踏は克服されていた。

人口一〇〇〇万人余の大都会カルカッタ、このエネルギーに満ちた町は、乗用車、バス、タクシー、トラック、ダンプカー、人力車、二輪車、荷車、オートバイ、牛車など、ありとあらゆる車のひしめきあう洪水であった。だが、ふしぎなことに大した事故も起こらず、奇妙な秩序を保って、この異質なもの同士が一定方向に流れていた。この混雑の中に生きている秩序、これもインドなら、地下鉄工事に代表される非能率さもインドなのだ。市内の中心部を占拠したままつづけられているこの地下鉄工事は、二〇年経っても完成せず、慢性的な交通渋滞の元凶になっている。もう、工事用の鉄骨の山は赤錆びて、厚い土砂におおわれ、その上に草が育ち、花が咲き、さらに燃料用の牛糞が土まんじゅうのように叩きつけられていた。その劣悪な露天掘工法を放置し、さらに十数年間、平然としているインドの官僚主義のふてぶてしさに驚嘆する。

私たちは、そんな雑踏をのりこえて市内にあるタゴール・ハウスに急行する。そこにはタゴールと天心の交友を示す博物館があり、館長から、それらの資料について説明を受ける約束があったからである。だが、一時間待っても館長はあらわれない。そこで学生たちから話を聞くことにした（そこは、タゴール記念の芸術大学になっていた）。

女子学生が圧倒的に多い。そして彼女らのほとんどが洋服ではなく、民族服のサリーを美しく着こなしていた。日本の女子大で和服姿の学生を見かけることができるだろうか。大きな違いを感じる。彼女らは舞踊科や演劇科の学生で、インドでは上流階級か中流の上に属する子たちであろう。人力車で登校してくる者もいた。私の英語での質問に対して、よどみなく答えてくれる態度に、その教養とプライドと表現力を感じさせられた。一八、九歳の娘たちもおり、私は色とりどりの花園にいるようで、幸福だった。

やがてタゴール博物館の館長があらわれて、天心の遺品や、天心が設計し、使ったという家具のある部屋を見せてくれた。また、天心とタゴール一族との交友を示す資料や、タゴール自身が日本を訪問したときの写真などを解説してくれた。岡倉天心がベンガルの青年たちをインドの独立と自由のために立ちあがるよう激励した事実や、ヴィヴェーカナンダや独立運動家などを深く理解していたことを感謝していた。

実際に天心が、このタゴール邸近くの宿舎で執筆してスレンダラナート・タゴール青年たちに読ませた英文の原稿――"The Awaking of the East"（『東洋の覚醒《めざめ》』）は、次のような言葉で始まっていたのである。

「アジアの兄弟姉妹よ！　われわれの祖父の地は、大いなる苦難のもとにある。いまや東洋は衰退の同義語になり、その民は奴隷を意味している。……われわれは結晶のような生活を誇りとしていたが、たがいに孤立してきた。さあ、共通の苦難という大洋のなかで溶け合おうではないか。……アジア人ひとりひとりの心臓は、彼らの圧迫による言いようのない苦しみに血を流していないであろうか？　ひとりひとりの皮膚は、彼らの侮蔑的な眼の鞭の下でうずいていないだろうか？　ヨーロッパの脅迫そのものが、アジアを鞭打って、自覚的統一へと導いている。……アジアには山や河が多い。ここではゲリラ戦によって、外国優勢の呪文をやぶり、こうして市民や兵士たちを目覚めさせ、救国の戦いに参加させることができる」（夏野広訳）云々と。

そして、館長は最後に、プリヤムバダと天心の恋についてふれたのである。私は館長にプリヤムバダの書き残したものを見たいと強く要望した。彼はそれを受け入れた。

天心の恋――プリヤムバダと天心

天心は五浦《いづら》に居を構え、ボストン美術館との協約によって半年をボストンで、半年を日本で過ごす生活をしていた。そのボストン行の途中、インドに立ち寄ったのである。そして一九一二年九月一六日、カルカッタのプロモナート・チヨウドリ（プリヤムバダの叔父）邸の晩餐会で、天心は「優雅で、つつましやかな」麗人、ベンガル語で「宝石の声なる人」（プリヤムバダの意味）にめぐりあった。二度目はスレンダラナート・タゴール家のパーティで逢ったという。天心はその麗人の「神々しい眼差し」のとりこになる。しかし、このときの天心のインド滞在は短く、一〇月の半ばにはボストンに向かっている。

それから彼の死までのわずか一年間、二人のあいだに燃え上がった恋は、別離によっていっそう深みと美しさを増し、現存するだけでも三二通の恋文を残している。そのうち天心の書簡一九通はプリヤムバダの死後、彼女の文箱《ふばこ》の中から発見された。公開されたのは五〇年後である。

プリヤムバダ・デーヴィ・バネルジー（Pryamvada Devi Banerjee、一八七一〜一九三五）は、詩聖タゴール一家ときわめて近い人で、二人の叔父は著名な法律家、文学者、独立運動家として知られ、ともにタゴール家から妻を得ている。その姪にあたるプリヤムバダは文学士号を得た二一歳のとき結婚し、一児を得たが、わずか三年で夫に死なれ、生涯、寡婦として運命づけられる。三〇歳で第一詩集を出したが、三五歳のとき愛児に先立たれ、「空虚に不毛のまま立ち尽くす」ことになる。岡倉天心とのめぐりあいは四一歳の孤独のさ中であった。

当時のインドの上流社会では未亡人は貞節を強く求められ、再婚はおろか恋愛など考慮の外であった。彼女のような改革派の一族の中にいた人でも、インドでは自由な恋愛は望むべくもなく、終生、喪に服することを暗黙に強いられていた。天心が遠くに住む外国人であったことは幸いだった。それでもその恋は秘められていたのだ。

この恋文を訳した大岡信氏が『プリヤムバダ・デーヴィと岡倉覚三』（平凡社、一九八二）の解説に記したように、彼女の天心宛書簡は一三通どころではなかったろう。発見された中の最後の日付となった八月五日以降にも、天心が死んだ九月になっても、彼女は手紙を書き続けていただろう。それらがまだ発見されていないだけだ。ただ、天心の死を知った後のプリヤムバダの、のたうちまわるような絶望が、彼女の手記「プリヤムバダ・デーヴィのノート・ブック」からわかる。

一九一三年九月七日（天心の死は九月二日）

あなたは今至上の覚知《かくち》を得、暗黒は永久に消散した。だが私は、あゝ、まったくの暗黒にいて、助けもなく、孤りぼっちで手探りしている。この暗闇を通って、どんな慰めにも私は達することができない——あなたの同情はすべて、淡い霧のように消えてしまったのか。

暗い、月もない夜、陰鬱な雲が高く、広くひろがる。芯の髄まで傷ついた心臓で、牢獄のようなあばら骨に身をうちつけてすすり泣きながら、私は一日中苦しんでいる……眠りは来ない。……額は燃えるようだ。熱くほとばしる涙は、その下の枕を一層耐えがたくさせるばかり。

あなたはとうとう自由の身になった。私の魂をこのもろい肉体からもぎ取りにきて下さい——わが魂はあなたを待っています、恋しい人よ、遅れないで。

天心はプリヤムバダ宛に死を予告した八月一日付の書簡に、次のような遺族への「戒告」をそえている。

私が死んだら、悲しみの鐘を鳴らすな、旗をたてるな。

人里遠い岸辺、つもる松葉の下ふかく、ひっそりと埋めてくれ

——あのひとの詩を私の胸に置いて。

……さいわいにして、はるか遠い日、海もほのかに白む一夜、

甘美な月の光をふむ、あのひとの足音の聞こえることもあるだろう。

天心の遺骨の一部は、いまもこのことば通り、海を見渡す五浦《いづら》の松樹の下に、ひっそりと埋められている。一度きりのめぐりあいによる魂だけの恋でも、人はどんなに深く美しくなり得るか、この恋は証明している。それにしても現代人は大切なものを失った。

(『太陽』平凡社刊、一九九六年九月号)

中央アジアの奥地から
——再びシルクロード悠遊

東京経済大学在職三四年(一九六二〜九六)の間に私は大きな旅行を三つした。一つは本学職員の北野比佐雄さんらとユーラシア大陸を、その西端リスボンからカルカッタまでジグザグに走った四万キロ、一八〇日間の旅で、一九七一年のことだった。

二つめは東北大学チベット(西蔵)学術登山隊の学術隊長として北京—西寧から青海省を抜け、チベット高原を縦横に踏査し、ヒマラヤ越えでインドに抜けた三ヵ月、七〇〇〇キロの旅だった。このとき、やり残した聖山カイラス峰(六七〇〇メートル)への挑戦は九二年に実行した。

そして三つめがこの秋(一九九六年)のユーラシア大陸横断バスの旅であったが、約一ヵ月、八〇〇〇キロ、中国からシルクロードの草原ルートを辿り、イランのペルセポリスまで行って私一人は引き返した。最後の授業計画がなかったら、仲間といっしょに、そのまま、はるか西方、ローマ帝国の遺蹟にまで辿りついていたろう。

折悪しく、著作集を月一巻のペースで出していたこともあって、今回は完走を断念せざるを得なかった。そのときの見聞の一端を述べさせていただく。

〝絹の道〟から〝石油の道〟へ

久々にユーラシア大陸を中国からトルコまで横断してやろうと思って、トルファンからペルセポリスまで八〇〇〇キロほど走り、トルコだけ残して帰ってきた。この旅では中国の改革開放、経済成長による活気が最北西端の新疆・イリ地区にまで及んでいるのとは対照的に、旧ソ連から独立した中央アジア五ヵ国の苦難の情況が強い印象として私に残った。

日本人にはシルクロードの中心地として知られる新疆ウイグル自治区は、いま、時ならぬ石油景気で湧いている。かつての絹の道は、いまや石油の道、タンクローリーの疾走するハイウェイに変わりつつある。ウルムチ～トルファン間の高速道路化が急ピッチで進められ（国慶節の休日にも大型工作車が砂塵をあげていた）、ウルムチから北の国境イリまでの六〇〇キロもハイウェイの建設中だった。世界銀行の融資を受けて、二〇〇〇年までに完成させる計画らしい。

アラビア半島の砂漠に匹敵するタリム盆地とジュンガル盆地で「第二の中東」といわれる石油鉱床が発見され、それをあてこんだ投資熱が省都ウルムチの外観を一変させていた。私が前回来た一九八〇年代には八階建のビル一棟しかなかった淋しい北の六〇万都市が、いまでは一五〇万人の大都会。二〇階～四〇階のビルが四〇棟も建ち、さらに倍増の勢いだという。その活気は自治区成立四〇周年と国慶節とが重なった町中に溢れかえっていた。不況に沈む日本とは対照的だった。

その勢いはシルクロードの古い町にも及んでいた。昔のしずかな農村トルファンは、いまや新ホテルが並ぶ国際観光都市に一変していたし、最北端のホルコス国境やイーニンも建築ラッシュの只中であった。その旺盛な活気にたいし、国境の向こうの旧ソ連側は、火の消えたような淋しさを感じさせた。

もちろん現代の表情だけを見ていたわけではない。シルクロードの全線踏査をめざした旅だけに、ウルムチの博物館では日本にも招待された「ローランの美女」や「あどけない少女」のミイラを目の前にして、立ち去り難い感動をおぼえた。三蔵法師を迎えに出た高昌国の将軍張騫《ちょうけん》のがにまたのミイラにも再会した。前漢の張騫がはるばる出向いた「天馬」のふるさとフェルガナ（ウズベキスタン共和国）にも迂回して行った。中央アジア最大の遺跡で仏教寺院の最西端地メルヴ（トルクメニスタン共和国）にも立ち寄った。シルクロードの天山の北側のステップルートを今度は数千キロも走ったことになる。

天山の北、カザフ・キルギスの変貌

それにしても興味深かったのは中央アジア諸国の変貌であった。私はソ連時代にこの地を三度訪ね、近代化の進展ぶりを見てきたが、今回は特別だった。一九九一年のソ連崩壊をきっかけに独立した五つの民族国家は、西トルキスタンといわれる共通性を持ちながらも、それぞれ独自の道を模索していた。

カザフスタン共和国の首都アルマトイ（アルマアタ）には、オーストラリアとの合弁とトルコ出資の五つ星の高級ホテルが二棟も出現していたし、ロシア製の車以外の外車が市内を走り回っていた。ナザルバエフ大統領は昔の革命広場の小クレムリンに居座っていたが、開発には積極的で、外国との合資の銀行なども開業していた。しかし、治安はきびしく、私には警察国家のような支配の継続ではないかと思われた。これは他の国にもいえることで、ソ連時代の官僚やロシア人技術者を排除しては国のシステムが動かなくなるという矛盾を抱えこんでいた。アルマトイから天山の北を走り、キルギス共和国に入ったが、そこの大統領のアカーエフはリベラル派の元大学教授というふれこみで、一度は共産党の継続活動をも禁止したが、首都ビシュケク（旧フルンゼ）の三割を占めるロシア人を排除できず、中立を保っていた。

そのためか白い大理石の革命広場にも国立博物館にもレーニンの巨像がまだ撤去されずにあった。私たちがスキタイの〝黄金人間〟を見ようとして、この博物館を訪ねたとき、大統領一行七、八〇人の視察があって閉館中であった。ところが、懇願してみると、入館ばかりか写真撮影まで許された。開けばビシュケクの大学にはいま、日本人教師が五人おり、五〇人の学生に日本語を教えているという。それを聞いて、体制が変ったことを痛感した。

レーニンからチムールへ

タシケントやサマルカンドという都会を持つウズベキスタンは五ヵ国中、最も豊かな国のはずだが、インフレが昂進しており、民衆の暮しに明るさはなかった（去年

の一ドル一七スムがいまでは四〇スム、年金は年わずか五〇〇～一〇〇〇スム）。ブハラのある回教学院では、外国人めあてのレストランを開業しており、ヘソを見せて踊る半裸の美女まであらわれたのには驚いた。戒律のきびしいイランの聖職者が見たら憤死するであろう。それほどにみんなドルを欲しがっていたのである。

この国はレーニン像の代りにタタール人の英雄チムールを国家統一のシンボルとし、革命広場も国民広場に改称、来年はチムール生誕六六〇年祭を盛り上げるという。

しかし、多民族国家で、このようなシンボル操作が成功するだろうか。チムールはタタール族の英雄でこそあれ、近隣諸民族にとっては征服者、侵略者であったのだから。ウズベキスタン共和国は人口の七割をウズベク族で占めているからやりやすかろうが、それでも他にタジク人、ロシア人、カザフ人などが多勢住んでいるのだ。

民族問題は解決を誤まると内戦になる。隣りのタジキスタンがそうで、この国は独立後、ペルシャ系のタジク人とトルコ系のウズベク人が、ロシアに支援された与党の共産党勢力と民主派・イスラム教徒連合の抗争にまきこまれ、互いに首都を奪いあう内戦を展開している。そのため難民がアフガニスタンに逃げ、国民生活は窮乏している（アフガニスタンには一〇〇万人のタジク人がいる）。

私たちはフエルガナに行くためにタジキスタンを通らせてもらったが、国境での検問は簡単、路上チェックもなく、住民は昔ながらに温かく迎えてくれた。もともと優しい民族だったのである。

崩壊寸前のトルクメニスタン

車による国境通過で、もっともきびしかったのはカザフスタン共和国とトルクメニスタン共和国であった。ここでは長時間拘束され、所持金や持物を細かく申告させられたり、調べられたりした。とくにトルクメニスタンは独立国家共同体（ＣＩＳ）の経済連合に反対しているため、通関はきびしい。国境にトラックの大群が停止させられていた。

もともと旧ソ連に属していた独立国家共同体の国々は、ＥＣ並の〝国家を越える〟実験をめざしたはずである。それなのに現実は、それと矛盾する独裁支配の色濃い翳と、前世紀的な近代国民国家づくりに執着するという同時過程を示している。克服されなくてはならない民族主義が抬頭しているゆえんであろう。「レーニンからチムールへ」がそうだし、トルクメニスタン共和国の閉鎖性も関係がある。

　トルクメニスタンは豊富な天然ガスにめぐまれ、そのパイプラインや輸送ルートをめぐって各国の投資家が色めきたっているが、国民生活はまさに崩壊寸前で、その通貨も急落をつづけていた。一九九六年六月に一ドル七五マナートであったものが、一〇月には七〇〇マナートに急落、しかも、ガイドの説明では七月以降、公務員には給料未払いだという。

　どうりで町を通過するたびに公安や警察官に車を止められ、金をとられた。関所だらけで、まるで中世さながらであった。一日に二〇回も止められたことがある。私は日本を出るとき、トルクメニスタンはニヤゾフ大統領の独裁政治下で国内は安定している。電気も水道も無料で、ガソリンはリッター一〇円もしない、という夢のような国のように聞いてきたが、現実は違っていた。人民にとって最も大切なのは日々のパンだが、それが絶対的に不足して、闇の価格が公定の一五〇倍もしているという。

　実際、私たちが地方の町のバザールに行っても買う品物がなく、金曜日だというのに店も人も閑散として、ただカラクム砂漠からの風が吹きぬけているだけだった。

ガソリン不足もひどく、給油所には延々長蛇の車の列。この国は首都のアシュハバードだけを綺麗にして外国投資家の目をあざむいている。地方は極貧の状態なのだ。

　国中に自分の顔をはりめぐらさせ、個人崇拝を強いているニヤゾフ大統領の命運が尽きるのも時間の問題だろう。だが、民主化の進んでいない国民に、いつその日が来るだろう。この国では、官吏による国有財産のかっぱらいも横行しているという。

イランの活力と「落日の国」

　トルクメニスタンからイランへ移動する日、私たちは覚悟して朝六時に起きてアシハバードを出発した。トルクメニスタンの国境（サラーク）では、さんざん待たされ、パスポート検査三回、荷物調べ。イラン国境では服装チェックがきびしく、外人女性はチャドルを買いに行かされた。それに申請書をペルシャ文字で書けという。結局この日、イランのマッシュハドのホテルに着くまで一七時間もかかった。なんという後進性だろう。この日の走行距離は五三〇キロしかなかったのに。

　マッシュハド（メシェッド）に来て驚いた。私はこの町には三度目だが、来るたびに賑やかになっている、いまでは二五〇〇万人の大都会だという。ここはシーア派イマームの殉教地、イラン一の聖都なので、巡礼が多く、戒律もきびしい。外国人にも酒は厳禁、女性は素肌をおおうという不自由を強いられる。これまで通過してきたイスラム圏の国々とは雲泥の違いだ。私たちはこの東端の町からテヘランに向かって移動する。高速道路はたいへん良く（全部無料）、貨物の運搬も頻繁で、イランは活気にみちていた。旧ソ連領だった五ヵ国からくると、〝文明国〟に入ったという眩しささえ感じた。

私が最初に車で来たときには三〇〇万人程度であったのに、テヘランは東京を凌ぐ一五〇〇万人の大都会になっていた。イラン・イラク戦争による避難民の大量移入のせいもあろうが、一九七〇年代の石油景気と経済成長のおかげでもあったろう。

一九七九年に王制打倒のイスラム革命を成遂し、その翌年からの苛酷なイラクとの戦争（一九八〇〜八八）に耐えたイランが、いま、戦後復興からようやく離陸しようとしている。その熱気には期待すべきものがある。だが、日本の企業家は逃避してしまったままだという。いま、顕著に進出しているのはドイツとパキスタンであった（私は帰路、テヘランからフランクフルトまでイラン航空を使ったが、その時の日本人乗客は私一人だった）。

ここに来てみると、日本がいかにアジア大陸から縁遠い国になっているかということを痛感する。日本はイランの友人が言うように、たしかに一時のような活力を喪失している。しかし、いっそう哀れなのは社会主義の祖国と支配の座を失った中央アジアのロシア人たちであろう。フェルガナのわびしいレストランで、哀切なロシア民謡をうたい、わずかな寄金を得ていた青ざめた長髪の若者の横顔が私には忘れられない。ユーラシア大陸の深部にいると、ロシアはすでに覇者ではなく、日本もまた「落日の国」のように見えてくるのである。

シルクロードの起点、終点

それから私はペルセポリスに行った。この大遺蹟も訪れるたびに修復が進み、アレクサンダー軍によって炎上させられた以前の壮大な姿がよみがえりつつあった。その円柱や彫像が二四〇〇年前のものとは思えない鮮度を保っているのは、これが砂の中に埋れていたからであろう。

トルファンからサマルカンドやメルヴの遺蹟をへて、ここまでくると、シルクロードの旅も終りに近づいたことを感じる。なぜなら、この都の主人ダリウス大王が東は中国の近くインド辺にまで勢力をのばし、西はギリシャに侵入して、東西を結びつける〝大王の道〟を開いたからである。アレクサンダーの遠征軍はその道を使って、中央アジアの深部にまで兵を進め、ギリシャの文明を持ちこんだ。それが唐の長安や奈良にまで及んでくるのは、はるかな旅の後のことである。

（「東京経済大学報」〈ＰＲ誌〉、一九九六年）

砂漠の星空の下での至福感

私がまだ大学生だったころ、突然、戦争に行くことになった。入隊前に、自分が生きてきたことの意味、死ぬことの意味について考え、心の整理をしたく思って、一人で山にのぼった。その無人の山小屋で予期せざる嵐にあい、自分の小ささを思い知るとともに、自分も生かされている存在であることを痛感して、運命を受け入れることにした。

ところが、敗戦の年、基地の島で毎日、爆撃を受けているうち、自分が今生きているのはまったくの偶然であって、自然の恩恵ではない、私の努力のためでもない。自分の外にある何かの力、偶然としか言いようのないものなのだと思うようになった。昨日、楽しそうに話をしていた隣人が、翌朝には死体になっている。私は少し離れていたため生き残った。その違いは何であったか、どう考えても分らない。ほんの些細な偶然にすぎなかった。

そうした偶然が何度もつづくうちに、私には自分の実存を確かなものと感じることができなくなった。この、生きているほうが偶然だという感覚は、敗戦後、友人たちの悲惨な消息を聞くたびにいっそう強まり、それから脱却するのに十数年も要した。中空に浮遊しているような自分、その存在感覚、それがともかくも、しっかりと着地するまで、私はずいぶん回り道をした。歴史の悲劇的なものにのみ共感したり、ユーラシアの「荒野」の放浪を夢みたり、「自分史」を試みたのもそのためだった、のではないかと思う。

その間、私はずっと二重人格でありつづけた。安保闘争も終わって一九六〇年代の経済成長の時代がはじまると、人々は前をみて計画的に生きるようになった。私は職業がら過去ばかり見ていたのだが、それでも人並みに平和な生活を続けているうちに、「明日《あす》もまたかくてありなむ」と思うようになった。気がついてみたら私にも、明日というものがある、と平気で思う種類の人間に変わっていた。

私がほんとうに自分と、しみじみ対面し、経験したことのないような充溢感にひたれたのは、一九七一年の晩秋、アフガニスタンに向かう車中、カビール砂漠においてであった。そのとき私の車には二人の友人がいたのだが、私は後部座席にいて、微塵の感傷も寄せつけない荒涼たる砂漠や、陽が落ちたあとの澄明な星空を仰いで、まったく孤独でいることができた。その時のゾクゾクするような喜びは、私がようやく自分の存在感をしっかりとつかんだことからくる感動だったのだろう。いまから思うと私は自分と対話し、ほんとうの自分と出会っていたのだ。

なぜ自分と出会うために荒野が必要なのか、それは私には分からない。一年余り異境を放浪し、異文化と接し、荒野で、アラーの神とともに生きている毅然たる人たちを見ているうち、過去にとらわれてきた自分が、ふっきれたのであろう。

その時の至福感が忘れられず、私の辺境への旅はつづいた。中央アジアやチベットの奥地、チャンタン高原、パタゴニアと、「地上最悪の地」といわれる所を好んで歩き、いまでも止めていない。だが北極南極にはそれほど魅力がないのは、やはり、私の原風景には貧しい人間が住んでいて、廃墟があって、乾いた風が吹いていなければならないからであろう。これは歴史によって作られた私《わたくし》感覚なので、批判されてもどうにもならない。

自分に出会うということは一体なんなのか。自分がいちばん自分に近づく、そういうことだとすると、やはり私は二人いることになる。また、二〇代の昔に帰ることになるのだろうか。人間は年齢を重ねても、少しも成熟しないものだと、このごろつくづく思う。

（「朝日新聞」一九九七年五月六日）

奥三河に日本の原風景を見る

奥三河は愛知県の北東辺に位置する。山なみのつづく北設楽《したら》郡が中心で、東を天竜川の流れる静岡県佐久間町（現・浜松市）、北を長野県の下伊那郡に接している。その信濃との県境には茶臼山の景勝地があり、伊那から新野峠をこえて南へ国道一五一号線が通じている。その道をはさみ、天竜川や豊川の上流に、津具村《つぐ》（現・設楽町）、豊根村《とよね》、東栄町《とうえい》があり、南設楽郡の鳳来町《ほうらい》（現・新城市《しんしろ》）につづいている。その南は、新城市と豊川市である。

昭和三〇年代までは人煙稀な僻地、山国の秘境のひとつであった。ただ東照宮をかかえる鳳来寺山と、重要文化財指定の民俗行事「花祭」と、黒沢明映画『影武者』の舞台となった信玄、家康軍の激戦地野田城や武田騎馬軍団を破った信長軍の設楽原《したらがはら》・馬防柵などはよく知られている。歴史好きのひとはそこをよく訪れる。いくつもの資料館が迎えてくれる。

いまは茶臼山観光の施設も充実し、花祭もさかんになったので、観光客が多く来るようになった。わたしは二〇余年ほど前、まだ静かだったこの地に、二度、印象深い旅をしたことがある。一度は写真家の前田真三、晃《あきら》父子と三日間にわたる取材旅行に同行したとき、もう一度は鳳来寺の門前町門谷《かどや》に山岳部の畏友丸山進の墓参に訪れたときである。

門谷は地元の民俗学者早川孝太郎がはじめて花祭を見たところだという。まだ一三歳だったというが、そのときは野天に湯立ちの竃《かまど》を築いて踊るその神楽《かぐら》にすっかり心を奪われたという。その後、柳田國男、折口信夫らに励まされ、早川はこの地域を縦横にあるきまわり、不朽の名著『花祭』を世におくった。昭和五年のことで、これが世に知られるきっかけにもなった。早川孝太郎は郷土に埋もれていた田楽や神楽、念仏踊り、地芝居などを調査研究し、それが日本芸能史のうえでどんなに貴重なものかを、明らかにしたのである。

＊

前田さんとの旅のときは風景を撮るのが主で、奥三河の要所や辺境を時間をかけてあるきまわった。一流の写真家がどのようにして一枚の決定的な風景写真を撮るものか、その秘密をのぞき見る機会を得て、わたしは幸運だった。このとき私は豊根村上黒川の豪農熊谷賢一氏の家にも泊めてもらえた。この邸宅は江戸時代以来の堂々たる建築で、国の重要文化財に指定されていた。ただ、悲しいことに当主の賢一氏が急逝されたばかりのときで、主のいない屋敷は深夜、寂寞として、その淋しさが恐ろしいほどに身にこたえた。

前田さんはこの当主と親しく、別棟の小屋を仕事場として借りて起居し、写真集『奥三河』の完成に全力をかたむけておられた。かつて奥三河の山間部は「馬が山犬を恐れて痩せる」（早川孝太郎）というほど淋しかった由だが、いまはそんな感じはすくない。しかし、国道や県道から一歩わきみちにそれると、そこにはかつての日本の山村の原風景がそっくり残されていた。

郡境の仏坂峠を越え、ジグザグ路をくだると、有名な四谷の千枚田《せんまいだ》に出る。見上げているうちに厳しさがひしひしと伝わる。人はこれまでして生きるものか、溜め息がでるのだ。ここにかぎらない、狭い集落では急な斜面に、どこにもひな壇のように棚田がつくられ、さらに石垣をきずいて幾十段もの棚田が築かれている。それに見とれていると、時を忘れる。

前田さんは春には季節の訪れを告げるマンサクの花やミツバつつじの紅を見のがしていない。野川のへりに咲くカンゾウや山ゆりにも優しい視線を向けている。漢詩によく出てくる桃源郷かと見まがうほどの桃や李《すもも》、山桜にかこまれた静かな里のたたずまいが、彼の写真集によって、優しく表現される。そこに泥田の代掻《しろが》きをする農夫などを点景として配したりするから、いっそう古き、よき日本の原風景が想い起こされるのだ。

奥三河は渓流釣りの名所としても名高い。ここの鮎はとくべつに美味だそうだ。大入《おおにゅう》川の大入渓谷や宇連《うれ》川上流の鳳来峡などに釣り糸をたれる人たちが、峯からおりてくる霧につつまれるとき、それは一幅の山水画に変わる。また、夏がおわり、渓谷が色づきはじめると、そこは色彩の饗宴となる。それらをみごとに写し撮った懐かしい人、前田真三氏はもうこの世にはいない。あとを継がれた晃さんが独自の作風をつくりだし、日本の写真界にあたらしい境地をひらくのを私は待望する。

＊

わたしが門谷《かどや》をたずねたのは、その少し前、晩秋一〇月のことだった。若くして死んだ山の友の霊をなぐさめるために行った。そこは鳳来寺山の麓、コノハズク（仏法僧）の声がきこえる林である。友の墓には「星観院天涯永進居士」という彼にふさわしい文字が刻まれている。かれ、丸山進は戦時中、東大天文学科に進み、終戦直後、鳳来寺高校の教師をしていたが、『蜜蜂とチョコレート人形』というすぐれた童話を残し（これは敗戦直前の作。一九九二年、奥三河書房刊）、惜しくも二六歳で病没した。このひとは飄々として風のように自由な詩人、科学者、登山家であったが、敗戦後の病に打ち克つことはできなかった。弟の勉さんが詠じている。

その瞳　見ひらきしまま逝きし兄の

天に瞬かむ星ともなりて
かけがへのなき兄二人夭折せし
敗戦前後の嗚呼《ああ》、わが日本

鳳来町門谷の丸山家も名家である。当主で実弟の丸山修氏は兄の友人を温かく迎え、わたしたちを奥三河の渓谷に案内し、とりたての鮎を供してくれた。

また、鳳来寺開山の祖、利修仙人がみつけたという門谷の近くにある湯谷《ゆや》温泉は、一〇〇〇年余の歴史を誇る。その名湯が旅人の疲れを癒してくれるのである。

（「ひととき」ウェッジ刊、二〇〇六年一一月号）

ともに楽しい会をつくろう

十年前の夏、私は山梨県八ヶ岳南麓の村に移住した。肝臓ガンの進行をくいとめ、体力をとりもどして最後の仕事に集中するために。人里離れた森の家で一人暮らしとなった。孤独には慣れているが、家事労働の多さと冬のきびしさには参った。零下十度、十五度はザラ。青い空なのに風花《かざはな》（雪の結晶）が舞う。薪ストーブを五ヵ月も焚いた。これで、もし転倒、骨折したらどうする。栄養価の高い食事をひとりでどう作る。一日、相当量いる薪の補充は？　駅や病院までの足は？　非常のときのSOSはだれに？　村役場は遠いし、人手も少ない。自力で生きるのは覚悟してきたが、助けあえる仲間がいたらどんなによいか。

そんなとき、徒歩で十五分ほどのOさんから相談をうけた。彼女もひとりで犬と猫と暮らしている。仕事が旅行業なので出張が多い。年になんどか外国にも出る。「私は犬の散歩を引き受けてくれる人がほしい。おたがい余力を借り貸しする助け合いのクラブができないか。『猫の手』でも借りたい」と。

Oさんのアイディアに賛成して私と近所の浅間さんがあつまり、互助会のようなものを作ることにした。名前は面白いものがよい。『猫の手くらぶ』にしよう。Oさんが企画情報係、浅間さんが会計、私が胴元になり、そのころはやりはじめた地域通貨をつくり（可愛いのを浅間さんがデザイン、印刷してくれた）、「ニャン券」と名前をつけて、会発足の呼びかけ文を書いた。

「私たちはすこしずつ離れた山の中や林の中にくらしています。それも二人だけとか、一人とか小世帯です。都会に用があって、数日間留守にすることもあります。若い人と違って力仕事ができなかったり、転んでケガをしたり、病気をすることもあります。夜、電車で帰ってきて、足に困ることもあります。仕事や家事がいそがしくて、猫の手でも借りたいと思うことがあります。不便や不安は日常です。こういうとき、気兼ねなく助け合える仲間がいたらどんなにいいでしょう。お礼のことで頭を悩まさずに、力を借りたり、貸したりできる。無尽講《むじんこう》のような助け合いのコミュニティがあればいい。そういう思いを持つ仲間が相談して、『猫の手くらぶ』というのをつくりました。よかったらいっしょにやりませんか。」

そして助け合いのメニューとして、犬の散歩二ニャン（一ニャンは五百円相当）、病院や駅までの送り迎え一か二ニャン、庭仕事、薪割り四ニャン、パソコンなどの指導三か四ニャン、料理手伝い二ニャン、留守中の「花」鉢への水遣り一ニャン位とし、会員には最初十ニャンほどを持ってもらう。

このニャン券でやりとりすると、お金とちがって気兼ねが少なくてすむ上、なぜか愉快な気持で助けあえる。入会金は千円、会員二名の推薦制とした。最初は五、六人だったが、愉快そうで頼みやすい会だというので、二年後には二十人ほどになった。

会員はほとんどが第一の人生を終えて移住してきた新住民で、経験、技能ゆたかな心のあたたかい人が多い。助け合いだけでなく、花見の会や紅葉狩りをいっしょにしたり、学習をかねての見学会やハイキングなどもした。それぞれの考えや立場の違いをこえて交流している間に、しだいに信頼しあえる互助会になっていった。

この会は個人尊重原理のうえに立っているから、女性には奥さんなどといわない。「美代子さん」「みな子さん」などと名前で呼び合っている。亭主のまえで名を「さん」づけで呼ばれると、喜ぶ年配の夫人が多い。それに、おたがい過去を聞かないようにしているから、詮索好きの人は敬遠される。自慢話は自戒されているため、きわめて風とおしのよい会になっている。要するに今ある人柄を尊重する大人のクラブなのだ。

（『山梨日日新聞』二〇〇八年）

人びとの思い出

卒論に「特優」をくれた坂本太郎さん

坂本太郎さん（一九〇一～八七）といえば元東京大学文学部国史学科の主任教授。私が一九四九年三月に卒業するとき、私の卒業論文『明治精神史』（自費出版、黄河書房刊）に「特優」をくれ、二年間、全生活費、研究費、無償供与、研究室に残って、将来、助手→助教授→教授の、出世コースに進むことを勧めてくれた方であった。

　私が当時の若者間の流行語、知識人は今こそ、その知の力を〝人民の中へ〟（ヴ・ナロード）持ち込み、かれらに奉仕すべきだという流れに溺れ、同期の七歳年長の野《の》本貢《もとみつぐ》君と共に、かれの生まれた村、栃木県上都賀《かみつが》郡上《かみ》粕尾《かすお》村の中学校教師に出向いたのである。

　その詳細は私の『同志よ!!　草深き丘に眠れ』（色川編集、自費出版、一九四九年、あるいは『若者が主役だったころ』〈岩波書店、二〇〇八年二月刊〉）に詳しく描いてある。私が粕尾村に滞在中も、坂本先生はなにかと気を使ってくれ、私に中央誌への執筆をすすめてくれた。私が特異な経歴を持つ研究者として、確固とした方向を示した「歴史叙述と文学」を一流誌『文学』（岩波書店刊）に発表できたのも、坂本太郎先生の後継者で、助手→助教授→教授を勧めた井上光貞さん（一九一七～八三）のお蔭であった。坂本先生の意向であったことは明らかである。

　後に（定年後に）坂本先生は千葉県佐倉市に国立の大規模な歴史民俗博物館をつくることを文部省に持ち掛け、その承諾を得るや自分の後継者井上光貞さんを初代館長に推し、その井上館長を助ける役職に私を推薦して下さった。

　そのことを固辞する私を説得するために、しばしば私の研究室（都下国分寺市にある東京経済大学内）に来られた井上光貞さんの口振りから明らかであった。

　こうして私は井上初代国立歴史博物館長が過労のため夭折するまで、井上館長を助けて、奮闘した。文部省天下りの事務局長らの激しい抵抗を排しつつ、それは井上館長が死亡した後まで続いた。たとえばかれは私が当館を辞職するとき、その二年間の退職金も支払わないなど、残酷な仕打ちをした。それを見て一緒に設営に当っていた民間の業者たちが、同情して私に「六六〇万円」（退職金相当）をカンパしてくれた。

　今でも佐倉の「歴博」の白堊の壮大な殿堂を思うとき、早く逝った坂本さん、井上さんの顔が浮かんでくる。

（二〇二一年）

佐々木八郎の遺書と宮沢賢治の精神

　佐々木は私と同年、学部こそ東大経済学部と違うが、私が海軍航空隊に入隊した同じ一九四三年一二月、海兵団に入隊。一九四四年四月一四日、「昭和特攻隊員」として沖縄海上で戦死した。

『きけ　わだつみのこえ――日本戦没学生の手記』（岩波文庫）に記録されている。その佐々木に宮沢賢治の「烏《からす》の北斗七星」に関連した遺稿がある。「烏の北斗七星」という賢治童話に描かれていた戦争観が、そのまま「僕の現在の気持ちを表している」と書いていたその箇所である。

　〝僕が最も心を打たれるのは、からすの大尉が「おれはあした戦死するのだ」と思いながら「この戦いに私が勝つことがいいのか、山烏が勝つ方がいいのか、わからない」としているところだ。〟

　私（からす）は言います。「みんなみんなあなたのお考えのとおりに戦います。みんなあなたのお考え通りです」、そして「山烏を葬りながら、ああマジエルさま、どうか憎むことのできない敵を殺さないですむように、この世界がなりますように！　わたしのからだなど、何べん引き裂かれてもかまいません。」（筑摩書房刊『宮澤賢治全集』と、『きけ　わだつみのこえ』にも掲載）と。

　ここに見られる〝愛〟と〝戦〟と〝死〟の問題について、佐々木は最もヒューマニックな考えを示している。

　人間としてこうした問題に突き当たるとき、これ以上に崇高な方法があるだろうか。そして真実《ほんとう》の意味での、人間としての勇敢さが、これほどはっきりと表現されることがあるのだろうか。これは童話だからと片づけられない。〃愛〃と〃戦〃と〃死〃の正しい願い。心情の所有者に映る姿は、まさにこうでなければならない、とそう呟きながら、彼は沖縄海上に消えていったのだ。

〃死んだものは、もう還ってこれない以上、生き残った者には、何が判ればいい！〃との呟きが耳朶《じだ》に残っている。

〃なげるか　怒れるか
はた黙《もだ》せるか
きけ！　はてしなき　わだつみのこえ〃（渡辺一夫訳）

（二〇二一年）

青村真明――夭逝した学究

この人を欠いては、わたしたちの青春を語ることはできない。昭和一八年、一九四三年一〇月、東大に入学して同じ国史学科の学生となり、すぐ親友になった。一高から来た菱刈隆永《ひしかりたかなが》、二高の色川大吉、三高の青村真明《しんめい》、この三人が右翼的な主任教授平泉澄《きよし》に反抗して、演習の教室をとび出し、図書館前の広場に集まったのである。

敗戦後の一九四六年、「歴史は徒労の連続だ」などと言っていた青村は、民主化のあらしが吹きはじめると、皇国史観に汚染されていた国史研究室の革新の先頭に立ち、精力的な活動をはじめた。わたしも上京してかれに協力し、「東大学生歴研」を創《はじ》め、戦後、再登場した羽仁《はに》五郎や服部之総《はっとりしそう》、石母田正《いしもだただし》、遠山茂樹《とおやましげき》らを講師に担《かつ》ぎ、大教室を借りて日本史の公開講座をやり、大成功をおさめたりした。

　それを単行本にし、さらに学生仲間で日本史の新しい通史『日本歴史読本』を書いて出版し、大儲《おおもう》けをしたのもこの「学生歴研」で、リーダーは青村だった。すこぶる鼻柱《はなっぱしら》が強く、荒稼《あらかせ》ぎも辞さない。教授も一目《いちもく》おくボス的存在だった。この友を支え、協働したのがわたしである。

　卒業後は同級生たちは、つぎつぎ、結核に斃れた。わたしもかれとおなじように斃れ、肺切除の手術をうけた。かれは一足早く回復して、一九五〇年、社会復帰を果たした。

　京橋の国際文化情報社と組んで、『画報近代百年史』の刊行を開始していた服部之総の日本近代史研究会に入り、服部の信頼をうけて大活躍した。だが、無理がたたって、わずか四年足らずで倒れ、大喀血をして一九五三年、わずか二九歳で急逝してしまった。わたしはその悲報を、同じ結核の病床で聞いて慟哭した。

わたしが後書《あとが》きを書いて刊行した『青村真明遺稿集』（日本近代史研究会編、一九五四年）の中にこういう場面がある。

「服部さんは青村を限りなく愛していた。『おい、青村、へたばるな、生きろ』と、死の床の青村に呼びかけた。その声に応えて、『あゝ生きるよ』と苦しい息の下から言うかれの顔に、涼しい微笑があった」と。

いかにも青村真明らしい。わたしは結核の療養所生活を三年もして、立ち直り、生き残った。そのため、かれの遺稿集を編《あ》む側にまわれたのだ。

かれはあの大戦争の戦火をくぐりぬけながら、三〇歳まで生き残れずに死んでしまった。それだけを見ると、暗い青春のように思えるだろうが、決してそうではなかった。戦前にも戦中にも幸福はあり、その都度《つど》、楽しみ、輝いて、生きてきたのである。

（二〇一三年）

〝人民の中へ〟入った野本貢と私

野本貢《みつぐ》は私の東京大学文学部国史学科の同級生、ただし私より七歳年上で、その彼が大学を卒業してすぐ（一九四八年四月）、故郷の栃木県上都賀《かみつが》郡粕尾《かすお》村（今は粟野町）にできた新制の中学校に教師として行く、というので私もついていった。なんと、二人とも名門東大を出ていながら、もったいないことと、学友たちから言われながら。

彼は村はじまって以来の東大卒で期待絶大、七歳若い私は得体の知れない付属物で、奇怪な野心家らしいと見られていた。

受入れ先の粕尾中学校（の教員室）でも、同様に思われていた様子だった。その頃、私は野本の家に同居していた。粕尾中学校には本校と分校があり、本校は野本の家から自転車で七、八分で行けるのに、分校には渓谷沿いの山径を自転車で一時間余り登らなくてはならなかった。心優しい野本は、その一時間余の分校を自分の勤務校とし、私を七、八分で行ける本校に勤務させるようにしてくれた。

しかし、これが仇になるとは、当時の二人には予想もしていなかった。ふり返ってみれば、なぜ東大まで出た二人が、田舎の中学校への赴任を希望したのか。他に勤務できる先が都内の学校に幾らでもあったのではないか。

たとえ「一千万人失業時代」といわれた時代であっても、それは一般の高校卒業生などのことで、日本一の東京大学卒業生なら就職先は幾らでもあったのではないか。そう考えるのが普通というものではないのか、と。

ところが、現実は全く正反対の方向に進んだ。野本は故郷の村で病死（心臓肥大症により）し、色川は村を追われるように離村した。それは何故か？

当時、私たちが卒業した昭和二三年三月ごろは、東京大学にも、〝ヴ・ナロード（人民の中へ）〟の運動が起っていた。知あるもの、勇あるものほど、民衆の中に入るのが正当ではないのか。そうして私たちは村（粕尾村）に入り、一人は死に、一人は生還した。今から思えば現代の寓話のように。

この詳細は、『同志よ、草深き丘に眠れ』という追悼集に収録されたが、今では入手し難い。だが、その時代背景は『若者が主役だったころ』（色川著、岩波書店刊、二〇〇八年）に詳述されている。

『同志よ、草深き丘に眠れ』の墓碑建立の約束は未だ果たされていない。生徒たちに再訪を誓った粕尾村入りも、未だ果たされていない。入手し難い『野本貢遺稿集』の再刊も実現していない。

すでにわれ、老耄九六歳、実現の見込みもない。

最後に、野本貢が溺愛した教え児たちとの交歓の情景を記した短歌を添えて、読者への慰めとしたい。

心臓が　人の二倍も張《は》れて　いますと
　言われて　われ、涙、こぼしぬ

先生の　病気をいやすと　わらべらが
　持ちこし糧《かて》は　ヤマメ一尾《いっぴき》

（『野本貢遺稿集』より）

（二〇二一年）

悩める医師・斉藤昌淳の遺作

陣笠や　被りて踊る　嘲笑《あざわら》い

〈評〉ある冬の夜、北海道士《し》別《べつ》町のかれの家で、おどけてみせたその一句。

直《ただ》ちには海に下らず北を射《さ》す
　天塩川《てしおがわ》は北国の意思

〈評〉かれの家のそばを流れる天塩川を、夏の朝一気に詠んだ秀歌と思う。

雪道のポイ捨て空き缶ころがれよ
　カンからミンへ（官から民へ）春来りなむ

〈評〉かれが死を目前にして、ひらき直って詠じた、これも秀作だと思う。

（二〇二一年）

さようなら井上幸治さん

井上幸治（一九一〇～八九）さんの本業はフランス革命史なのだが、氏の郷里秩父で起こった秩父事件研究の碩学でもある。その名著『秩父事件』（一九六八年）に感動して知り合い、大事業『秩父事件史料集成』（二玄社）全六巻の共同編集者になった私は、井上氏の晩年二〇年間を親密につきあった。一九八九年の夏、この大史料集成を目前に井上さんは危篤状態に陥り、編集担当の鈴木由美子、逆瀬《さかせ》川《がわ》隼人《はやと》氏らと一緒に国立がんセンターに見舞った。そのときのことが鮮烈によみがえる。折から東西冷戦の対立がおわり、ベルリンの壁が崩れ、東欧に民主革命のあらしが吹き荒れる歴史の大転換の前夜だった。世界史家としての井上さんは病床でも興奮せざるを得なかったにちがいない。

末期がんの苦痛に耐える井上さんは正視に耐えなかった。私がゆくと、すぐ手を握り合い、涙をうかべた。体中、針を刺されて「針地獄だよ」と笑う。痰を吸い出す管をなんども差しこまれ、「嫌だ」と抵抗しながらも「まるで痰取りあそびだよ」と私を笑わせる。最後まで自分を客観視して、ユーモアを発するこの瀕死の人に、このとき畏れを感じた。

「ぼくは明日には死ぬ」しぼりだすような声で、こう言った。私の耳をひっぱって口元に引き寄せ、「ながいあいだ良い友達でいてくれてありがとう」

そして嗚咽するように「よい奴だったよな、きみは。この頃よく分かる」「後のことは頼む」「きっときれいな世の中がくると思うよ、だましあいでない、きれいな世の中がくる」

「ぼくは、もう、いい、ぼくは」

　私のその場かぎりのなぐさめのことばに、井上さんは応えなかった。

　井上幸治さんは九月九日、七九歳でこの世を去った。東ベルリンで一〇〇万人のデモが起こる二ヵ月まえのことであった。

　日記をみると、一九八九年九月一一日、夜遅く、京都の奈良本辰也さんから電話がかかってきた。

「井上さんが亡くなったんだってね」と。そのあと、「毎日出版文化賞のことでは京都側も怒っている。会田（雄次）君や松田（道雄）君も今年はボイコットしようじゃないかと言っている。君は委員を解任されたのか。僕は一〇月一七日に行くよ。そして、井上さんの本のこと、言うよ」と、なぐさめてくれた。この奈良本さんの推薦もあり、懸案の井上幸治編著『秩父事件史料集成』全六巻が、この年の毎日出版文化賞特別賞を受賞した。その奈良本さんも、もう、この世にいない（二〇〇一年逝去）。

　井上さんがなくなったあと、世界史は音をたてて大転換を遂げていった。もっともおどろいたのは東欧世界からソ連邦まで、共産主義の国々が速いスピードでつぎつぎに解体し、消滅していったことだ。冷戦構造が解体し、米ソ対立が霧消したどころではない。予想もしていなかったグローバルな新時代があらわれ、世界を席捲していった。これらの局面においてみると、「昭和史の終焉」など田舎の物語のようにも見えてくる。

（『昭和へのレクイエム』岩波書店刊、二〇一〇年）

ほんものの思想家　安丸良夫

一九六一（昭和三六）年、私は『歴史学研究』（歴史学研究会発行の月刊誌、歴史学界で最も権威の高いものといわれていた）に「民衆思想史の底流」という論文を書いた。これがわが国に「民衆思想史」という研究分野を拓いた最初の論文と認められている――決して自慢話ではなく。

　以来、学界で「民衆思想史」という新しい研究分野が定着した。安丸《やすまる》良夫、広田昌希《まさき》、鹿野《かの》政直、色川大吉の四人が学界で民衆史派といわれた。安丸と広田が一九三五年生まれ、鹿野が一九三〇年、色川が一九二五年（大正十四）生まれで、他の三人は皆、昭和生まれだった。

　しかし、この四人の中で一番若い安丸が学会で民衆思想史グループのうち最も高く評価された、真の意味での「思想家」であった。安丸は日本思想史の世界でだけ評価されたのではない。英語圏の世界でも民衆思想史家として高い評価を得ていた。

　一九七二年、私が東京経済大学から二年間の休暇をもらい、米国ニュージャージー州のプリンストン大学に客員教授として赴任していた時にも（私は英語の会話に難渋していたが）、安丸は努力して英語を流暢に話し、当時アメリカで日本通として高い評価を得ていたプリンストン大学のジャンセン教授やハーバード大学のライシャワー教授、アメリカ西部のカルフォルニア大学のベラー教授などから高い評価を得ていた。

　このように安丸良夫は東西の世界に通じる思想史家、思想家として特出していったのである。

　民衆史を専攻していた安丸・広田・鹿野・色川の四人は、毎年の夏、恒例のように千葉県の東端、太平洋に面した景勝の地、犬吠埼の突端に建つホテル暁鶏館に合宿して二、三泊し、内外の思想史の潮流について議論を交すことを例としてきたが、こうした時にも四人をリードするのは安丸良夫であった。彼の思想の学殖は東西にまたがっていて深く、他の三人を寄せつけなかった。安丸良夫こそ、わが国における〈ほんものの思想家〉と言えるだろう。

　晩年彼は、離婚、罹病という不幸に遭うが、それでもその危機の中で毅然としていた。（二〇一六年、逝去）

（二〇二一年）

三笠宮崇仁とのめぐりあい

≪三《み》笠《かさ》宮《みや》崇《たか》仁《ひと》さんが光文社から本を出された。『帝王と墓と民衆』という。古代オリエント史の歴史と文化の一般むけの解説書である。この本の第二部に付せられている「わが思い出の記」には感ずるところが多かった。

　この中で三笠宮さんは「不自然きわまる」皇室制度を批判し、あえて「格子なき牢獄」と断じ、「その制度が何百万という同胞の生命《いのち》を犠牲とした戦争によって打破されたのは、あまりにも皮肉なことであった。」と記していた。そして、太平洋戦争の「聖戦」たる意識を、中国での暴行などを例にあげ、はっきりと「正義のための戦争ではなかった」と否定した。

　この「わが思い出の記」の発表は、誠実な自己批判から発した勇気ある行為であった。自分が「どうして古代オリエント史に従事するようになったか」。人里離れた大陸の山奥に白人の宣教師がただ一人で神の愛を説く姿に打たれ三笠宮さんが、「故郷を遠く離れたこの異郷で一生を伝道にささげるその情熱、それはいったいどこから湧きだすのであろうか？」と考え、また「軍規はおどろくほど厳粛」で驚嘆すべき悪条件のなかでも挑戦をつづけえた「八路軍《はちろぐん》（中国共産党軍）の情熱の根源」を解きたかったがためであると告白している。》

右の文章は一九五六（昭和三一）年五月九日付の「法政大学新聞」に発表した私のエッセイの一節である。宮さんは私より一回り上の先輩で、敗戦当時、私は学校からあがった海軍の予備少尉であったのに、宮さんは現役の陸軍少佐であった。ただ、運命のいたずらで、宮さんが一九四七年（敗戦の二年後）に東大文学部の史学科に入ったころ、私は同大文学部の三年で卒業論文の制作にとりかかっていた。

あれから三二年も経つ。右のエッセイを書いてからでも二三年の歳月が流れている。その間に私は何度も宮さんにお逢いしている。私たち日本近代史研究会の京橋の編集室にしばしば現われ、また、東京の食べ歩きにはいつもみんなと同行された。スポーツマンの宮さんはスケートだけでなくダンスも上手で、鎌倉山の服部之総邸の野外パーティで楽しそうに踊っていたのを思い出す。

この長い間、私がいちばん驚くのは、宮さんが自分の思想や視点を少しも変えなかったということである。時勢が変り、周囲の友人たちがそれにつれて変節を重ねていったのに、宮さんはひとすじに自分の初心を守り、キリスト教とコミュニズムの原点を究明すべくオリエント史の研究に取組む姿勢を堅持された。その学問における平衡感覚の良さ、特殊と普遍の尊重、捉われることのない自由な発想は私たちを刺激した。

たとえば、古代エジプトの巨大な文化を論ずるのに、アポロ計画のNASA《ナサ》のそれと比較する。エジプトのギザの大ピラミッド建設を指揮したヘリオポリスの神学者は王の棺を天空に持ち上げたが、NASAの科学者は人類を宇宙に離陸させた、と。前者は前文明社会から文明社会への転換を予告した。そう宮さんは記すのである。

その発想は雄大で、人類史を視野に収めている。

一九七二年、私がユーラシア大陸横断の旅から帰ったとき、宮さんはイランで逢えなかった事情について、さっそく手紙を下さり、また私の『ユーラシア大陸思索行』

が出版されるや、雑誌に懇切な書評を寄せられた。そしてその中で、あの旅における私たちの自由な漂泊と放浪に羨望の情を表された。私の胸は痛んだ。このように立派な学者が、世界中を自由に調査旅行できる日が一日も早く来るように、私たちはこの国を変えねばならないと、素直に思ったものである。

その後、三笠宮さんは、天寿を全うし、二〇一六（平成二八）年、一〇〇歳の生涯を終えられた。

（二〇二一年）

同姓のふたり、色川武大と色川幸太郎

色川武大さんは一九八九（平成元）年四月、転地したばかりの岩手県一関で急死してしまった。生涯、しがらみだった親父は一〇〇歳近くまで生きたのに、かれは六〇歳で死んでしまった。子どものころから暮らした縁故の多い東京を捨てて、これから、新天地に腰を落ちつけ、創作に専念するつもりだったのに、さぞかし無念であったろう。

『麻雀放浪記』の阿佐田哲也（朝だ徹夜だ）で知られた放浪と無頼の大衆作家だったかれが、『怪しい来客簿』（一九七七年、泉鏡花賞）、『離婚』（一九七八年、直木賞）で認められたころから純文学作家に転換し、つぎつぎと問題作を発表していた。私は色川姓の研究から武大さんの家系を知り、海軍高級将校で退職した父君のことも知っていた。かれの作品の熱心な読者ではなかったが、その徹底したほんものの無頼な生き方に惹かれるものがあり、親近感を持っていた。それにかれあての郵便や小包がまちがえて、よく私の家に届いたりしたので、電話で話したこともあった。そのうち永六輔のとりもち、『話の特集』の編集者矢崎泰久の司会で、はじめて武大さんと対談したのである。一九八四年七月三日の「イロイロ対談」である。その日の日記がおもしろい。

「矢崎さんが司会をつとめ、原宿の中華楼で老酒をなめながら二時間にわたってやる。最初は二人で先祖（南北朝時代の紀州南端の悪党色川党）の自慢話のようなことをやっていたが、そのうち気脈がつうじてきて、硬軟両様の逸話の投げあいとなり、とんとん拍子で話が面白くなった。むずかしいことはいわなくても、だんだんと人生哲学めいた述懐もでてきて、奥行きの深い対談に展開していった。武大さんは私を兄貴分のように立てて話しているし、

私ははじめから楽しませてもらおうという気分でいたから、かれに調子をあわせることができた。数日前にかれの短編集を読んでいったこともよかった。とくに元海軍の高級将校で途中隠退した親父さんのことや東京のかれの生家のこと、かれの放浪生活や病気のことなどを知っていたことが、すばやい反応を可能にしていた。

ただ、最後に武大さんが真顔で弟子にしてくれ、先祖たちを素材に大河小説を書きたい、そのため歴史を土台から勉強したいから、ゼミに入れてくれ、と言ったのには参った。妊婦のようなお腹をしたこの大人物を、私のゼミ仲間に加えるなど、うっとうしいことはなはだしい。私の方からあやまった。そのかわり御前講義しますよ、史料なども教えますよ、と。

おそらくかれは中世からつづく自分の家系のうち、幕末の志士で本草学者の色川三中やその子、色川三郎兵衛（明治の利根水運会社の創設者で民権家、土浦の初代衆議院議員）、その息子で武大さんの祖父にあたる型破りの商人の物語を構想していたのであろう。中世の色川党や近世から明治にかけての色川本家の歴史は波瀾万丈で、登場人物も多彩、面白いのが分かっていたのだ」

対談の最後でかれはこう言っていた。

武大「イメージが出てくるような手がかりが欲しいんです」、大吉「幕末から始めるんですか」、武大「庶民の方は天保くらいから。飢饉くらいからね。……ひとつ弟子に、よろしくお願いします（笑）」と。

話しおわって二階から降りてきたら、めずらしくきれいに化粧した中山千夏と岸田今日子に会う。岸田さんは映画「砂の女」の主役をしたひと。私は初対面、彼女とは話したかったのだが、女たちの関心は武大さんのほうで、私は圏外。色川武大は眼はするどいが優しいから、オンナにもてるのだ。才女らと安心して肩をたたきあい、からかったりできる余裕のある人物なのだ。やはり、人間としては負けだなあと思った。損つづきの私の人生。ひとり公園をあるいて帰った。

それから、かれは五年も生きていなかった。かれは認めているように、大半が無頼の人生。東京とその下町辺の借家や間借りを転々としながら、底辺の仲間たちと気ままにくらす、狭い世界から出ようとしなかった。一方、世界を駆けめぐり、帰国しても市民運動とかで走りまわり、自分と向き合うことをしなかった私などとは、対極的な生き方だった。そのどちらが人間らしい生き方か、どちらが幸福だったか、それはだれにも判らない。かれがのぞき見た自分の、そして人間の内面世界は、私などよりはるかに深く、広いものだったろう。そのことは晩年の作品が示している。だが、かれは比較しない、比較に関心のない人間だったから、異質の私を見てもなんとも思わなかったろう。

かれは自分を生涯、苦労させた、頑固で孤独な老父を疎《うと》み、愛しながら、それでも長男として生家から自由になれなかった狭い内なる境遇を、作品『生家へ』でリアルに描いている。その随所で、ため息のように、自分のこころの底を語っている。

「私はいつも人ごみの中で、他人となんとか対応しながら、自分と他人はひとつ物差しでは計れないというこだわりで生きてきた男だった。合唱も、争うこともできずに、人目に立たない狭間のようなところですごしてきたが、そのため絶えず緊張し、人恋しくなり、戒律を持たないながら、やれることとやれないことの差をつくり、外に対して悪心をもたず、そのため不健康にすごしてきた」

こういう淋しい、優しい、武大さんに、もっと早く逢っていたら、私の人生ももう少し違う陰翳の深いものになっていたかもしれない、そう悔やんだこともあったが、かれの言うとおり、結局なにも変わりはしなかったろうと、今は思う。

もう一人、色川姓で尊敬する人物がいた。晩年、私の仕事を評価してくれ、何かというと、ひきたて、励ましてくれた色川幸太郎さんだ。一九〇三（明治三六）年一月に生まれ、一九九三（平成五）年八月、九〇歳で亡くなるまで活躍された関西法曹界の重鎮だった。武大さんと対談した翌年、一九八五年一一月、自分が会長をしていた大阪弁護士会の七〇周年記念講演に私を招いてくれたことがある。

この人は私の高校（第二高等学校）の先輩、生まれは同じ千葉県だが（野田市）、この人は色川本家に近く、土浦中学を卒業している。二高から東大に入ったのは一九二四年、東大新人会のメンバーだった関係か、法学部卒業後、大阪弁護士会に所属しながら日本農民組合の顧問弁護士になっている。治安維持法下の小作争議などの弁護は、さぞかし大変だったろうと思う。私がお会いしたのは、戦後も一九七〇年代になってからで、そのころは最高裁の判事をつとめていた。自分の経歴をおごるところの全くない、温厚な、しかし筋を通す、紳士であった。

一九七二年一一月二七日のことである。八王子家裁判事の森田宗一さんが、色川幸太郎と色川大吉を逢わせようと、高尾の料亭うかい鳥山に招いてくれた。そこではじめて私たちは親しく話し合った。そのときの会話で記憶に残ることが二つある。一つは紀伊の色川村（那智勝浦町に合併された）を幸太郎さんが訪ねて大歓迎をうけたときの話。そのとき色川村には色川姓のものが一人もいなかったという。私も数年後に訪問を果たしたが、そのとき考えたことは、武大さんも誘い、三人の色川が揃って先祖の地をたずねようということであった。そのプランは武大さんの急逝によってつぶれてしまった。

　もう一つおもしろかったのは、林房雄が私のことを新聞紙上で執拗に、はげしく叩いたのは幸太郎さんと間違えたからだということが分かった。林房雄も東大新人会のメンバーで途中、権力に屈して転向した男だが、幸太郎さんは信念を曲げずに民衆の弁護活動をつづけた。そのことが林房雄の胸にトゲのように刺さっていたのだろうか、その旧友が四〇年経っても、まだ左翼的な本などを書き、おれを批判している。この石頭めと怒ってはげしく嚙みついた。林は色川大吉を色川幸太郎のペンネームだと思ったらしい（あとで、別人だと気がついたというが）。もとはといえば、私が林房雄の『大東亜戦争肯定論』を痛評したことにあった。おそまつな話である。

　色川幸太郎さんには遺著ともいうべき『凜然と』という文集がある。その巻頭に「わが葬送についてのお願い」という文があり、そこにわが死後、「本葬や告別式は行わない」「死去の事実は公表せず」「近親者だけの葬儀では自前の花のみ、写真は無用」「供花、香典の類はいっさい謝絶」「僧侶は一人くらいにし、戒名は不要」「納棺の際、死顔をさらしてほしくない、入れるのは花だけ」「火葬終了後、関係者に死亡通知を発送する」などと書かれていた。

　日付は、亡くなる一年前の一九九二年二月一日である。まさに「凜然と」した終わりだったと思う。私もこれにあやかりたい。

（『昭和へのレクイエム』岩波書店刊、二〇一〇年）

紳介の死と小川プロ解散の日

一九九二年二月六日夜、土本《つちもと》典昭《のりあき》からとつぜん電話があった。「小川紳介が危篤状態になった。今日、明日のいのちかも」と。病院の場所を教えてもらい、翌朝、駆けつけることにした。相模原の北里大学東病院は遠かった。八王子、町田経由で相模大野駅からバスで二〇分もかかった。三階の病室にゆくと、伏屋《ふせや》君がいた。白石洋子（小川夫人）が出てきて「色川さんが来てくれたよ」と呼びかけたが、反応はなかった。かれは酸素吸入していたが、呼吸困難になっている。ひどく腹水がたまり、酸素も吸えないのだ。わたしも経験した肺水腫の末期に似ている。もう絶望的な状態だとすぐ思った。

わたしは枕元にすわり、かれの手をにぎった。やわらかくて温かいが、力がない。そのうち花をもった女性がかがみこんで、「紳介さん」と呼びかけたら、かれは目をあけ、喜びの表情をうかべた。そのとき、わたしのほうにふりむき、ぎょろ目で凝視し、認知した。「おお」と小さな叫びをあげたが、言葉にはならなかった。

わたしは二時間ほど枕元にいて、夫人にお見舞いをわたし、辞去した。院外に出、バス停でぼんやりしていたら、うしろからよびかけられた。土本さんだった。いま来たところだという。かれは毎日通っていたらしい。寒々とした暗い冬枯れのさがみ野を前に、二人とも暗然としていた。「ぼくはドロ（土本）ちゃんより長生きして、かれの弔辞をよむんだ」と言っていた小川の言葉を、わたしは土本に伝えなかった。そして、その夜、一〇時半、「とうとう逝っちゃったよ」と電話してきた。土本典昭《のりあき》も小川を深く愛していた同志だったのだ。

翌日の「毎日新聞」がいちはやく写真入りでこの訃報を伝えた。その記事にはこう書いてあった。小川紳介、五五歳、成田空港に抵抗する「三里塚」ものを七本、山形に移り、「牧野物語」「ニッポン国古屋敷村」で高い評価をうけ、一九八七年には「一〇〇〇年刻みの日時計・牧野村物語」を作り、山形一三年の総まとめとした、と。

通夜は翌九日の夜、荻窪の長明寺の会館でおこなわれた。ひとわたり焼香がすんで、内藤正敏と酒をのんでいたら、かれがぽつりと言った。「小川さんが死んで、アジアの記録映画は二〇年も遅れる。やはり、天才だったのですね」と。小川紳介が尽力してアジアを主に山形国際ドキュメンタリー映画祭の実行委員会がつくられ、年をおって盛大になり、どんどん発展していたところだった。

小川はアジアや中東諸国の若い監督を手取り足取り指導していた。その情熱は異常なくらいで、かれらに深く敬愛されていた。そのことを内藤正敏は惜しんでいたのだろう。友を知ることばだとおもった。

小川プロ主催のお別れ会は二三日、御茶ノ水のアテネ・フランセでひらかれた。牧野村の女たちがご詠歌をうたった。三里塚辺田《へた》部落の女たちも大勢駆けつけていた。大阪や九州からも、台湾からもかけつけ、四〇〇人もの人があつまった。弔辞は大島渚とわたしが代表するかたちで述べ、木村迪夫《みちを》たちがつづいた。かれの存在がいかに大きかったかをこの会は示していた。

二年経過して、一九九四年六月二五日、小川プロダクションは正式に解散した。おなじアテネ・フランセのホールは解散パーティーとシンポジウムをやるというので、超満員になった。結成以来二六年だという。司会は山根貞男。最初の発言者飯塚俊男（前の助監督）が小川の集団内での圧制ぶりを指摘したから、内部告発調になり、知らない人たちを驚かせた。カメラマンの大津や奥村祐治は年長らしく、小川を愛しながら、それでも突き放す言い方をしていた。「どっこい！ 人間節」で監督をした湯本希生が小川に圧殺され、いまだに行方不明だと、飯塚が言った。かれは自分も最後の作品「映画の都」で同じような目にあい、怒って辞めたとも。

小川や伏屋の冷たさについては奥村も語った。その伏屋は小川をかばっていた。伏屋は小川が好きでならなかったから、と。だが、犠牲になった湯本については、つらい思いをしていると告白した。小川プロは結果として二人の監督を立てながら潰している。「この閉じられた共同体については再検証しなくてはならない。それは映画監督の栄光と悲惨というものだ」と、土本典昭が最後に言った。小川の業績は讃えながら。

小川プロのなかで一時、江青女史（毛沢東の妻で四人組のひとり）と揶揄された白石洋子は、心も体も青春全体を小川にささげたようなひとだった。「いまから思うとわたしの二〇年は何だったのか。茫々たるものだ。あと二〇年もしたら、わたしの『レイテ戦記』を書いてみたい」といった。その言葉は胸にしみた。

いやいや、たいへんな解散パーティーだった。しかし、こうした内なる証言のなかに、小川紳介という人間の実像と映画監督という虚像が突きだされているとおもう。そのころ土本典昭はアフガニスタンでの映画の撮影に取り組んで、内外の敵にかこまれ、たいへんだったのである。

（『昭和へのレクイエム』岩波書店刊、二〇一〇年）

江藤淳の自殺と喪失

江藤淳（一九三二〜九九）が死んだとき、どの新聞も一面に大きくとりあげ、テレビのニュースでは小渕恵三首相の哀悼の言葉が報じられていた。江藤が自民党への辛口の御意見番であり、とくに大学の後輩でもある小沢一郎には、熱い声援を送っていたというほどだから当然であろう。だが、江藤の本質はそんなところにあったわけではない。「現在の日本で最大の文芸評論家だった」（吉本隆明）、「小林秀雄亡き後、日本の最大の知性だった」（浅利慶太）などと評されるところにある。最大かどうかは疑問だが、江藤がなみはずれた俊才だったことはたしかである。かれが出世作「夏目漱石論」を書いたのは二二歳、慶応の学生だった。

私の最初の研究も自殺した明治の詩人北村透谷であったため、文学者の自殺には敏感になる。有島武郎、芥川龍之介、太宰治、三島由紀夫、川端康成。みな優れた才能にめぐまれた作家なのに自殺で自分の人生を切断した。

自殺の動機はそれぞれちがう。だが、自分のゆくすえへの絶望、虚無感では共通している。江藤の場合は脳梗塞を病んだ後の自分に見切りをつけ、「自ら処決して形骸を断ずる」（遺書）として死を選んだ。もし、かれにとって生きてゆく支柱であった愛妻を半年前に亡くしていなかったら、たとえ大病でも専門医の治療に身を委ねていたにちがいない。しかし、妻が死んだ後、再起の試みをかれがしなかったことは、かれをこの世に引き止めておく力が、内にも外にも何一つなかったということを示している。

江藤淳は夏目漱石を一生のテーマにしただけあって、漱石山房にならったか、鎌倉の江藤邸に若い者をあつめて賑やかに談論したり、日本文芸家協会の理事長などをしていた。しかし、結局は作家同士の友情など、かれの命をつなぎ止めるなんの力にもならなかった。また、江藤があれほど執着していた国家だの日本だのというものへの憂慮も、かれの生死を決するほどのものではなかった。つまり国家の危機打開のために石にかじりついても生きて闘うなどという国士や志士とは異質な人間だった。やはり江藤は徹頭徹尾文学者（それも私小説の伝統の上に立つ）で、はじまりも終わりも自分であった。

批評の代表作『成熟と喪失』から最後の『妻と私』ま

で、かれは幻の一族と自分との、また妻と自分との二人の孤独に生きたように思う。そこから鋭利な時代批評も発想されていたが、政治的な論争など、所詮、かれにとっては第二義的なことに過ぎなかった。

私は江藤のこんどの自己処決を自然なことと認めたいと思う。「乞う、諸君よ、これを諒とせられよ」とかれも遺書に言っている。愛妻亡きあとの病んだ介護老人の晩年など、思うだに耐え難かったことであろう。

それはともあれ、今から四〇年前、私は江藤が書いた成島柳北《なるしまりゅうほく》の文体論を高く評価し、研究史に記録したのが始まりで、かれには期待し、注目していた。ところが、かれは一九六〇年六月、羽田でのハガチー事件を取材した記事で、米大統領秘書ハガチーの車を取り囲んだデモ隊を愚民、愚衆と激しく非難して、安保闘争に水をかける側にまわった。その後、かれの戦後派作家批判や、平和と民主主義を錦の旗とする進歩派知識人への論難が激しさを増す。それが、どこからきているのかと考えていたら、江藤の敗戦による「喪失」体験の思想化の仕方にあることを知った。断片的にはかれの『アメリカと私』(一九六四年)に出てくるが、さらに二年後の『戦後と私』に明示された。


江藤淳は四歳のときに母を亡くした。そのマリアのような母と祖父の記憶が染み込んでいた大久保の家が空襲で焼かれ、父の暮らしも崩壊した。このことは江藤少年に癒すことのできない心の空虚、「喪失」をもたらしたという。母はかれを抱きとる優しさのすべてであったし、祖父安太郎は山本権兵衛《ごんのひょうえ》(海軍大将・首相)のもとで国家と海軍のために命を捨てた海軍少将であった。その二人こそ、江藤が終生、敬慕してやまなかった偶像だった。だから、かれは敗戦を祖父の記憶とかたく結びついた偉大な明治国家の崩壊と受けとめている。

その後も、江藤はこのことに執着しつづけ、私たちがどんなにそうした思想化の一面性を突き、民衆の視点からの違った明治時代像を提示してかれを批判しても受け付けようとしなかった。一族や血脈という自分のよって立つ由来、出所から発しない歴史や社会論を文学者としては認めないと居直ったのである。また日本の敗戦はアメリカにたいする軍事的、経済的な敗北であり、思想的、道義的な敗北ではないと力説して、戦後派作家や進歩派知識人のイデオロギー的な偏りを自己欺瞞として批判した。

私はその江藤と公開の場で二度、激しい論争をしたことがある。そのたびに発想の起点の違いを痛感した。敗戦で秩序と価値の体系が崩壊するのを目撃したのは君ばかりではあるまい。大空襲で家はもとより母や家族を失い、多くの喪失を体験したのは江藤だけではあるまい。数百万の人びとが路頭にまよい、心に癒しがたい傷を負った。君はその自分の「喪失」からの共感を、なぜ、そうした無告の人びとに水平にひろげる発想をとざし、垂直にのみ、母、祖父、曾祖父とひろげ、明治国家につなげるのか。そのため、江藤の言動は、幻の明治国家再建という絶望的な努力となる。

日本国憲法をめぐっては、「朝日ジャーナル」誌で三時間、NHK総合テレビで二時間半（一九八四年五月三日）、私は江藤と論争したが、対立する論点を出しあっただけで、議論は前進せず、徒労感を味わった。そもそも発想の起点が違うために「事実」の評価の溝も埋めることができなかった。同じ時代を生きながら、あまりにも異なる道をたがいに歩いていたのだ。

それにしても村松剛、黛敏郎、江藤淳と、日本を守る国民会議系のするどい論敵があいついで死んでしまった。後に残ったのは声の大きな内容空虚なデマゴーグか、陰湿な国家主義者の徒ばかりで、寂寥のいたりである。

（『日の沈む国へ』小学館刊、二〇〇一年）

故三島由紀夫の自決

三島由紀夫（一九二五〜一九七〇）ほど私と対極的な人間はいない。同じ東京大学文学部を同じ時期（一九四八年三月）に出ながら、彼は学生時代に構想した『仮面の告白』で早くも天才として迎えられ、その後の作品『金閣寺』などでとんとん拍子にその異色の才能を認められていった。

一方、私は田舎も田舎、栃木県の山奥の、足尾鉱毒事件の発祥地となった足尾に近い粕尾峠の下、七里の渓流を下った粕尾村の新設中学校に一教師として赴任するとは！　天と地の違いであろう。

君が一九七〇年の最晩年の秀作『豊饒の海』を書ききって、市ヶ谷の自衛隊駐屯地のバルコニーで自衛隊員らに「憂国」を説き、森田必勝とともに〝割腹自殺〟したとき（四五歳の若さで）、私はアメリカ東部のプリンストン大学の校内で、信じられず、確報と聞いて愕然！　しばらくして苦笑したものである。〝なんという才能の浪費〟であろう。自分だけ潔ぎよければそれでいいのかと、言葉に尽くせぬ憤懣と哀惜をおぼえたものである。

その日、アメリカ合衆国のテレビは、ＡＢＣもＣＢＳもこぞって君の前時代的な〝腹斬り〟を侮蔑と嫌悪をこめて放送していた。恥を人一倍、気にしていた君が、狼狽するだろうほどに――。私も同じ日本人の一員として、君より一層、愧じたものである。

あれから幾星霜、君から見放された日本の自衛隊は、阪神大震災や、未曾有の災害となった東日本大震災の折、身を挺して災害救助に当ったため、今では国民的な人気のマトである（それは反面の、自衛隊の本質、他国への侵略性への危険を隠すほどに――）。

歴史は一面的な価値判断を許さない。常に情況に応じて変転するものである。三島君が愛そうとした〝ニッポンの自衛隊〟も、昨日は人民の庇護者、今日は外敵への反撃者と慌ただしく面相を変えている。

「絶対」なるものは歴史上、存在しない。それは常に変転してやまないものである。それが九〇年、歴史の現実をみつめてきた私の最終の感慨である。

（二〇一一年）

松本清張――『或る「小倉日記」伝』

松本清張（一九〇九～九二）はわたしより十六歳も年長である。世に出たのも遅い。一九五一年、四十二歳で『週刊朝日』の懸賞小説に応募した「西郷札」が入選し、直木賞候補になったときからである。翌年、『或る「小倉日記」伝』が芥川賞をうけたのを機に、朝日新聞東京本社に小倉から赴任している。「朝日」を辞め、筆一本になったのは、三年後、四十七歳になってからである。

わたしはこの人との初対面がいつだったか、正確には憶えていない。わたしが四十代のころ、ＮＨＫの教養番組で『この人に聞く』という連番（連続番組）があった。当時、各界を代表する名士から気鋭の新進学徒が話を聴きだすというもので、わたしがその聞き役のひとりに選ばれたにすぎない。その名士のなかに清張さんがいたのである。

清張さんは当時、『昭和史発掘』のあと『日本古代史』『清張通史』と続々歴史物を手がけていたからか。こちらを専門家とみなして、逢うなり質問を浴びせかけてきた。「なぜ、日本の政党は軍部にもろく負けたのか」、「昭和天皇の平和主義とはほんものですか」など、質問は鋭かった。

清張さんとは、一時間、あるときは二時間、向かいあっていても、「怪物的な巨人」などという印象はまったく受けなかった。大病をわずらう前も、恢復された後も松本清張は優しく、反面、強い倫理性と合理性を感じさせた。あの突き出た意志的な厚いくちびる、精気あふれる眸と額《ひたい》にもかかわらず、細かに思いやりが働らき、時折ふと疲れと、こころの弱さともつかぬものを示す。わたしはこの人は結局生命を燃焼しつくすまでペンをおくことはないだろうと思った。そのペンには多くの無名者の願いが托されていると、意識しているなとも思った。

「それでいつ古代史をやる暇があるのですか」と聞くと、「夜の二時、三時からですね」と笑う。締め切りの原稿を何本かすませてから、こんどは道楽として歴史研究に耽るのだという。

清張さんはわたしの『明治の文化』（一九七〇）や『ある昭和史』（一九七五）などを評価していたのではないかと思う。一九七五年、昭和五十年、「天皇像をめぐって」という対談では、こんなやりとりをしている。

「色川　天皇制の将来ですが、だんだんとみんなから忘れられていって次第に消えていくというのが一番望ましい形ですね。」

「松本　それがぼくも理想的だと思う。いま、天皇制をにわかに廃止するとやはり混乱が起こる。」

清張さんはそのころ六十六歳、わたしは五十歳であった。

清張さんとの対談は何度やったか知れない。わたしはかれとは体質的にも経歴的にも共通性が少ないのだけれども、時代認識と現状批判で共通するものが多かった。それに人間的な親密さや好奇心が旺盛だったため、一九九二年、かれが亡くなるまで親しくしていた。夜中に電話があって、凄い史料を手に入れたからすぐ見に来てくれと、深夜に家に呼ばれたことがある。

岡倉天心の愛人、九鬼《くき》男爵夫人の波津子《はつ》は病死した、とあなた（色川）は『天心論』に書いているが、じっさいは違う。九鬼家の名誉をまもるために、九鬼一族が松沢病院と密議して、彼女を精神病棟に幽閉し、座敷牢のなかで昭和まで生かしておいたということ、その秘密文書、「波津子拘禁要請書」を清張さんが入手した、と。

天心はそれを知らず、愛人は病死したと信じ、悲嘆のあまりインドに渡ってしまった。その原資料がここにあると示されて、わたしは返す言葉もなかった。清張さんはその新事実を踏まえ『岡倉天心―もうひとつの敵』という著書を書かれた。

かれは一九九二年四月、脳出血で倒れ、その後、肝臓ガンが発見され、八十三歳で亡くなった。その年の八月四日のことである。かれは晩年まで革新無所属の立場から社会的、政治的発言をつづけていた。その主張と作品に好感を寄せていた多くの国民が、かれの死を哀悼した。

(『追憶のひとびと』街から舎　二〇一二年)

ロベール・ギラン――世界と日本を結《つな》いだ人

ロベール・ギランさん(一九〇八～九八)は、「二一世紀の日本へ」の提言の中でこう言っている。

「私には、もし日本の戦後計画がより穏健なものであり、スピードがもっと遅かったら、日本のしあわせは大きかっただろうと思っている。日本はこれほど短い歳月のうちに『第三の大国』、そしてやがて『第二の大国』になることが必要だったのだろうか。たとえば、国際的な地位が一〇番目であっても、その住民が一人当たりの国民所得、生活の質に関して、より高いレベルに達した方がよかったのではないだろうか?」(一九六九年一月「朝日ジャーナル」)。

『第三の大国・日本』(朝日新聞社刊、一九六九年)の著書の発言としては、オヤ? と思われる人も多いであろう。しかし、この言葉通りギランさんは自己批判したのである。それは私との対談でもふれている。「第三の大国、近代化の最高速国日本」から「文明の危機を象徴している国日本」へ、私は認識を改めました、と。「工業化を限界まで持ってゆくことは止めましょう」と。一九七三年以降の世界の変質を、とりわけ「経済大国」日本の矛盾の露呈を、ギランさんは直視していたのである。

私がギランの高名な本を読んだのは、一九七〇年、カナダのオンタリオで、そこに住む日本人の友人に熱心にすすめられてである。この友人はこの名著によって日本を見直した。〝祖国日本に誇りを持った〟と、しきりに強調していた。私は一読して実によく日本を知っている人だなと感心すると共に、やはり日本に責任のない外国人らしく、わが国の繁栄の陰の犠牲、栄光の裏の悲惨の大きさについて正確な認識を欠いているなと思った。

　私はそのころ、公害反対の住民運動や、環境破壊に抵抗する自然保護運動に積極的に参加していたから、激しいスピードで進行していた近代化過程を呪詛こそすれ、礼讃する気持になどなれなかった。私はギランさんの夫人の良さん（良・ギラン）とは、そうした住民運動の一つ、「八王子ふだん記」の会を通じて識ったのである。

　三笠宮さんとの時もそうだったが、雑誌「潮」の背戸《せと》逸夫さんが立会ってくれた。良・ギランさんも出席してくれて、日本語を話さないギランさんと、フランス語を解さない私との間に入って通訳をしてくれた。私は二時間もするうちに、このギラン夫妻の人間味にひきつけられていった。フランス知識人の教養の深さ、ものごとへの寛容さと気品、そしてアジアと欧米とを同時に視野におさめている複眼の思考のたしかさと、その経験豊かな国際人としての平衡感覚に魅せられていった。

　〝最近の日本にはほんとうに品の悪い人がふえました。日本の成り金族は唾棄すべき存在ですが、それが実に近頃ふえました。〟そう言われると、私は顔が赤らむほど恥ずかしかった。だが、ギランさんは私を慰めようとする。〝「古き良き日本」はまだまだ沢山残っています、今、不幸な日本市民は伝統的な旧社会と近代化した旧社会と、近代化した新社会の「三つのイスの間に」居心地悪く座っているのです。そして将来、日本人はその古いものの中から、きっと優れたもの、人間的で魅力的な流儀、きびしい道義性、高い品格、温かい共同性を救い出して、自分の身丈にあった近代社会をつくるに違いない〟、と。

　こういう話は対談が終った後のフランクな談笑の間に行われた。この日、強く印象に残ったのは、これからの人類の運命について最後に意見を述べあった時である。ロベール・ギランさんは、自分の持つあらゆる情報を総合し分析した結果、第三次世界大戦は到底、避けられないという結論に達していると述べた。その時の蒼ざめた彼の顔に浮かんだ悲しい表情を、私はいつまでも忘れないでおこう。

（二〇一一年）

真壁仁『修羅の渚―宮沢賢治拾遺』の紹介

鶴見俊輔が編纂し、朝日新聞社が出版した『「現代日本」

朝日人物事典』という本があります。これは一、五〇〇頁ぐらいの大きな本ですが、ここにはさすがに更科源蔵《さらしなげんぞう》と真壁仁《まかべじん》は出てきます。これの扱いは、井上靖と全く同じ行数を割《さ》いています。朝日の人物事典では一番新しい版で一九九〇年の十二月に出ています。真壁仁は二五行。井上靖は写真入りで三〇行ですから、写真を抜くとだいたい二五行。同じですね。その前にも一九七七年に、朝日が『現代人物事典』というのを編纂しまして、このときに日本人四、〇〇〇人を取り上げてます。真壁さんは三六行。野添憲治さんが書いている。それにしても、真壁仁は正当に扱われていなかった。

民衆史研究の高揚と東北

次に、民衆史研究の仲間の間では、真壁さんはどのように位置づけられているのか、紹介してみようと思います。

一九七六年に真壁さんは、野添憲治さんと二人で日本放送出版協会から『民衆史としての東北』という本を出しています。その中にはお二人の編者のほかに、東北の研究者、とくに秋田や岩手で仕事をしている方が、執筆者として参加しています。この『民衆史としての東北』の中で、多くの同志が真壁さんと一緒に、自分の郷土の歴史に誇りを持てるような民衆史を書こう、と呼びかけている。ちょうどこのころが、日本で民衆史の波が高まっていたときだったのです。民衆史の研究が、どこで一番盛んになったか、いわゆる辺境、中央から離れた「道の奥《く》」、囚人とアイヌの「蝦夷地」なんて呼ばれて疎外されていた北海道から、波が起こりました。

私はその頃（一九七五年前後）、民衆史の提唱者として日本全国を巡回していました。野添憲治さんや小坂太郎さんらを訪ねたのもその時です。また北海道では、オホーツク海沿岸地帯を中心としてオホーツク民衆史講座が開かれていまして、私が招かれて行ったときには、すでに一〇〇回目の集会を迎えていました。

そのリーダーの一人、小池喜孝さんという人は囚人労働者の運命を追っていた。明治の頃、日本国内で犯罪を犯した者が、北海道の網走や釧路の密林の中の監獄に入れられて、そこで残酷な扱いを受け、土木工事を強制されたり、鉱山の採掘をやらされていたのです。その囚人労働者のなかに著名な自由民権家や秩父事件の指導者らもいました。作業中、病人など、よく働けない者は生きたまま道のそばに埋め込まれたり、こん棒で殴り殺したりした悪質な殺人事件もあります。

　私も網走刑務所で、明治時代の監獄の囚人名簿を見せてもらったことがあるのですが、逃亡者の欄に斬死などと書いてある。「この斬死とは何ですか」と所長に聞いたら、「脱獄囚です」という。密林での道路工事から逃げ出した者を馬で追いかけていって背中から斬る。囚人のなかには、逃げきれなくて川に飛び込んで溺れ死んだとか、密林の中で力尽きて倒れ、そのまま飢え死にした者もいます。彼らの力で北海道開拓のための道路が切り開かれた。こうした歴史の埋もれた事実を掘り起こすことから北海道の民衆史がはじまったのです。

　やがて真壁さんもこうした動きに共感され、ご自身も東北の民衆史を提唱されたばかりか、後に北海道にも行っています。小池喜孝さんの『鎖塚』や森山軍治郎さんの『民衆精神史の群像』という本などが、一九七三年、七四年くらいに出版されました。

真壁仁の民衆史

　東北は南からの文化と北からの文化のちょうど接点になっている、それだけに他にはない独自性がある。東北に生きる自分たちの中に眠っているこの貴重なものを、自分たちの言葉で、自分たちの力で引き出そうとしたのです。宮沢賢治についても、後に『修羅の渚―宮沢賢治拾遺』（一九八五年、秋田書房）をまとめた段階では、賢治に対して深い理解をしている。ただ、戦前の賢治評価は厳しい。たとえば、『農民芸術概論綱要』を取り上げて、東北の農民の悲惨さを見つめてはいるが、そうした現実の中で農民芸術の創作を可能にするにはどうしたらいいのか、生活の悲惨さをどうすべきかという、変革の論理を欠いている。これでは理想主義で、机上の空論だ、と批判している。

　しかし、賢治も農民の現状改革を求めて、昭和恐慌の前夜には羅《ら》須《す》地《ち》人《じん》協会に青年たちを集め、どうやったら我々は豊かになれるか、どうやったら農民芸術を創り出すことができるのか、と論じていた。賢治は生産関係の変革が必要なことを知っていた。そのために、岩手県の特高警察からにらまれたこともある。青年たちを集めて現状の改造を行おうとしていたことが、危険思想だとみなされた。そのような圧力があって、賢治も一時、後退させられていた。

　しかし、それで賢治はあきらめたのではなくて、日本労農党という、左翼政党が選挙戦を始めたとき（一九二七年頃）に、その党の候補者に対して、選挙事務所の提供で便宜をはかったり、賢治自身がなにがしかの金を置いてきたり、ポスター貼りを密かに手伝ったりしたという（名須川溢男「賢治と労農党」）。

だから、そういう実践を知らずに、真壁仁が宮沢賢治は変心し、倫理を欠いているという批判をしたとしたら厳しすぎる。実際に、賢治自身が地主と小作の間に挟まれて、非常に苦悩している。彼が努力した土地改良、肥料改良によって、当時の東北農民の悲惨を救うには限界があった。寄生地主制というものの存在が阻《はば》んでいた。その寄生地主制に触れようとすると、当時としては危険思想になる。彼の父親が寄生地主だったから。自分の父親に反抗することにもなります。「なめとこ山の熊」という作品にそれがよく描かれている。だからそういうことに対する共感が、やがて真壁仁の文章にあらわれたのです。

なぜなら、真壁自身が一九四〇年に、教育運動の関連で特高警察に検挙され、新庄と山形の警察署に七十日間も留置されるという体験をするのです。ご本人にとって、自分が正しいことだと思ってやったことが、危険思想として扱われ、犯罪者のように逮捕・留置されたということは、痛烈だったと思います。一九四〇年、日中戦争もたけなわの頃、軍国主義の非常に強かったとき、この当時三十三歳。おそらく真壁さんの人柄からして、あまり人には話さなかったと思いますが、そのとき自分が受けた傷の深さ、衝撃の深さは計り知れないものがあったでしょう。それは彼の表現活動のひだひだに、浸透していると思います。

またそれは、真壁さんが日本国というものに一定の距離をおくきっかけにもなったでしょう。これは観念的な意味で国家と距離を置くというのとは違う。昭和十五年の警察の留置ですから、どんなことをされたか想像もつきます。

真壁さんは一九二五年、尾崎喜八の家で、魂が震えるような、カルチャーショックを受けて、そこから一挙に広い世界に出ていった経験があります。しかし、それから十五年後の拘留の体験は、自分というものを収縮させなかったろうか。世間の、周囲の者に疑いと敵意の目で見られ、自分が街を歩く後ろから、「あいつはアカだ。危険分子だ」という声が聞こえてくるような、皮膚感覚を持つようにならなかったでしょうか。しかし、これを機に教条的なプロレタリア文学運動などへの批判という過程を経て、人間に対する理解を深めていくことができたのだと思います。

詩作と社会運動

その後、一九四七年ですね、真壁さんは更科源蔵さんと『至上律』を復刊されたんですが、その前後に作られたものが『青猪《あおじし》の歌』です。これは彼の作品中でも最高の詩集ではないかと私は思います。一九三八年、逮捕される二年前ですが、黒川能《くろかわのう》を見て、深い感動をする。深い感動を受けた、それをずーっと温められてきたわけですね。『青猪の歌』に黒川能をうたったすぐれた詩が出てきますが、あのときの感動が結晶したんだと思います。本当はこの詩集は『神聖舞台』という書名で出す予定だったのが、戦争中で出来なかった。だから高村光太郎の序文は、『神聖舞台』のために書いたものですが、それをそのまま使ったのです。

とにかく、そういう一九三〇年代の終わりから四〇年代にかけて、つまり戦時下の鬱屈した、内向しながら、内面に深く潜んで凝縮されてゆく力が、ファシズム化の時流に対する抵抗として役立ったのだと私は思います。

戦後になると、非常に勢いのある詩だなどを書かれていますが、詩人の間に知られ、かなり高く評価されたのはやはり『青猪の歌』だろうと思います。ここで詩人としての、真壁さんの地位が不動のものになっている。これは近代の詩史の中で不滅の作品です。だから、たとえばこのとき死んだとしても、真壁さんへの評価は高いまま残ったと私は思います。

その後、農地解放や教育改革とかが地方に入り込んできて、戦時中は社会活動というものをしなかった真壁さんが、前面に出てきたんですね。だから、四十代から五十代半ばにかけての真壁さんというのは、社会的な面で、地域での目立った存在になっていた。

たとえば一九五〇年、山形市の農業委員に選ばれて、会長になる。それから五二年に教育委員、民選によります。五五年には原水爆禁止協議会を結成して、その初代理事長となる。五八年に、日教組の国民教育研究所の山形県の共同研究者代表。五九年には社会党の参議院選挙の候補者に担ぎ出され、落選しています。

さらに、六二年には県国民教育研究所の運営委員長。この間に、斎藤茂吉文化賞を受賞したり、若い仲間と『地下水』という雑誌を始めたりしたのです。

その頃参加した『地下水』の詩人たち、原田真一さんらが、その後の真壁さんを支えています。そういう意味で、社会運動家としての面を持ちながら、同時に自分の同志たちを育てていく。あるいは茂吉や宮沢賢治らの凝縮した、評伝をまとめようとされている。これらは常人にはなかなか出来ないことだと思います。

旅をして同志と交わる

真壁さんは、一九七二年、六五歳ぐらいからか、ちょっと気持ちの上での余裕が出てきたのでしょうか、東北を離れてあちこち歩きまわります。一九七二年には招待されて、北朝鮮に行っています。七五年にはあまり縁のなかった九州に行っている。そのころの九州は、「脱日本」と言いますか、日本から抜け出そうという人々が地道な運動をしているところでした。とくに筑豊の炭坑に上野英信さんがいて、一九六〇年から『追われゆく坑夫たち』という本を出しています。京都大学を出て広島で被爆したあと、彼自身十年間も炭坑の中に入って、鉱石を運んだり掘ったりする。そしてその後、炭坑の閉山にともなって、切り棄てられた坑夫を日本の「棄民」として描き、その底点から日本国家を撃ち続ける。そういう仕事をずーっと続けた。最後には、『出ニッポン記』『眉屋私《まゆやし》記《き》』という沖縄からの流民の大著を出したりしています。実際に、彼には沖縄の人たちと非常に厚い友情がありました。沖縄の民衆史の開拓者三木健氏が敬愛している人でした。

沖縄の人は、南米のチリ、ペルー、キューバ、アルゼンチン、ブラジル等へ多く移住しています。また追われた坑夫たちも移民します。その後を上野英信が追って、二重に日本から見棄てられた民を記録しています。これは民衆史の国際版みたいなもので、上野も亡くなる前に、沖縄のそういう過酷な事実を記録した人なのです。

また、石牟礼道子。彼女は水俣において、まさに切り棄てられた患者たちの世話をした作家ですが、私が石牟礼さんを上野英信さんに連れられて最初に訪ねたときには、まだ馬小屋を改造したような家でしたね。風呂がなくて、ドラム缶の風呂で、足を火傷するといけないというので、下駄を履いて入らされました。それがなんと昭和四十年代ですよ。石牟礼さんは馬小屋を改造した家の台所の隅で、あの名作『苦海浄土』を書いたといいます。そういう人の多くいる九州を真壁さんは訪ね、共感したのだと思います。

さらに民衆史というのは何か、と。外側から、ただ対象として民衆を研究するというものではなく、自分こそまさに民衆の一人、当事者であるという自覚からはじめます。ですから、自分がどう生きたか、これからも自分がどう生き抜くのか、ということに目くばりして自分史を書き、地域史を書いてゆく。それが村の歴史、町の歴史に発展し、さらにそれが東北なり、沖縄なり、北海道なり、地域の民衆史になっていかなければ、本来の民衆史としての展開ではない。真壁さんも『野の文化論』の中で、そうした気持ちを汲んで、一巻を編集した感があります。

私は自分の歴史である「自分史」という言葉を作った当人ですが、歴史というものは、高い所や上の方から客観的に見おろすものではなくて、自分をも当事者の一人として捉える。歴史の中に、主体的に自分を押し出し、関係のあった人びとや、その地域の歴史を再確認する、そのことによって地域の新しい息吹を伝える。そういう作業をくりかえすことによって、生き生きとしたものになるのではないかと思います。

国民国家論の虚妄が批判されるようになるのは八〇年代の終わりになってからでしょう。認識論として日本を離脱する意識を持たない限り、中央に対する地域の自立というのもなかったでしょう。地域の自立は本当に可能なのか、といった問いに対する答えも出ていない。真壁さんの地域論の中にも、理論として時代の弱点を抱えていた。それを彼は詩人の直観の力で、なし崩しに変えていくことをしたように私には思えます。

（『イーハトーブの森で考える』河出書房新社、二〇一五年）

石牟礼道子さんの願い

石牟礼道子さんとのつきあいは古い。

ある日、見ず知らずの人だった彼女から電話がかかってきた。それは涙声で、「センセイ、お願いします。今、水俣では大変なことが起っているのです。患者の代表ともいうべき川本輝夫さんが逮捕され、熊本県警に収監されたのに、逮捕した警官は手厚く保護されています!!」と。

私も新聞やテレビで、水俣に「奇病」が発生し、患者が次々と死んでいるということを知っていた。学生時代に卒業論文を書くため、徳富蘇峰関係の資料を集めようと、熊本の蘇峰資料館を訪ねたこともある。あの不知火海に面した水俣か、と思った。

その電話の主《ぬし》、石牟礼さんのその時のお願いとは、日本で最高級の各界の学者を集めた大調査団を作って下さい、とのことであった。私は茫然とした。そんな途方もない団体を作ることが、私などに出来るものではない、と。

ちょうどそのころ、私は鶴見和子さんや市井三郎さんを中心とした「近代化論再検討研究会」に参加していた。そこには政治学では市井三郎、経済学では宇野重昭、民俗学では柳田國男の愛弟子の桜井徳太郎らの名があった。

それらのメンバーを主体とすれば、石牟礼さんの期待に応えられる調査団が出来るかもしれないと思い、鶴見和子さんと相談しながら「不知火海総合学術調査団」を結成し、私がその団長を引き受けた。

副団長は「近代化論再検討研究会」の総まとめ役の鶴見和子さんがなり、哲学を代表する成蹊大学教授の市井三郎、宗教学を代表する上智大学教授の宗像巌、民俗学では日本民俗学会会長の桜井徳太郎、経済学ではアジア経済研究所主任研究員の小島麗逸など、綺羅星のような人材を揃えた。これらの各界の第一人者による「不知火海総合学術調査団」の構成は、石牟礼さんの期待に応えられるものであったと、私は思う。

（二〇二一年）

小田実への弔辞
――ほんものの行動的国際知識人

参議院選挙で自民党の「歴史的大敗」のニュースが飛び交っていた（二〇〇七年七月）三〇日の朝、「小田実、急死」の報せをうけた。雷鳴がとどろき、あたりが暗くなるほどの豪雨がたたきつけていたときだ。

彼の四月二一日付、最後の手紙では、「あと三ヵ月、六ヵ月、九ヵ月あればよく、あわよくば一年」と書かれていたのに、最短の三ヵ月で逝ってしまった。彼は疾走しぬいた生涯になってしまった。倒れる直前までオランダのハーグに出かけて民衆法廷の判事をつとめ、さらにトルコを回ったりしていたのに。

世界のどこかで不正、虐殺があり、それを知ったら沈黙しているのは罪であり、恥であるという感覚を持ちつづけていた小田は、この国では数少ないほんものの行動的国際知識人だった。

それは、『何でも見てやろう』（一九六一年）からはじまり、「ベ平連」（ベトナムに平和を！市民連合）、「日韓・パレスチナ連帯」、「日市連」（日本はこれでいいのか　市民連合）、阪神大震災を契機に出来た「被災者生活再建支援を実現する会」、「市民の意見三〇の会」、「九条の会」などの運動に一貫していた。それでいて多くの文学作品を残した。そうしたかけがえのない人を失ったとの思いが強いが、見事な行動の軌跡を残した生涯だったという感慨もある。

私が小田と親密になったのはベ平連事務局長だった吉川勇一の仲介で、一九八〇年一月から「現状を考える会」という月例集会をかさね、一二月にそれを発展解消し、「日本はこれでよいのか市民連合」（日市連）を旗揚げしてからである。その代表世話人を小田と私が引きうけた。彼がいうには、考えてばかりいてもはじまらない。日本と世界の現状に異議を申し立て、行動を起こそうということであった。

この年、衆参同日選挙で自民党が圧勝し、火のついたロッキード事件に介入しかねない状況であった。翌年、海外からはポーランドで「連帯」が弾圧され、ワレサ議長が軟禁されたというニュースが入ってきた。一九八二年には中、韓とのあいだで教科書問題が起こる。米国からは三海峡封鎖などの防衛協力の要求があり、組閣したばかりの中曾根康弘首相が危険な発言をして国際緊張を高めていた。

日市連はこういう問題にいちいち緊急声明をだし、関係した機関に直ちに抗議デモをかけるということを繰返した。八五年のスパイ防止法案から防衛費一パーセント枠突破問題などでは、防衛庁への抗議デモを行なった。

こうした行動は、発案したものが自己責任で直ちに実行する。会議はそのあと。はじめは二〇人でも三〇人のデモでもよい。問題提起が時代の本質をえぐる緊急性のあるものならば、かならずメディアがとりあげると信じ、報道されれば三〇人の行動が三〇〇〇人にも三〇万人にも広がり、はねかえるだろう。そうしたマスコミ取り込みの情報戦略を市民運動に取り入れたのも、小田実らの功績だった。

昭和天皇が危篤になり、日本中が「自粛」の沈黙ムードに陥ったとき、日市連はまず声をあげ、「天皇が死んでも戦争の責任は消えない」との横断幕をかかげて都心デモを五日間にわたってくりひろげた。私はそのとき、代表の一人として、そのデモの先頭に立った。三〇人ほどのデモに最初に集まったのは警官隊と外国人記者だけであり、次いでメディア、三日目からはテレビで見たという参加市民であった。自粛ムードに風穴をあけたのはよいが、私は右翼からの電話にさんざん悩まされた。そのとき、小田はそんな私たちの報告を楽しそうに笑って聞いていたことを想い出す。

小田君よ、そういう昔話を君とすることも、もう、おたがい出来なくなった。無神論者の君は信じまいが、一足さきにいった鶴見良行ら多くの同志たちが、三途の川で、「長いことご苦労さん、よく来たな」と迎えてくれるかもしれない。小田実よ、もう疾走はやめ、ゆっくり休んでくれたまえ。

（「毎日新聞」二〇〇七年八月二日）

一九八〇年代の市民運動
――小田実、吉川勇一、鶴見良行のこと

小田はオダとよむ。実もミノルではなくマコトだ。小田の名前はベストセラー『何でも見てやろう』（河出書房新社刊　一九六一）で知っていた。二十代の青年の世界放浪のたくましい記録。その後はベ平連（〝ベトナムに平和を！〟市民連合）の立役者として有名。とにかく一九六〇年代、七〇年代を派手に生きた男だ。声もでかいし、体も大きい。若いうちから話題の中心になる親分肌の素質を持った男だった。

その小田を陰で支え、じっさいの運動を取り仕切り、推進した影武者がいた。吉川勇一である。吉川なくして小田は檜舞台であのようには踊れなかっただろう。だから、そんな派手な手合いには近づかないことにしていたわたしとは、長いあいだ、無縁な男だった。

それがひょんなことからいっしょに市民運動をすることになった。一九八〇年代、吉川勇一の仲立ちによる。八〇年十二月に旗揚げした「日本はこれでいいのか市民連合」だ。これを創るのに小田は、はじめ熱心だった。中曾根康弘という危険な風見鶏が権力を握って、キナ臭くなった以上、これに対抗する全国組織をもつ市民運動が必要だ、そう思ったからであろう。

その組織の代表世話人にわたしと小田がかつがれた。わたしがかれに近づいたわけではない。今こそ住民運動と市民運動の協力が必要だと雑誌に書いたわたしに、吉川勇一が共感し、その吉川を介して小田と手を握ったのである。だから、この組織にはベ平連系の活動家がたくさん合流した。そうでないのは法政大学平和教室の西田

勝君ぐらいのもので、住民運動派といっても色川、西田の少グループであった。

世話人の顔ぶれを見てもわかる。小田、色川、西田、吉川、角南《すなみ》（俊輔）、福富（節男）、鶴見（良行）、古屋（能《よし》子《こ》）、井上（澄夫）で、圧倒的にベ平連系であった。事務局の若衆頭もまた元ベ平連の原田隆二だった。この日市連についてはは別に詳述したことがあるので、これ以上書かない（『昭和へのレクイエム』）。ここでは小田について記すにとどめる。

小田ははじめの数年は熱心であったが、世界中を飛び歩いていたかれには、この日本の国内問題などに傾斜しがちな組織に、あきたりなくなったようだ。代表でありながら、世話人会に欠席することが多くなってきた。結婚して家庭を持ったということからくる拘束もあったろう。中曾根時代が七年も続いたため、打倒中曾根政治に厭《あ》きたということもあろう。かれは国際主義者だから、国内問題にかかわっていられなくなるのは当然であろう。

小田が玄順恵と結婚するとき、「きみは代表なのだから、式にきて挨拶をしてくれないか」と頼まれたことがある。「神戸まで行く余裕がない、祝電を打つから」と断ってしまったが、あとで悪いことをしたなと思った。小田はめずらしく遠慮しながら小声でわたしに懇願したのに。神戸への日帰りぐらいなんでもなかったはずなのに。玄順恵に惚れていた小田は傷ついたろう。

一九八九年、わたしが天皇問題で（〝昭和天皇〟が死んで、新憲法下の国民主権の真価が問われる後継問題が浮上したとき）日市連を街頭デモなどに引っ張っていたとき、小田は「市民の意見三〇の会」を吉川らと立ち上げ、独自な活動をはじめた。わたしは蚊帳の外におかれていたことを、ずっと後になって知った。その意見の中は、多くの国際問題、核兵器の問題、原発の問題、国際連帯行動の問題などが中心課題にとりあげられていた。当時のわたしの関心とは距離があったように思う。

わたしと並んで街頭デモをしているときでも、鶴見良行は、大声でスローガンをがなり立てるやり方を嫌うわたしに同調して、これから書く本の話などをしずかに語りながら歩く人だった。

事務局のだれかが言っていたが、「良行さんは凄い、この間の市民集会のとき、会場で資金カンパを呼びかけたら、良行さんは即座に着ていた背広をぬいで差し出した。それには、みんな唖然とした。このときはたくさん金が集まったのですよ」と。

（『追憶のひとびと』街から舎、二〇一二年）

北海道・美瑛を日本一の「丘の町」にした人が死んだ

ラベンダーの花が咲き、観光客の波が押し寄せはじめた七月のある日、美瑛《びえい》町の元企画課長、現助役のKさんがガンで急逝された。写真家前田真三さんを美瑛に招き、今では年間四〇万人もの人が訪れているフォートギャラリー拓真館を廃校跡に建て、周囲を美しい公園に変えることに尽力した功労者である。

私がはじめてKさんに会ったのは、今からちょうど一〇年前の春、Kさんは拓真館の工事現場でスコップに長靴という格好で笑っていた。そういえば、あの人はいつも笑っていた。前田さんのお宅は完成していたが、写真館の方は工事の最中であった。三〇〇〇坪という敷地に花園と白樺の散歩道をつくろうという前田さんのプランにうなずいていていた。

そこは町からは車で二〇分も離れた丘と丘にかこまれた美瑛の田舎で、ここがやがて数十万人の見学者で溢れる観光名所となろうとは誰も想像しなかったと思う。まだ、竹下前首相の「ふるさと創生論」（一九八九年、全市町村に一億円の創生資金を配布）によるブームが起こる前であった。「村おこし」「町おこし」で過疎化を防ごうと言われたころだった。深刻な過疎化はつぎつぎと廃校を生み出す。美瑛も例外ではなかった。隣の富良野町はふらのスキー場と人気テレビ「北の国から」で有名になっていった。ところが、美瑛には煙りを吐く十勝岳と白金温泉のほかには名所といえるものもなかった。企画課長としてKさんが頭を痛めたことは分かる。そんなとき前田さんに出会ったようだ。

Kさんが前田真三さんを歓迎したのは、前田さんが有名人だからではない。日本中を歩き回っていた前田さんが、ここに来て比類のない丘《やま》の美を発見し、美瑛をまったく新しい眼で捉え直し表現してくれたからである。前田真三作品集『出合の瞬間』（一九七七）で、すでに世界的な写真家になっていた。私は『北海道―大地の詩』（一九八一）に一文を寄せたとき、「丘」の連作のすばらしさに目をみはった。Kさんもこの芸術の力に感動したのだろう。それまで、そこに住む人には何の変哲もない風景に過ぎなかったものが、前田さんによって日本中を魅惑するものに変わったのだから。Kさんはこれを町おこしに結びつけ、「ふるさと再生」を試みた。もちろん、彼一人で出来た仕事ではない。水上町長が後ろ盾となって励まし、同僚や地区の青年が協力し、議会が理解したから、この実験も成功したのだと思う。

Kさんはさらに、美瑛じゅうに憩いのポイントを造りだし、都会の若者たちにキャンプ場を提供し、町の緑化や大胆な街造りにつぎつぎと手を打った。二股地区にまた廃校が出たとき、東京の大学の研修施設「美瑛自然の家」として再生させたのも氏の力である。このときは私が当事者となったので、彼の誠実さがよくわかった。それからは夏になると、学生たちが合宿にきて地区の人たちと交流し、親しむようになった。美瑛からも秋の私たちの大学祭には農産物を満載したトラックできてくれ、毎年、完売という成果をあげていた。最近の美瑛は人口減も止まったという。今、前田真三さんは病床にある。このとき、「丘のまち」の名プロデューサーKさんこと今野三樹夫さんを失ったことは、痛惜に耐えない。

（「北海道新聞」一九九五年八月一二日）

書評

『ぼくの村は戦場だった。』山本美香著

この本は世界の注目を浴びた戦場、アフガニスタン、イラク、チェチェン、コソボ、それにウガンダという五つの緊迫した渦中に飛びこんでの取材報告で、写真も文章も迫力があるから一気に読ませる。とくに若い女性ジャーナリスト（三〇代）の大胆な行動には驚かされる。なかでもいつ狙撃されても仕方ないチェチェンとイラクの章では、戦中派の私でさえ緊張させられた。よく無傷で帰ってこられたなと。イラクだけで取材記者が八五人も殉職している（第二次世界大戦中は六八人だった）というのに。

「取材して、生きて帰って、報道することで、自分の仕事は完結するのだ」と、彼女は言う。カブール北部の最前線で。なにがこの人を突き動かしているのか。よその国の戦争なのに、命を落としても悔いないものとは何か。この疑問がこの本を考える私のモチーフとなる。

著書は女性ならではの観察に満ちている。アフガンではバルフ大学、カブール大学、ファイザバード大学など

をたずねての女子学生の描写は貴重だ。新世代の女の、強い自由への意思や感性をとらえているばかりか、彼女たちと友達にもなっている。その友情をとおして取材を深めている。かつてナジブラ政権時代にきざしたものが、タリバン後のアフガニスタンに花ひらくことは喜ばしい。

それにしても著者は貴重な体験をしているのだから、この本も欲張らずにアフガニスタンとイラク、あるいはチェチェンにしぼって詳述してほしかった。この三者は米ロなど国際関係からの解放をねがう民衆の底部で深くつながっている。また、めったに逢うことのできないドスタム将軍やまぼろしの英雄マスード司令官にも面会して、話を聞き、貴重な写真も撮っている（とくにマスードの祈りの光景や彼が殺された直後の遺体など）。その辺は著者にくわしく書いてほしかった。

もっとも感動したのは著者が、クラスター爆弾で父を殺され、打ちのめされた少年アハマッドの家庭を一年後にたずね、再会したときの記述だ。これを読むなら今のイラクの惨状がどこからきているかを端的に知ることができる。（この本の著者、山本美香は二〇一二年、シリアで取材中、銃撃されて死亡した。哀悼！——筆者注）

（「山梨日日新聞」二〇〇六年一二月二四日）

書評

『冒険家——75歳エベレスト挑戦記』三浦雄一郎著

三八歳で、エベレストの八〇〇〇メートルから無鉄砲なスキー滑降したときから、かれは世界の大冒険家になった。その後、世界七大陸最高峰を滑降。五年前には七〇歳でエベレスト最高年齢と親子同時登頂の記録をうちたてた。さらに心臓病を克服して七五歳でエベレスト再挑戦。五月再び登頂に成功した。優秀なシェルパとベテランの登攀リーダー、屈強な息子豪太さんら十数名のサポートがあったとはいえ、この悲願達成は尋常なことではない。限界状況にある人間がなにを考え、どう死力をつくすか。本書の魅力はそこにある。

入山前の周到な準備などについては省く。ローツェ氷壁で、わずか五〇メートル登るのに一時間近く、もがき苦しむ。そのうえ四〇度をこす氷河上の灼熱地獄にも耐えた。太陽がかげると体感温度はマイナス数十度にもなるという。

「登る苦しさに加えて、この暑さ、大汗と交互の寒さに耐えて、どうして私はこの歳でこんな苦しい目に遭わなきゃならんのか、と自業自得の我が苦行の数々」を嘆いている。

八〇〇〇メートル地点になると、「一歩登るたびに五回深呼吸、苦しくなると一〇回呼吸してやっと次の足を前に踏み出す」。この大事な八二〇〇メートル地点で、命綱のような存在だった豪太さんが重い肺気腫、脳浮腫になり下降せざるを得なくなる。この症状は私もチベットの奥地で経験したが命にかかわる事態だ。父である著者は登頂の成功より豪太さんの命を助けてくれと祈っている。

八七〇〇メートル地点での一五〇メートルほどの難所を三時間もかけて這い上がったとき、かれは「もうダメ、ムリ」と嘆じながらも歯をくいしばって、ついに頂上に立った。

「涙が出るほどつらかった。涙が出るほど嬉しかった。再び高く遠い夢の頂上に立つことができた……生きて還らなければ」。これが最後の言葉である。

三浦雄一郎は超人じゃない。いつまでも夢を見つづける努力家、非凡な凡人であることがわかる。

（「秋田魁新報」二〇〇八年九月一四日）

山仲間、葛西森夫

葛西森夫《かさいもりお》はわたしの親友、二高山岳部時代の同窓である。青森県の海村に生まれ、函館育ちのかれとは一九四一年四月に仙台ではじめて逢ったのだから、ずいぶん昔の話だ。戦前の静かだった東北の山をいっしょに登った。蔵王山などには数えきれないほど登ったり、滑ったりした。積雪期の大朝日連峰にはとりわけ思い出が深い。

同級といっても葛西は一九二二年生まれ（かれは浪人して、わたしは四修で二高入学）、三年の長だから、リーダーはいつもかれ。それは戦前戦後、朝日岳や飯豊山《いいでさん》連峰に登ったときも、一九八六年、東北大学がチベットに大がかりな学術登山隊を送りだしたときも、未踏の最高峰をめざした登山隊長兼総隊長は葛西森夫で、わたしは学術隊長という役回りであった。

ふだんは仙台と東京にわかれて暮らしていたから、おたがいの家に泊まり合って交歓するという付き合いは四〇年に及んだ。そのため、かれの長女（ゆか。わたしのゼミに参加）や息子たちとも、いまだに親交をつづけている。

かれの六度にわたる飯豊山登攀の記録は輝かしいが、チベット内陸最高峰のニェンチェンタンラ峰（七一六二メートル）登頂前後にも、一九六八年のカナダ・ルケニア峰の偵察隊長、一九九五年のインド・シッキムヒマラヤ登山隊総隊長などでも活躍している。ハイライトはニェンチェンタンラ峰だったが、当時六三歳だったかれが、「自分の歳の一〇〇倍の高さまでは登りたい」と言って、じっさいに六一〇〇メートルの前進キャンプまであがり、そこでアタック隊の指揮をとっていた。わたしはそのとき四八八〇メートルのベースキャンプまで行って、かれと交信会話し、励ましたが、葛西は氷河のうえのテントでひとりなのに意気軒昂だった。

それから六年後、一九九二年、わたしが隊長をひきうけ、チャンタン高原を通ってチベットの聖山カイラス峰（六六五六メートル）に向かったが、そのときの隊員には葛西の長男真一郎くんと次男の研二くんが参加した。そのほか宗教学の宮本久義、社会学の上野千鶴子、薬学の塩沢厚、写真家の松本栄一らに加わってもらった。葛西本人は行きたがっていたようだが、もう七〇歳だし、病院長の仕事もあってダメだったようだ。この旅でわたしは高山病になやまされて、さんざんだったが、別の本に書いたので省略する。とにかく葛西兄弟には大活躍してもらい、上野さんらには助けられた。

葛西森夫は一流の医学者なので本領は別にある。東北大医学部を出、助手、助教授をへて一九六三年、若くして第二外科の主任教授になった。まだ、四一歳、桂教授のあとを継いだ異例の出世だった。わたしがようやく長いアルバイト時代を終えて、三七歳で正社員（私大――東京経済大学の専任講師）になったばかりの時であった。

かれは学部長になる。その祝賀会に東京からはわたしが招かれた。宴席にゆくと、料亭の正面中央に葛西、左隣に桂教授夫人、右隣にわたし、わたしの隣は佐藤春郎さんだった。この席順には驚いた。佐藤さんはわたしの敬愛する山岳部の大先輩で、山ほどお世話になった人、東北大の抗酸菌病研究所長、その人を差し置いての上席だったから。

当時の日記をみると、葛西は上京するたびに、わたしの狭い公団アパートの部屋に泊まっている。一九六三年一一月一二日には桂教授の彫像をつくりたいので、だれか一流の彫刻家を紹介してくれと頼みにきた。そこで、旧知の仲の第一流の彫刻家・佐藤忠良《ちゅうりょう》さんを紹介した。その後、かれと二人で佐藤さんのアトリエを訪ね、正式に依頼した。忠良さんは良い仕事をあっせんしてくれたと喜んでいた。

　翌一九六四年には二回も来泊している。わたしも六四年一〇月三日の二高山岳部と東北大山の会創立五〇周年記念集会に出席したとき、かれの家に泊まっている。その後も、何十回、行き来したか分からない。音信が絶えたのはかれが福島に移り、寝たきりになってからだ。福島で和子夫人の献身的な介護を受けながら、最後は、かれが長く院長をつとめたことのある東北大学付属病院に移り、二〇〇八年一二月八日に息をひきとった。

　かれの専攻は小児外科、食道外科、とくに先天性胆道閉塞症にたいする肝管吻合《ふんごう》術を世界にさきがけて独自に開発、確立した業績は高く評価され、国際的にひろく行われている。主としてこの業績により、米国外科学会の名誉会員に選ばれ、また一九八一年度朝日賞を受賞している。カサイ式とよばれるかれの確立した根治手術で命を救われた乳幼児の数は数百人にのぼるという。

　かれはこの他にも食道がんにたいする外科手術で患者の生存率を高める新手法を開発し、貢献した。葛西が欧米諸国からおおくの賞を贈られたり、日本国からも厚生大臣賞や感謝状をうけたのは当然であろう。だが、そうしたことをわたしに誇ったことは、ただの一度もない。誠実で質朴な山男として一生をつらぬき、今でも多くの人に愛されつづけている。

（『昭和へのレクイエム』岩波書店刊、二〇一〇年）

山仲間――「夢みる人」丸山進さん

今日も静かに昏れて　ヒュッテに灯《ともしび》ともる
いろり囲《かこ》み　想いは果てなし　あしたはいずこの
　峰か
あわれ　はかなき旅よ　人みな旅人か
何を嘆き　何をか悼《いた》む
憧れの峰こえて
夢は昔にかえり
えにし　山川《やまかわ》をなし
そぞろ一人　うきよの旅路《たびじ》
あしたは　いづこの峰ぞ

この「北帰行《ほっきこう》」の唄とともに、丸山さんの笑顔が浮かんでくる。

　私にとって丸山進さんは「夢見る人」、永遠に夢見つつ生き、そして、しずかに消えてゆく人。その時代の丸山さんに逢いたい。

丸山進さんとは二高山岳部（旧制第二高等学校）の同窓である。彼は一年上の先輩であったが、歳は三つも四つも上だったと思う。私は「四修」――当時、五年制の旧中学校を四年で修了し、しかも六年制の小学校を一年詰めて五年で修了することができた――、したがって二高に入学したときは通常二一、二歳の同級生のなかで、私はまだ一八歳にすぎなかった。いわゆる神童コースの一例である。そのため、いつも「色川はチャボイ（幼児じみている）」などと笑われていた。

浪人一年で二高に入った丸山さんと私の間にも三、四歳の差があった。

丸山さんは戦前、昭和一八年一〇月ごろ、東京大学の理学部天文学科に入り、戦後すぐ（昭和二一年）春に卒業した。私は途中、海軍航空隊に入隊するなどして東大・文学部を卒業したのは昭和二三年（一九四八）三月であった。戦時下の学制変更が二人に影響していたのである。

想いかえせば私たちはよく歌をうたった。時には蔵王温泉のある峨々《がが》の湯で大合唱した。

　　そんなにおまえは　なぜ嘆く
　　草のしとねに　寝ころんで
　　私の言うこと　お聞きやれ
　　ひとの浮世《うきよ》の見栄《みえ》を捨て
　　口笛吹いて気を晴らせ
　　うつつの夢を見ていやれ
　　くたびれしやすめに山を見て
　　雨《あーめ》が降ったら　また歩け……

また、

　　目も果て　知らぬ　真白《まじろ》の斜面《しゃめん》
　　さあーッと滑《すべ》れば　あの雪煙り
　　煙い小舎《こや》でも黄色《こがね》の御殿
　　はぁーやく行こうよ　谷間の小舎へ

合唱のこえは果てしなくつづいた！　みな青春の謳歌《おうか》であった！

そして、別れの日は悲しい。

（二〇二一年）

「ことば」の図書館では日本一
――故金田一春彦を偲んで

金田一春彦さん（一九一三〜二〇〇四）は人も知る言語学者金田一京助の嫡男である。数年前に亡くなられたが、私と同じ山梨県北杜市の大泉町に住んでいた。氏の蔵書二万数千冊を町に寄附し、別館として金田一春彦記念図書館を併設された。町の経費によってではなく、彼個人の経費によって、言語学中心の書籍を広く展示されたのである。

おそらく言語学関係の書籍を納めた地方図書館としては日本一であろう。生前、よく私と対談し、市民に公開して喜ばれたが、今でも金田一さんの名を慕う人は多い。

ある冬、私が彼の別邸に招かれたとき、背景は八ヶ岳連峰の皚々《がいがい》たる白銀の光で満ち、前景は南アルプス山下の雪で光り、背後に三〇〇〇メートル級の高さを誇る峰々、さらにその背景に霊峰富士が突出しているのを見て、感動したものである。三三七〇メートル余のマウント・フジは、海を前景として眺めるのが秀逸だとして、東伊豆海岸の人びとを喜ばせていたが、私どもの住む八ヶ岳連峰、南アルプス越しに見る裏富士の姿も見劣りはしない。悠々と雲を従えて屹立しているのである。

今では海から見る富士は日本の山岳美の象徴として、世界中の人びとからも称賛され、それ見たさに訪れる外国人も多いという。

江戸時代の宝永期の大噴火など、しばしば噴火したが、そうした波乱がなく、秀峰の御姿のままで安定しておられることを祈るばかりだ。おそらくこよなく富士を愛した故金田一春彦さんも、私たちに賛成されるであろう。

今、その富士を仰ぐもっとも眺望のよい道は、「金田一春彦道路」と、市によって命名されている。

このように金田一さんは、大泉町の地名としても残されている。

（二〇一一年）

兄・色川善助と弟・色川和三郎

色川善助は私のすぐ上の兄であり、色川和三郎はすぐ下の弟である。和三郎の弟で聡明かつ義理難い新治郎君によると――。

善助兄は昭和五三（一九七八）年の九月末に軽い脳梗塞で倒れたらしく、その時はベッド（朝霞の救急センターに入院していた）から下りて笑いながら話をするほど元気だったらしい（善助の妻政枝《まさえ》さんらの話による）。

それから一週間ほどして危篤状態になり、転院して腎センターへ移された。そこで血尿が出ており（それはびっくりするほどで、私が直腸がんを患ったときなど、出る尿というう尿が真っ赤であることにびっくりしたほどで、事態が異常な状態だと覚悟せざるを得ないくらいだった。）それから間もなく亡くなった。腎センターの医師からは、なぜここまで放置していたのかと叱られたという。

善助兄の遺族は妻の政枝と娘の登志江が、いまもなお、埼玉県和光市大和町に住んでいる。

私のすぐ下の和三郎は平成二八（二〇一六）年七月二七日に死亡した。八九歳だった。まえに交通事故で肝臓を損傷し、三回くらい手術を受けたが、それが八〇歳を過ぎた頃から肝硬変に変わり、癌化したようだ。妻のすみ子さんが亡くなってからは、神保吉《じんぼきち》という人と同棲し、一五年ぐらい晩年をともにし、最期を看取ってもらったようだ。和三郎は和三郎らしく幸せだったのではないかと、私は想う。

彼はいつも、俺は九〇歳までは生きるからと言い続けていたが、五月ごろから異変が起き、亡くなったという（新治郎君の話による）。利根川の堤防に立って、あの洋々たる流れをもう一度見てみたいと、二度も同じ文面を新治郎君のもとに寄せたという。和三郎は最後まで同棲していた神保さんと二人の息子たちに囲まれて幸せだったと、私も新治郎君も思っている。

和三郎の葬儀は神保さんと息子と新治郎君三人で、色川家先祖代々の檀家である浄国寺で行なわれた。今は父母たちの隣りに納骨され静かに眠っている。

（二〇二一年）

宮沢賢治生誕一〇〇年祭講演

はじめに

今からちょうど二〇年前、宮沢賢治の誕生一〇〇年祭がありました。その時に、私もここにお招きいただいて、お話し申し上げたことがあります。それから二〇年経ったわけですけれど、宮沢賢治の作品は映画化されたり、アニメになったりして非常に有名になりました。

しかし、日本では文学者というと森鷗外や夏目漱石や芥川龍之介とかが有名で、宮沢賢治はただの児童作家ではないか、という風に言われています。確かに漱石や鷗外、芥川の作品は英語に訳されています。しかし、それは英語圏（広義の西欧圏）の話で、実際は宮沢賢治のほうがはるかに多くの国で翻訳され、読まれているのです。

一九九六年の賢治の誕生一〇〇年のとき、宮沢賢治国際研究大会が開かれました。私も参加しましたが、その時に賢治の文学や詩などの芸術性がどんなに多くの国々から注目され、愛読されているかということを知りました。驚くべきことに海外二二ヵ国から、宮沢賢治研究者あるいは宮沢賢治の本を翻訳したという人びとが集まり、三日間にわたって充実した発表会や討論会が行なわれたのです。

その時、話題になったのは、宮沢賢治が長編作品として書いたベジタリアン大祭（「ビジテリアン大祭」）という童話です。ベジタリアンですから肉食はやめて、野菜とかお米を食べる菜食主義の人たちが国際大会をカナダのニューファウンドランド島というところで開いた（もちろんこれは賢治のフィクションですが）。しかもベジタリアンだけが集まったのではなく、シカゴの肉食組合（シカゴ畜産組合）、肉をもっぱら売りさばいている組合の代表も招待しまして、反対者と賛成者の両方が国際的な討論をやったという作品です。

それを改めて読んでみると、宮沢賢治という人がどんなに国家とか国境とか民族とか人種とか、そういうものを超えて、ものを考えていた人かということがよくわかりました。これは「銀河鉄道の夜」よりも、はるかにヒューマニズムというか人間性を尊重するという賢治の立場が表現されているのではないかと思いました。

イーハトーブとはなんなのだ、とよく聞かれます。イーハトーブは「グスコーブドリの伝記」という長編作品の中に出てくる地名です。そこにある時、大凶作が襲います。「サムサノナツハオロオロアルキ」という言葉がありますが、夏なのに少しも暑くならない。ずっと雨が続き、寒さが続いて、ブドリのお父さんもお母さんも大飢饉で餓死してしまうのです。

グスコーブドリの住む森もほとんど枯れ落ちた。ブドリと妹だけはようやく生き延びて、野原にさまよい出、やがて海までたどりつく。これは童話です。宮沢賢治は、ブドリという少年に、自分を重ね合わせたのではないかと思います。ブドリは、二度とこんな悲惨なことが起こらないようにするにはどうしたらよいか、という思いから猛勉強して、有名な地球学の大博士について、学ぶまでになったというのです。

「先生、気層のなかに炭酸瓦斯《ガス》が増えて来れば暖かくなるのですか。」先生は「それはなるだらう。地球ができてからいままでの気温は、大抵空気中の炭酸瓦斯の量できまつてきたと云はれる位だからね。」

「カルボナード火山島が、いま爆発したら、この気候を変える位の炭酸瓦斯を噴くでせうか。」とさらに聞くと、「それは僕も計算した。あれがいま爆発すれば、瓦斯はすぐ大循環の風にまじつて地球ぜんたいを包むだらう。そして下層の空気や地表からの熱の放散を防ぎ、地球全体を平均で五度位温かくするだらうと思ふ。」

するとブドリは大博士《はかせ》に、「先生、あれを今すぐ噴かせられないでせうか。」と聞く。すると、それには噴火の為のダイナマイトを大量に持って行って、山腹に穴をあけ爆発させせなくてはならない。「先生、私にそれをやらしてください。」

そのとき、大博士が言うには、「けれども、その仕事に行つたもののうち、最後の一人はどうしても遁げられないのでね。」そしたらブドリは「私にそれをやらしてください。」と懇願したのです。そして火山を爆発させた。ブドリの体はそこで四散するんですね。こういう物語なのです。つまり、自分の身を犠牲にしても、多くの人々を助ける。これが「グスコーブドリの伝記」の精神なんですね。

私は今、山梨県のずっと奥の、大泉村という山の中に住んでいます。森の中にひとりで住んで二十三年になります、東京に講演があるから来てくれといわれても億劫で、出られないんです。年も九十六歳を越えましたし、ひとりでは行けません。今日は友達の、東京大学の先生をしていた女の方（上野千鶴子さん）に一緒に介添えで来てもらいました。その人が電車に乗るときも降りるときも、タクシーなどの手配もやってくれて、私はやっと花巻まで来られたのです。

私は戦争中から宮沢賢治の作品は読んでいました。特攻艇のために岩壁に穴をたくさん掘って、海岸までレールを引いて、いざ出撃というときの準備をしていました。

『きけ　わだつみのこえ——日本戦没学生の手記』という、

戦没学生たちの手記をまとめた本があります。その中に和田稔《みのる》とか佐々木八郎とか、そういう諸君が、私より先に出ていって故郷に帰って来なかった。まだ飛行機を操縦して沖縄やサイパンまで行けた者は本望です。ところが特攻艇回天などに乗せられた者は気の毒です。操縦しろと言ったって、敵も魚雷が来れば避けますからね、敵に逃げられたらどこかの岩にぶつかってバーン。これはあまりにも悲惨な死に方です。

戦死する前の佐々木八郎たち、何人かの手記を読んでいましたら、なんと宮沢賢治の名前が出てくるんです。賢治の作品に「烏《からす》の北斗七星」という作品があります。佐々木八郎が書いたものです。彼は、東大の経済学部の学生でした。佐々木がいよいよ出撃という前になって、賢治の「烏の北斗七星」という童話のなかに描き出されていた戦争観は、「そのままぼくの現在の気持ちをあらわしている」と書いています。

その童話は、烏の艦隊と敵対する山烏の軍団とが戦争をする話なんですね。たまたま山烏が一羽か二羽、飛び出したところを攻撃して、殺してしまう。賢治の作品の中には、「あゝ、あしたの戦《いくさ》でわたくしが勝つことがいゝのか、山烏が勝つのがいゝのか、それはわたくしにはわかりません、たゞあなたのお考へのとほりです、わたくしはわたくしにきまつたやうに力いつぱい戦かひます、みんなみんなあなたのお考へのとほりです」と祈り、「（あゝマヂエル様、どうか憎むことのできない敵を殺さないでいゝやうに、早くこの世界がなりますやうに、そのためならば、わたくしのからだなどは、何べん引き裂かれてもかまひません。）」と書いているんです。

それを佐々木八郎は「これ以上に人間らしい、美しい、崇高なことがあるだろうか、そして本当の意味での人間としての勇敢さ、強さがこれほどはっきりと表れている情景がほかにあるだろうか、童話だとあっさり片付けられない、愛、戦争、死の本当に正しい、清い、健やかな心情の所有者の姿はまさにこうなくてはならないと思う」と戦争末期に書いていました。その彼は、沖縄まで特攻で行って戦死します。和田稔も人間魚雷で戦死してしまうのです。

そういう青年たちがいたのです。みなさん、忘れないで下さい。その時に、宮沢賢治のこの一編の童話が、どんなに死ぬ前の彼らを勇気づけたか。憎みあったりすることもない人間同士が、どうして殺し合いをしなくてはならないのか。賢治に教えられるわけですね。『日本戦没学生の手記』を読んでいると、賢治の作品を読んだときの思い出とか、いろいろと出てくるのです。

戦前でも私たちは幸い、自由主義の洗礼を受けておりました。今の高校とは全く違います。私は仙台にあった国立の第二高等学校の生徒でした。そういうところに入れたから、いくらか自由主義的な考え方が強かったのでしょうね。あの戦争はおかしいってことがわかっていました。十二月八日の日米開戦の朝、私は遅く寮の食堂に行ったところ、みんながシーンとしているのです。「どうしたんだ今日は」と聞いたら、「お前、知らないのか、日本はアメリカと戦争を始めたんだ。おれたちはもう終わりだよ」って。だって、アメリカなんていうあんな強大な国と戦争して勝てるわけがないですよ。それから一～二時間ほどして、ハワイ・マレー沖海戦のニュースが飛び込んできて、日本海軍の航空部隊がハワイで大戦果をあげた。なんとなくほっとさせられた。ひょっとするとなんとかなるのかなって思ったんです。それぐらい、われわれの時代認識はずれていたのです。

私は先ほど申し上げた、「グスコーブドリの伝記」での、ブドリが火山の爆発で自分を犠牲にする、それが賢治精神そのものなんだと受け止めていた。また「ビジテリアン大祭」に、賢治の人種や民族の違いを超えるインターナショナルな思想を見てきました。こういう話は「銀河鉄道の夜」などより評価されていないし、読まれていないのですけれど、実はそこにはっきり、宮沢賢治という人の思想の本質が出ているのではないのか、と考えたのです。

「銀河鉄道の夜」は最後の作品ですね。あれはほとんど未定稿です。何度も書き直しています。そこでもおそらく、賢治が生きていたら「あれは未完成だよ。あれは印刷してくれるな」と言ったかもしれません。あれを賢治の代表作にしてしまうのは、彼の意志や気持ちに沿わないのではないか、と思います。

もちろん、独自の学説を立てて評価する人は別ですが。宮沢賢治というと「銀河鉄道の夜」。それをアニメ作品にしたり映画化してつくる。未完成ですから、映像化しやすいのでしょう。「グスコーブドリの伝記」なんかも映画化されていますね。そういう意味では、賢治作品はこれからはますます映像化されてゆく可能性がありましょう。

一九二〇年代、賢治の若い時代の作品に、詩集『春と修羅』と、童話集『注文の多い料理店』がありますが、この二冊は戦前に自費出版された。宮沢家は花巻では有数の資産家ですから、そんなことができたのですね。立派な本です。この二冊を発表した当時は、文壇ではほとんど問題視されていなかった。しかし、見識のある数人の詩人たちが、この『春と修羅』に注目しています。天才的な詩人ではないかという評価まで出ていたんです。しかし、賢治は謙虚な人柄ですから、それに応えていませんでした。

しかし、戦時下であっても『宮澤賢治名作選』という本が広く読まれていたのですよ。先に述べましたように特攻隊に参加した若者たちからも読まれて、かれらの人生の最後を飾ったということもあったのです。今から二〇年前の一九九六年、賢治誕生一〇〇年のときに、私はここに来て、二つの講演をしました。一つは「歴史家としてみた宮沢賢治」。二時間ほどの講演でした。もう一つは、宮沢賢治が一時傾倒した国柱会（日蓮宗の一派）、そこのボスが途中で軍国主義の方向に転向してしまい、そこで賢治が国柱会から離れ、「ビジテリアン大祭」のようなインターナショナルな発想に向かっていくいきさつです。それがイーハトーブ賞の選考委員の方の目に触れたのではないかと思うのです。そうでなくては私のような門外漢が、受賞の対象になるなんて考えられません。

そろそろ時間がきたようですので、これで止めます。また、このあとも生きていたら、みなさんにお目にかかることもありましょう。

［第27回イーハトーブ賞受賞講演記録より、二〇一七年］

イーハトーブの森で考える
——歴史家から見た宮沢賢治

歴史家である私がなぜ、宮沢賢治を評価するのか。

宮沢賢治はいわゆる「文壇」の枠からはみだした文学者でした。一九三三年八月に亡くなったのですが、その読者は東洋、西洋諸国にまたがり、そのスケールは〝国民的作家〟と言われるにふさわしい人だった。

私もかつて賢治生誕一〇〇周年の「セレモニー」に招かれたとき、かれの作品が東西の読者にいかに広く読まれているかを知ったのです。

インドでは英訳されて広く読まれ、多くのファンを持っているとも聞いたのでした。文字通り『国民的作家』としか言いようがないのです。

かつて賢治を深く理解した詩人真壁仁は、浮わついた軽薄な「賢治崇拝」の底を引き剝がしてみせました。かれも、宮沢賢治生誕祭に参加し、賢治の生きた惨苦な社会への深い理解を示していました。

賢治もまた「東北古代の闇、太古の光への旅」に目を注いでいました。坂上田村麻呂やアテルイまでを視野に収めていたのです。そうでなければ「原体剣舞連《はらたいけんばいれん》」や「狼森《おいのもり》と笊森《ざるもり》、盗森《ぬすともり》」など、民俗に深く根ざしたユニークな創作をどうして創作できたでしょう。

賢治が最初に自費出版した『春と修羅』にいち早く注目した数人の中に辻潤《つじじゅん》という詩人がおりますが、かれが推薦した一文の中に、「わたくしと云ふ現象は仮定された有機交流電燈のひとつの青い照明です」という句が見られます。

これと全く同一の感想、全く同一の言葉に打たれた若い時代の一人である私の、そのときの心の〝慄《ふる》え〟が想い起されるのです。

私は『春と修羅』に衝撃を受けたことが、賢治との最初の出逢いです。まだ第二次大戦中、昭和十八年春のことでした。

千葉県東金市内の墓地に賢治の詩碑が建てられているといいます。

「病《いたつき》のゆゑにもくちんいのちなり　みのりに棄《す》ば　うれしからまし」という賢治絶筆の短歌です。建立は昭和三〇年八月六日とあるから、私が三〇歳のときでした。

一地方の農民詩人賢治が既成文壇の枠組みでは全く評価されていないにもかかわらず世界中に幅広く知られ、読まれている作家として評価されているのです。私はこういう文学者をこそ「国民的作家」と表現したいのです。

賢治の作品には才気を放った名編が数々あります。その中で、これまであまり注目されてこなかった長編に「ビジテリアン大祭」があります。これは、賢治が当時——治安維持法施行の前夜！——（日本に軍国主義、ファシズムが台頭してくるころ）、警鐘を打ち鳴らしていたともとれる重要な長編なのです。

菜食主義者の賢治が、肉食する人々を一方的に排除、非難するのではなく、シカゴの食肉組合の代表団をも反対討論者の座席に招待して堂々の議論を交わさせている大作です。仲裁役に異色の「シナ人」の陳《ちん》氏を招待しているところも光っています。そのころ日本は国をあげて中国（支那《シナ》）と交戦中だったのに。

会場はカナダのニューファンドランド島（もちろんフィクションです）。これまでこの作品はあまりとりあげられず、また評価もされてこなかったのですが、賢治が持っていた筋の通ったインターナショナリズムを明示した重要な作品です。

この作品が発表された「時代」を考えてください。日本が治安維持法などにより思想弾圧やファシズムの旋風に捲き込まれる前夜であったことを。

関東大震災時のあのおびただしい、非道な朝鮮人大虐殺、それに反発したアナーキスト大杉栄夫妻を公然と虐殺した特高警察たち。賢治が生きていた時代とはそういう暗い時代でもあったのです。

われわれは見過ごしていないだろうか。小学校の国定教科書にもとりあげられている「雨ニモ負ケズ……」の名句も、その重い苦痛にみちた（寒サノ夏ハオロオロ歩キ……という）真実をどれほど伝えていたか、こんな歌を朗らかに高らかに斉唱している小学校の教室の横を通りすぎるとき、茫然と立ち尽くすのです。

生涯をつらぬいたかれの日蓮宗への傾倒も並のものではなかった。死に瀕しても尚、このような告白を親友の母木光《ははきひかる》に遺言する賢治の生涯の重荷を考えてもみよう。

「何分にも私はこの郷里では財ばつと云はれるものの、社会的被告のつながりになっているので、目立ったことがあるといつでも反感の方が多く、じつにいやなのです。じつにいやな目にたくさんあって来ているのです。財ばつに属していると言われるくらいたまらないことはありません。どうかもう私の名前などは土をかけて、きれいに風を吹かせて、せいせいした場所で、お互い考えたり書いたりしようではありませんか。こんな世の中に心象スケッチなんていうものを、大衆めあてで決して書いている次第ではありません。全くさびしくてたまらず、美しいものがほしくてたまらず、ただ幾人かの完全な同感者から『あれはそうですね』というようなことを、ぽつんと云われる位がまず望みというところです」（引用者注：多少読み易く改めている）

賢治の臨終

弟の清六さんが次のように伝えています。

「あまり苦しそうなので、私はその晩二階の兄のそばで寝ることにしたのだが、『こんやの電燈は暗いなあ』と言ったり、『この原稿はみなおまえにやるから、若し小さな本屋からでも出したいというところがあったら発表しても良いよ』と言ったり、悲しいことを話したのでした。
翌日の二十一日の昼ちかく、二階で『南無妙法蓮華経、南無妙法蓮華経』という高い兄の声がするので、家中の人たちが驚いて二階に集まると、喀血して顔は青ざめていたが、合掌して御題目を唱えていました。
父は遺言することはないか、と云い、賢治は『国訳妙法蓮華経を一千部おつくり下さい。表紙は朱色等』と云い、『私の生涯の仕事はこの経をあなたのお手もとに届け、其中《そのなか》にある仏意に触れて、あなたが無上道《むじょうどう》に入られますことを、ということを書いて、知己の方々にあげてください』と言った。
父は、『お前も大して偉いものだ。あとは何も言うことはないか』と聞き、兄は『後は、また起きてから書きます』といってから、私どもの方を向いて『おれもとうとうお父さんにほめられた』と、嬉しそうに笑っていた。それから少し水を呑み、からだ中を自分でオキシフルをつけた脱脂綿でふいて、その綿をポロッと落としたときに、息を引きとりました。九月二十一日、午後一時三十分でした。」（宮沢清六『兄賢治の生涯』）
葬儀は九月二三日、「日本詩壇の巨星、きのふ墜《お》つ」として花巻町の安浄寺で盛大に行われた。（『岩手日報』の報道による）
生前、故人の徳を偲び、会葬者、二〇〇〇人を数え、盛大を極めた。弔電二八通、なお、故人の遺言により、法華経一〇〇〇部を刊行、生前の知己に贈った。（中央の、新聞や報道など、メディアがどう伝えたかは知らない）
その後、『宮沢賢治全集』は中央の有名出版社から続々として刊行されました。私が入手したのは筑摩書房版（第三次校本）全一六巻で、それが定本的な全集と評価されたものでした。
（『イーハトーブの森で考える』河出書房新社、二〇一九年）

平成略年表

平成元年（昭和64）　1989

1・7　天皇・裕仁死去（八七歳）、皇太子・明仁が第一二五代天皇に即位
1・8　平成と改元
1・20　米共和党の現職副大統領ブッシュ、米大統領に就任
2・15　アフガニスタン駐留のソ連軍撤退完了
2・24　昭和天皇大喪の礼、一六四ヵ国の元首級代表参列（東京・新宿御苑）
3・25　ソ連初の人民代議員選挙、急進改革派のエリツィンが圧勝
4・1　消費税法施行（税率三%）
4・25　竹下首相辞任表明
5・25　アメリカ、通商法スーパー三〇一条を適用し、日本など三ヵ国を不公正貿易国に指定
6・3　宇野宗佑内閣成立
6・4　中国・北京で天安門事件おこる。人民解放軍、中国人民に発砲
6・4　ポーランドで初の自由選挙、「連帯」が圧勝
6・24　中国で趙紫陽総書記解任、後任は江沢民
7・23　参議院議員選挙で与野党の議席数が逆転、社会党が第一党になる
7・24　宇野内閣退陣
8・9　第一次海部俊樹内閣成立
9・4　日米構造協議（SII）始まる
11・9　「ベルリンの壁」崩される
11・21　日本労働組合総連合会（連合）発足、総評解散
12・2　ブッシュ米大統領とゴルバチョフ、ソ連議長、マルタ島で初の会談（冷戦終結へ）
12・22　ルーマニアのチャウシェスク独裁政権崩壊、大統領夫妻処刑さる
12・29　東証平均株価三万八九一五円と過去最高値に

【この年】

・バンドブーム。テレビで「いかすバンド天国」が人気を集める
・バブル経済が続くなかで、貧しい時代の美しい物語「一杯のかけそば」に異様な人気
・ゲームボーイ用の「テトリス」が爆発的売れ行き
・文学では村上春樹『ノルウェイの森』、吉本ばなな『キッチン』『TUGUMI』などが売れる
・映画は「インディージョーンズ　最後の聖戦」、宮崎駿監督「魔女の宅急便」がヒット

平成2年　1990

1・18　本島等長崎市長、狙撃さる
2・11　南アフリカで黒人解放運動指導者ネルソン・マンデ

ラ、二八年ぶりに釈放、大統領となる
2・28 第二次海部俊樹内閣成立
3・15 ゴルバチョフ、ソ連初代大統領に就任
3・27 大蔵省、金融機関に不動産融資の総量規制を通達（四・一実施）
4・1 三井銀行と太陽神戸銀行が合併、太陽神戸三井銀行発足
6・10 日系二世のフジモリ議員、ペルー大統領に就任
6・20 ロンドンで第二回モントリオール議定書締約国会議開催
8・2 イラク軍、クウェート領に侵攻
10・1 東証平均株価二万円を割り、バブル経済崩壊
10・3 東西ドイツが統一してドイツ連邦共和国誕生
11・17 長崎県の雲仙普賢岳、約二〇〇年ぶりに噴火

【この年】
・任天堂がスーパーファミコンを発売
・テレビアニメ「ちびまる子ちゃん」大人気

平成3年 1991

1・1 東京都の市内電話局番が四桁に
1・17 湾岸戦争おこる（四・一一　戦争終結）
1・24 政府、湾岸支援に九〇億ドル（約一兆二〇〇〇億円）の追加資金協力
2・23 皇太子徳仁、立太子の礼
3・10 新宿副都心に新都庁舎完成
4・1 牛肉・オレンジの輸入自由化実施
4・24 米軍艦船の後方支援のため、自衛隊の掃海艇をペルシャ湾に派遣すると決定（初の海外派遣）
6・3 長崎県の雲仙普賢岳で大火砕流発生
7・1 東西冷戦の終結によりワルシャワ条約機構解体
7・1 厚生省令、食品衛生法の添加物表示を義務化
7・10 エリツィン首相、ロシア共和国の大統領に就任
8・25 ソ連邦共産党解散
9・24 経企庁が「いざなぎ景気」を超える過去最長の景気拡大と発表
9・27 米ブッシュ大統領、核戦略の転換を発表、ソ連も同調
9・27 台風一九号が青森のりんご取入れ真最中の農家に壊滅的被害をもたらす
10・14 橋本龍太郎蔵相が一連の金融・証券「不祥事」事件で引責辞任
11・5 北京で中国・ベトナム首脳、両国関係の正常化を宣言
11・5 宮沢喜一内閣成立
12・3 衆議院本会議、国連の平和維持活動（ＰＫＯ）協力法案可決
12・8 ロシア・ウクライナ・ベラルーシ、独立国家共同体

（ＣＩＳ）創設協定に調印
12・25　ソ連邦消滅、ロシア連邦成立。エリツィン、初代大統領に就任

【この年】
・ＮＴＴがmovaを発売、携帯電話の普及が進む
・「東京ラブストーリー」「一〇一回目のプロポーズ」などトレンディ・ドラマが人気

平成4年　1992

1・1　大蔵省、不動産融資の総量規制を解除
1・31　大規模小売店舗法が改正され、出店競争激化。商店街没落のきっかけをつくる
3・14　東海道新幹線に「のぞみ」登場
4・25　人気歌手尾崎豊、急死す
5・22　熊本県知事細川護熙が日本新党を結成
6・3　ブラジル、リオデジャネイロで「地球環境サミット」開催
6・15　ＰＫＯ協力法案、衆院で可決
7・20　証券取引等監視委員会発足
8・10　ＰＫＯ協力法施行
8・28　景気が一転して悪化、過去最高規模の一〇兆七〇〇〇億円の財政措置、政府の財界への強力なテコ入れ
9・12　公立小中高校で週五日制始まる
9・12　毛利衛、日本人初の技術者として米スペースシャトル「エンデバー」に搭乗
10・20　日本ＩＢＭが低価格パソコンを発売（一九万八〇〇〇円）
10・23　天皇・皇后、初の中国訪問。晩餐会で「おわび」
12・18　韓国で金泳三大統領誕生、三二年ぶりに文民出身者

【この年】
・アニメ「クレヨンしんちゃん」ヒット

平成5年　1993

1・1　ＥＣ統合市場発足
1・13　米英仏三国、イラク共和国に空爆開始
1・15　釧路沖地震おこる
1・20　クリントン、米大統領に就任
4・8　カンボジアＰＫＯ活動中のボランティア中田厚仁、文民警察官高田晴行が襲撃され死亡
4・23　天皇・皇后両陛下、歴代で初めて沖縄を訪問、追悼
5・15　日本プロサッカーリーグ「Ｊリーグ」開幕
6・9　皇太子徳仁親王と小和田雅子さん、ご成婚
7・12　北海道南西沖地震、奥尻島は津波と大火で潰滅状態
7・18　第四〇回衆議院議員総選挙、自民党が過半数を割り「五五年体制」崩壊
8・2　ＥＣ緊急蔵相・中央銀行総裁会議、事実上の管理変

8・9　動相場制への移行を決定
8・9　細川護熙連立内閣成立
8・10　細川首相が所信表明演説で、日本の第二次大戦を「侵略戦争」と明言
8・17　円高が進み、一ドル一〇〇円台に突入
8・27　レインボーブリッジ開通
11・1　マーストリヒト条約発効により、EU（欧州連合）発足
11・6　日韓首脳会談で細川首相が朝鮮半島の植民地支配を謝罪
11・19　環境基本法公布

【この年】
・漫画「サザエさん」の謎解き本『磯野家の謎』ベストセラー
・冷夏による凶作で海外米を緊急輸入
・ディスコ「ジュリアナ」盛況

平成6年　1994

1・1　北米自由貿易協定（NAFTA）発効
1・17　ロサンゼルスで大地震（死者六一人）
1・29　政治改革四法案成立
3・3　クリントン米大統領、スーパー三〇一条、復活の大統領令に署名
3・29　通産省、自動車の対米輸出自主規制を九三年度末で撤廃と発表
4・8　細川首相が佐川急便グループからの借金問題で辞職
4・10　NATO軍、ボスニア紛争でセルビア人勢力を空爆
4・26　中華航空機、名古屋空港で着陸失敗し炎上、二六四人死亡
4・28　羽田孜内閣成立（六・八辞職）
6・22　ニューヨーク外為市場で、一ドル＝一〇〇円を初めて突破
6・27　松本サリン事件発生
6・30　村山富市内閣成立（自民・社会・さきがけ連立政権）
7・8　北朝鮮の金日成主席死去
7・16　発掘が進んだ大規模な縄文遺跡の青森市・三内丸山古墳から大量の土器が出土
9・8　関西国際空港が開港
10・13　大江健三郎にノーベル文学賞。ただし、日本の文化勲章は辞退

【この年】
・大学新卒の就職難始まる。「就職氷河期」
・ドラマ「家なき子」の台詞「同情するなら金をくれ」が話題
・ソニー、プレイステーション発売

平成7年 1995

1・1 WTO（世界貿易機関）、GATTを引き継いで発足

1・17 阪神・淡路大震災発生。直下型地震でM七・三。近畿圏に大きな被害をもたらした。三四万人が避難し、死者は六四三四人に達した

1・19 ロシア軍、チェチェン共和国の首都制圧

3・20 地下鉄サリン事件おこる、死者一二人（一三人が認定）。これを受けて三・二二、山梨県上九一色村などのオウム真理教の拠点を一斉捜索、麻原彰晃など幹部を逮捕

4・9 青島幸男が東京都知事、横山ノックが大阪府知事にそれぞれ当選（喜劇役者がなぜ、知事に？）

4・19 東京外国為替市場で一時一ドル＝七九円七五銭、終値八〇円三四銭とともに最高値をつける

7・1 製造物責任法（PL法）施行

8・8 村山富市改造内閣成立

8・15 戦後五〇年に当たっての首相談話で、日本社会党出身の村山首相が「植民地支配と侵略」について謝罪

9・4 沖縄で米兵三人による少女拉致・暴行事件発生。米軍の処置に抗議して八万人余の県民総決起大会を開催（一〇・二一）

9・8 公定歩合〇・五％引下げて〇・五％に、史上最低

9・26 大和銀行ニューヨーク支店で一一億ドルの損失が判明。翌年撤退

11・1 東京臨海副都心と都心部を結ぶ新交通システム「ゆりかもめ」が開業

11・23 パソコンOS「ウィンドウズ95」発売、パソコンの普及一気に加速

12・8 福井県敦賀市の高速増殖炉「もんじゅ」でナトリウム漏洩事故発生

【この年】

・『ソフィーの世界』ベストセラー

・アニメ「新世紀エヴァンゲリオン」若者に人気

・野茂英雄、大リーグのロサンゼルス・ドジャースで活躍、新人王となる

平成8年 1996

1・11 村山首相の辞任を受けて第一次橋本龍太郎内閣成立

1・11 米スペースシャトル「エンデバー」に若田光一飛行士が乗船

1・19 社会党、社会民主党に党名変更

2・16 菅直人厚相が薬害エイズ問題で、国の責任を認め被害者に謝罪

4・1 らい予防法廃止

4・1 東京三菱銀行発足
4・17 橋本・クリントン会談で日米安保の広域化で合意
4・18 一九九五年度貿易黒字九六二億三〇〇万ドル、二年連続減
4・25 中ロ首脳、核実験全面廃止条約（CTBT）早期締結等の共同宣言
7・19 一〇〇周年記念大会となるアトランタオリンピック開催
7・20 日本政府が国連海洋法条約を批准、関連国内法施行
7・20 病原性大腸菌O一五七の患者、全国で六〇〇〇人を超える
9・28 民主党結成。代表は鳩山由紀夫と菅直人
10・20 選挙改革後初めての小選挙区比例代表制での総選挙
11・7 第二次橋本龍太郎内閣成立
12・5 広島の原爆ドームが世界遺産に登録される

［この年］

・ゲーム「ポケットモンスター」が発売、人気になる
・女子高生の間でルーズソックス流行
・グラハム・ハンコック『神々の指紋』ベストセラー
・最大一一・五ゲーム差を逆転、巨人が優勝。「メークドラマ」が流行語大賞

平成9年　1997

3・11 茨城県東海村の動燃工場で爆発事故、史上最悪の放射能漏れ
4・1 消費税率が五％に。反対運動起る
4・22 ペルーの日本大使公邸占拠で、ペルー軍の特殊部隊の突入により人質解放
4・25 「日産生命」に業務停止命令、生保、初の破綻
5・14 欧米ヘッジファンドの通貨空売りに端を発してアジア各国の通貨が下落（アジア通貨危機）
6・11 改正独占禁止法成立（一二・一七施行）、持ち株会社解禁
6・17 臓器移植法成立
6・22 神戸連続児童殺傷事件で一四歳の少年を逮捕
7・1 外交上、香港、中国へ返還決定
9・11 第二次橋本龍太郎改造内閣成立
11・3 三洋証券倒産
11・17 北海道拓殖銀行が破綻（初の都市銀行破綻）
11・24 山一證券が自主廃業申請
12・1 地球温暖化防止京都会議開幕（一二・一一議定書採択「京都議定書」）
12・9 アイヌ保護法成立（北海道、旧土人保護法は廃止）
12・17 介護保険法公布（施行は二〇〇〇・四・一）

12・18 韓国で金大中大統領誕生
12・24 自民党、緊急金融システム安定化対策本部三〇兆円の公的支援策決定

【この年】
・「たまごっち」流行
・宮崎駿監督「もののけ姫」大ヒット
・トヨタがハイブリットカー「プリウス」発売

平成10年 1998

2・2 郵便番号が七桁に
2・7 第一八回冬季オリンピック、長野県で開催
2・16 金融安定化二法案成立、日銀が実質ゼロ金利導入
3・13 一九九七年度の国内総生産、成長率は二三年ぶりにマイナスに転じる
4・1 改正外国為替法施行、日本版ビッグバン（金融大改革）が始動
4・5 明石海峡大橋開通
4・27 民主党に民政党、新党友愛、民主改革連合が合流し、二大政党時代を目指し新・民主党を結成（代表・菅直人）
6・22 金融監督庁発足
7・25 和歌山市で夏祭に提供されたカレーに毒物が混入され四人死亡
7・30 第一次小渕恵三内閣成立
8・31 北朝鮮のミサイル「テポドン」が太平洋に着弾
10・7 韓国の金大統領来日、未来志向の日韓共同宣言をする
10・23 日本長期信用銀行が国有化
11・25 中国の国家元首として初めて江沢民主席が来日
12・1 特定非営利活動促進法（NPO法）施行
12・12 日本債券信用銀行、一時国有化

【この年】
・「ウィンドウズ98」発売
・貴乃花と若乃花、史上初の兄弟横綱が誕生
・サッカーワールドカップフランス大会に日本が初出場
・横浜ベイスターズの投手・佐々木主浩の愛称「ハマの大魔神」が流行語大賞を受ける

平成11年 1999

1・7 自衛隊、国連平和維持軍（PKF）活動参加決定
1・29 景気対策の地域振興券の交付開始
2・27 NTTドコモ、iモード発売
3・3 日銀が短期金融市場で年初来最大の資金供給、実質ゼロ金利
3・12 金融再生委員会が大手銀行一五行に七兆五〇〇〇億円の公的資金投入承認（いつも「大手」には手厚い

3・24 信頼として、中小反撥)
4・1 NATO軍がコソボ紛争に介入、空爆開始
4・1 整理回収機構設立
4・1 画期的な改正男女雇用機会均等法施行
4・30 東京証券取引所の取引が全面コンピュータ化
5・7 情報公開法成立
6・23 男女共同参画社会基本法公布
8・9 国旗・国歌法成立(日の丸、君が代)
8・20 第一勧業銀行・富士銀行・日本興業銀行、二〇〇二年春の統合を発表
9・30 茨城県東海村の核燃料加工会社JCO、臨界事故。二人が死亡、六六七人が被曝、約三一万人に避難勧告
10・5 第二次小渕恵三改造内閣成立(自民・自由・公明連立政権)
10・14 住友銀行とさくら銀行が合併発表、三井住友銀行発足決定
12・1 改正労働者派遣法により派遣対象業務、原則自由化

[この年]
・市町村合併(平成の大合併)はじまる
・乙武洋匡『五体不満足』ベストセラー
・ソニーがロボット犬「アイボ」を二五万円で発売

平成12年 2000

1・1 危惧された「二〇〇〇年問題(Y2K)」は大きなトラブルなしにクリアする
1・15 ダイオキシン類、対策特別措置法施行
2・2 公職選挙法改正
2・13 グリコ・森永事件時効成立
4・1 画期的な介護保険制度、開始
4・1 容器包装リサイクル法、完全施行
4・2 小渕首相、脳梗塞で入院(四・四に辞職)
4・5 第一次森喜朗内閣成立
4・6 携帯電話が五〇〇〇万台突破、固定電話を上回る
5・7 プーチン首相、ロシア大統領に就任
5・24 ストーカー規制法公布
7・2 雪印乳業の製品で大規模な食中毒発生
7・8 三宅島で雄山が噴火。全島民避難
7・19 二千円札発行
9・24 シドニーオリンピックの女子マラソンで、高橋尚子が陸上女子初の金メダル
9・24 みずほフィナンシャルグループ(第一勧業銀行・富士銀行・日本興業銀行)発足
10・10 ノーベル化学賞に白川英樹・筑波大名誉教授
11・4 旧石器遺跡での遺物捏造、発覚

12・5　第二次森喜朗内閣成立
【この年】
・プレイステーション2、発売
・J・K・ローリング『ハリーポッターと賢者の石』発売

平成13年　2001

1・2　ブッシュ・Jr、米大統領に就任
1・6　中央省庁再編。内閣府、厚生労働省、財務省などが誕生
1・6　首相官邸主導の経済財政運営のため内閣府に経済財政諮問会議を設置
2・9　宇和島水産高校の練習船「えひめ丸」がハワイ沖で米原子力潜水艦に衝突され沈没
3・16　月例経済報告で戦後初めて「デフレ」を公式に認める
3・19　日銀、量的緩和政策を開始
3・31　ユニバーサル・スタジオ・ジャパン、開業
4・1　情報公開法施行
4・26　第一次小泉純一郎内閣成立
5・11　熊本地裁、「ハンセン病国家賠償請求」訴訟で、国に支払いを命じる
6・8　大阪教育大学付属池田小学校に男が乱入、児童八人を殺害
9・4　東京ディズニーシー、開業
9・11　アメリカで同時多発テロおこる。いわゆる九・一一事件、世界に衝撃を与える
9・19　政府、米政府の反テロ行動支援を決定
10・7　ブッシュ大統領、同時多発テロの首謀者としてオサマ・ビン・ラディンを特定、アフガニスタンでの軍事行動を開始
10・29　アメリカの報復に追徒してテロ対策特別措置法が成立。自衛隊による米軍の後方支援活動を可能にさせた
12・2　エネルギー卸売り大手エンロンが破綻
12・11　中国がWTOに加盟
【この年】
・「小泉劇場」過熱
・斎藤孝『声に出して読みたい日本語』ベストセラー

平成14年　2002

1・1　欧州単一通貨ユーロ、一二ヵ国で流通はじまる
1・15　三和銀行と東海銀行が合併、UFJ銀行発足
2・27　政府、総合デフレ政策を決定
4・1　第一勧業銀行・富士銀行・日本興業銀行がみずほ銀行・みずほコーポレート銀行に再編
4・1　いわゆる「ゆとり教育」がスタート

5・28 経団連と日経連が合併、日本経済団体連合会に
5・31 日韓共催の第一七回サッカーワールドカップ、アジアで初の開催
6・4 日本、京都議定書に署名
6・7 改正地球温暖化対策の推進に関する法律制定
7・4 改正JAS法施行、食品偽装に懲役刑を適用
8・5 住民基本台帳ネットワーク（住基ネット）稼働
9・17 小泉首相初の訪朝で「日朝平壌宣言」。北朝鮮は日本人拉致問題を謝罪
10・8 小柴昌俊にノーベル物理学賞、田中耕一にノーベル化学賞
10・15 北朝鮮による拉致事件被害者五人が帰国
11・15 胡錦濤、中国共産党総書記に就任
12・1 東北新幹線、盛岡～八戸間が延長開通
12・16 海上自衛隊、米英軍支援のためイージス艦をインド洋に派遣
12・19 盧武鉉、韓国大統領就任

【この年】
・多摩川にアゴヒゲアザラシの「タマちゃん」出没
・映画「ロード・オブ・ザ・リング」ヒット
・優勝した巨人のシーズンMVP松井秀喜がニューヨーク・ヤンキースへ移籍

平成15年　2003

2・1 スペースシャトル「コロンビア」が大気圏突入に失敗。乗員七名死亡
3・19 イラク戦争始まる。米主体の有志連合、フセイン体制を崩壊させる。後にフセインを拘束、処刑
4・1 日本郵政公社発足
4・2 産業再生機構法・改正産業再生法成立
4・14 「ヒトゲノム」解読完了
5・1 ブッシュ米大統領、イラク戦争の終結宣言
5・8 トヨタ自動車、経常利益一兆四〇〇〇億円の黒字で日本記録樹立
5・23 個人情報保護法成立
6・6 小泉首相、有事法制関連三法を成立させる
7・5 WHO、全世界でSARSの終息を宣言
8・27 北朝鮮を巡る六カ国協議開始（北朝鮮、米、中、韓、ロ、日）
10・1 東海道新幹線品川駅開業
10・10 日本産トキ絶滅宣言
10・23 東京都教委が日の丸・君が代に関する通達、波紋を起す
11・19 第二次小泉純一郎内閣成立
11・29 イラクで日本人外交官二名殺害

12・1　テレビ地上デジタル放送スタート
12・23　アメリカでBSE発生。日本政府は米産牛の輸入を停止

【この年】
・宮崎駿監督「千と千尋の神隠し」アカデミー賞長編アニメ賞受賞
・養老孟司『バカの壁』ミリオンセラー
・宮城県北部地震（七・二六）、十勝沖地震（九・二六）

平成16年　2004

1・9　小泉首相、陸上自衛隊にイラクへの派遣命令を下す
1・30　青色発光ダイオードの発明対価に二〇〇億円支払いを命じる判決
3・1　労働者派遣法改正、製造業への派遣が解禁
3・13　九州新幹線開業
3・25　愛知万博開幕
4・1　日本航空と日本エアシステムが経営統合
5・1　EUに一〇ヵ国が新加盟、二五ヵ国体制に
5・21　裁判員法成立
5・22　小泉首相二度目の訪朝、拉致被害者家族五名帰国
5・27　イラクで日本人ジャーナリスト二人が殺害される
6・14　小泉首相、有事法制関連七法を成立させる
8・13　米軍のヘリコプターが普天間基地近くの沖縄国際大学に墜落、抗議運動起る
9・18　プロ野球選手会、一二球団体制維持を求めて初のストライキ
10・6　米政府調査団、イラクに大量破壊兵器はなかったと発表
10・23　新潟県中越地震おこる
11・1　新紙幣発行、現在のデザインに
11・11　パレスチナ自治政府のアラファト議長が死去
12・26　スマトラ沖で大地震、津波被害などで死者三〇万人

【この年】
・テレビドラマ「冬のソナタ」が大ヒット、韓流ブームのさきがけ
・村上龍『13歳のハローワーク』ベストセラー
・アテネオリンピックで、水泳の北島康介の金メダル後の「チョー気持ちいい！」が流行語になる

平成17年　2005

1・11　中国、貿易総額一兆一五四七億ドルで日本を抜いて世界第三位の貿易大国となる
2・1　三宅島の全島避難解除
2・16　京都議定書、ようやく発効
2・17　中部国際空港開港
2・17　生活保護世帯が初めて一〇〇万世帯を突破

3・29 スマトラ島沖で再度大地震発生（死者一〇〇〇人以上）
4・1 個人情報保護法、ようやく施行さる
4・1 ペイオフが全面的に凍結解除
4・25 JR福知山線で脱線事故。一〇七人死亡
7・21 中国が人民元為替レートを対ドルで二％切上げ実施、管理変動相場制へ移行
8・8 参議院が郵政民営化法案を否決。小泉首相これを理由に衆議院を解散
8・26 アメリカ南部に大型ハリケーン「カトリーナ」上陸
9・11 衆院選で自民党圧勝
10・1 道路公団を三社に分割
10・14 郵政民営化法案成立
11・7 障害者自立支援法成立
11・17 首都圏の建造物で耐震強度偽装の発覚（二一件）
11・22 ドイツで初の女性首相（メルケル）誕生
12・8 米国産牛肉輸入再開

【この年】

・映画「ALWAYS　三丁目の夕日」ヒット
・クールビズ、始まる

平成18年　2006

1・1 東京三菱銀行とUFJ銀行が合併、三菱東京UFJ銀行発足
1・23 日本郵政株式会社発足
1・23 ライブドア堀江貴文社長ら、証券取引法違反容疑で逮捕
4・1 省エネルギー法施行
5・1 日米安保協議で、普天間基地移設と一部の海兵隊のグアム移転合意
6・1 二〇〇五年の出生率が過去最低の一・二五と厚生労働省が発表
6・3 シンドラー社のエレベーター誤作動で男子高校生死亡
6・5 村上ファンド代表が証券取引法違反容疑で逮捕
6・15 改正容器リサイクル法成立
6・20 夕張市財政再建団体指定
7・5 北朝鮮のミサイルが日本海に落下
7・14 日銀がようやくゼロ金利政策解除
8・11 京大の山中教授がマウスの皮膚細胞からiPS細胞を作成したことを発表
9・19 タイで軍事クーデターおこる
9・26 安倍晋三内閣成立
10・9 北朝鮮が地下核実験の成功を発表
10・22 政府月例経済報告で四年一〇ヵ月連続景気拡大と発表
12・30 イラクのフセイン元大統領の死刑執行

【この年】
・夏の甲子園で「ハンカチ王子」が話題
・改正省エネルギー法、改正容器包装リサイクル法が施行
・「格差社会」が喧伝される

平成19年 2007

1・9 防衛庁が防衛省に昇格
2・17 社会保険庁で、五〇〇〇万件以上の公的年金記録の不備が発覚
2・18 第一回東京マラソン開催
3・18 ICカード乗車券PASMO、サービス開始
4・11 中国温家宝首相来日、「戦略的互恵関係」の具体化促進を表明
4・17 伊藤一長、長崎市長銃撃され死亡
5・14 「日本国憲法の改正手続に関する法律（国民投票法）」成立
6・20 食品加工会社ミートホープの偽装発覚
7・16 新潟県中越沖地震で死者一五名、東電柏原原発で火災発生
8・9 サブプライム・ローンに対する信用不安で世界同時株安
9・12 安倍首相突然の辞任表明
9・14 月探査衛星「かぐや」打ち上げ
9・26 福田康夫内閣成立
9・29 沖縄で一一万人の県民大会が開かれ、教科書の集団自決強制の記載を巡って抗議
10・1 四事業会社から成る日本郵政グループ発足
10・1 気象庁が緊急地震速報を開始
11・21 京大がヒトの皮膚細胞からiPS細胞の作製に成功と発表

【この年】
・ゴルフの石川遼「ハニカミ王子」
・ネットカフェ難民が社会問題
・新生児匿名受け入れの「赤ちゃんポスト」、一一ヵ月で一七人が預けられた（熊本市）

平成20年 2008

1・7 NTTドコモがPHSサービスを終了
1・11 人材派遣会社大手グッドウィルに事業停止命令
1・30 中国製冷凍餃子から有機リン系毒物発見される
2・2 トヨタの自動車生産台数GMを抜いて世界第一位に
2・6 公的年金記録不備改善に向けて「ねんきん特別便」の送付開始
2・14 米ノーザン・イリノイ大学で銃乱射事件
2・15 韓国第一七代大統領に李明博就任
3・2 ロシア大統領にメドベージェフ就任（プーチンは首

相に）
4・1 七五歳以上の後期高齢者医療制度開始
4・1 三越と伊勢丹が経営統合し、三越伊勢丹ホールディングス発足
5・12 中国四川省でM八・〇の大地震。死者約七万人
6・8 秋葉原の路上で無差別殺傷事件、七人死亡
8・1 第二次福田康夫内閣成立
9・1 福田首相退陣表明
9・15 アメリカの大手証券会社リーマン・ブラザーズが経営破綻、いわゆる「リーマン・ショック」
9・24 麻生太郎内閣成立
10・1 松下電器産業がパナソニックに社名変更
10・7 南部陽一郎、益川敏英、小林誠にノーベル物理学賞、下村脩に化学賞
11・5 米大統領選で、民主党オバマ候補が当選

［この年］
・小林多喜二『蟹工船』が若者を中心にベストセラー
・「ゲリラ豪雨」が頻発

平成21年　2009

1・5 株券の電子化スタート
1・20 米大統領にオバマ就任（米史上初の黒人系大統領）
2・16 村上春樹がイスラエルの文学賞「エルサレム賞」を受賞
3・4 定額給付金の関連法成立
3・15 若田光一宇宙飛行士搭乗の米スペースシャトル打ち上げに成功
4・5 バラク・オバマ大統領、核兵器のない世界をめざすと演説（プラハ演説）。この年のノーベル平和賞受賞
4・30 アメリカの大手自動車会社クライスラー社が破綻
5・21 裁判員裁判制度実施
5・23 韓国の盧武鉉前大統領、転落死
6・10 米ゼネラルモーターズ（GM）が経営破綻
7・13 「脳死は人の死」とする改正臓器移植法成立
8・30 第四五回総選挙で民主党が圧勝
9・1 消費者庁発足
9・16 鳩山由紀夫内閣成立、当初の支持率七五％
11・6 民主党政権による初めての「事業仕分け」作業が公開
11・20 相対貧困率一五・七％で、先進国で最悪と厚労省が発表
11・27 急成長のドバイで債務返済の一時凍結を宣言（ドバイ・ショック）、信用不安、全世界にひろがる
12・4 郵政民営化凍結法成立
12・21 野口聡一宇宙飛行士、ソユーズで長期滞在はじまる

［この年］
・前年暮れから新年にかけて「年越し派遣村」

・新型インフルエンザ「世界的大流行（パンデミック）」とWHOが認定

平成22年 2010

1・1 社会保険庁が廃止され、日本年金機構が発足
1・15 ギリシャ国債価格が暴落
1・19 日本航空が会社更生法適用を申請
1・27 中国が最大の輸出相手国に
2・27 チリでM八・八の大地震。日本でも大津波警報発令
3・31 平成一一年から行われた政府主導の市町村合併、「平成の大合併」終了
4・20 アメリカのメキシコ湾で原油流出事故発生
4・25 沖縄で普天間基地県内移設に反対する九万人集会
4・27 殺人事件の公訴時効廃止
5・1 上海万博、開幕
6・4 鳩山首相辞任を受け、菅直人内閣成立
6・13 小惑星探査機「はやぶさ」が七年ぶりに帰還
8・5 チリの鉱山で落盤事故。地下七〇〇メートルに三三名が閉じこめられ、約二ヵ月後に全員救出
8・31 オバマ大統領、イラク駐留米軍の戦闘任務終了を宣言
9・7 尖閣諸島付近で中国漁船が巡視船に衝突。船長は処分保留で送還。当時の模様を撮影した海上保安庁のビデオが、ＹｏｕＹｕｂｅで公開される
10・6 鈴木章、根岸英一がノーベル化学賞受賞
10・14 東京外国為替市場で一ドル八〇円台後半、一五年半ぶりの円高
11・13 ミャンマー民主化運動指導者アウンサンスーチー女史の自宅軟禁解除

【この年】
・六～八月の平均気温が一・六四度高く、一一三年間でもっとも暑い夏、地球温暖化の影響か？　と問題視
・アップルがｉＰａｄを発売するも日本製部品はゼロ

平成23年 2011

1・20 中国、ＧＤＰで日本を抜いて世界第二位となる
2・22 ニュージーランドで大地震、死者一八四人中に日本人二八人
3・11 東日本大震災発生。三陸沖でM九・〇。大津波により岩手、宮城、福島は壊滅的被害。死者一万五八四四人、行方不明約三四〇〇人。避難者は約三三万五〇〇〇人、全世界から救援の手が差しのべられる
3・12 東京電力の福島第一原発で炉心溶融事故、水素爆発による建屋の崩壊。初の「原子力緊急事態宣言」
3・12 九州新幹線の博多―鹿児島中央間の全線が開通
4・12 福島の原発事故をチェルノブイリ級の「レベル七」

に認定
5・1 米軍、オサマ・ビン・ラディンを殺害と発表
7・1 東日本で電力使用制限令発令
7・24 テレビ放送がアナログ放送から地上デジタル放送に完全移行
9・2 野田佳彦内閣成立
9・17 ニューヨークで格差是正を訴えて「ウォール街占拠」運動ひろがる
9・19 東京・明治公園で脱原発集会が行われ、六万人が参加
10・20 リビアの独裁者カダフィ大佐殺害される
10・22 タイの大洪水で、首都バンコクも浸水。日本企業の工場の被害も甚大
11・8 オリンパスの一〇〇億円を超える巨額損失隠し発覚
12・16 野田首相福島第一原発事故の早過ぎた「収束宣言」
12・19 北朝鮮が金正日総書記の死亡と後継者金正恩を発表

【この年】
・チュニジアに端を発した反政府運動がアラブ世界に波及
・サッカー女子ワールドカップドイツ大会でなでしこジャパン初優勝

平成24年 2012

1・19 米写真用品大手イーストマン・コダック倒産、デジタル化への対応の遅れが原因
1・25 NTTドコモでデータ通信障害ひろがる
2・2 東京証券取引所でもシステム障害
2・7 岡山県水島コンビナートで陥没事故、五人死亡
5・5 北海道泊原発運転停止を機に、国内の原発はすべて運転停止に
5・22 東京スカイツリー、開業
6・3 オウム真理教の菊地直子容疑者、高橋克也容疑者逮捕（一五日）でオウム真理教関係の捜査終結
7・1 牛レバーの刺身が食品衛生法で禁止
7・1 周辺自治体の反対のなか、福井・大飯原発三号機が再稼働
7・22 九州北部で大豪雨
8・6 米NASAの火星探査機キュリオシティが火星に到着
9・11 尖閣列島の国有化。中国ではこれに反発するデモが暴徒化、日本企業の被害甚大
9・19 日本航空が二年半ぶりに再上場
10・8 京大山中伸弥教授にノーベル医学賞
11・6 接戦が伝えられるなか、オバマが米大統領に再選
12・16 衆議院解散、総選挙で自民党圧勝
12・26 第二次安倍晋三内閣成立

【この年】
・東京電力をはじめ、各電力会社が値上げ

・脱法ハーブが社会問題化
・滋賀県大津市の中学生のいじめ自殺問題など、各地でいじめ事件が問題になる
・沖縄にオスプレイ配備

平成25年 2013

1・16 アルジェリア東部の天然ガス精製プラントをイスラム武装集団が襲撃、邦人一〇人を含む外国人四一人を拘束、その後制圧された(邦人一〇人は死亡)
2・12 北朝鮮が咸鏡北道で二〇〇九年以来三度目となる核実験を実施
3・15 安倍首相、TPP交渉参加を表明
4・4 日銀が消費者物価上昇率を二年で二%に引き上げ、大量の国債買い入れで資金供給量を倍増させる「異次元」の量的・質的緩和を決定
6・22 富士山が「世界文化遺産」に決定
7・3 民主化運動「アラブの春」で誕生したエジプト・モルシ政権が軍によるクーデターで崩壊
7・4 インターネットを使った選挙運動が解禁
7・21 参院選で自民、公明両党が過半数獲得、ねじれ解消
9・8 二〇二〇年夏季五輪・パラリンピックの開催地が東京に決定
9・14 国産の新型固形燃料ロケット「イプシロン」一号機打ち上げに成功
10・1 消費税率を現行五%から八%への引き上げ決定、二〇一四年四月から実施
12・19 猪瀬直樹東京都知事が医療法人「徳洲会」グループから現金五〇〇〇万円受領の責任を取って辞職
11・23 中国政府が沖縄県・尖閣諸島を含む東シナ海に「防空識別圏」を設定、日本政府は抗議
12・6 国家の機密情報を漏らしたものに罰則を科す特定秘密保護法成立
12・18 米FRB、量的緩和の縮小を決定

[この年]
・NHKの連続テレビ小説「あまちゃん」がブーム
・「くまもん」「ふなっしー」などご当地ゆるキャラブーム
・サッカー日本代表、二〇一四年W杯への出場決定

平成26年 2014

2・8 安倍首相、ロシア・ソチ冬季五輪開会式に出席、翌日プーチン大統領と会談
3・1 ウクライナ騒乱の中、ロシア上院はロシア軍がウクライナ・クリミアで軍事力行使を承認
3・7 高さ三〇〇メートルで日本一の超高層ビル「あべのハルカス」が開業
4・1 消費税が五%から八%に増税、国民に不満の声

4・16　韓国南西部の珍島沖で旅客船「セウォル号」が沈没、大惨事。乗客乗員三〇四人が死亡・行方不明
5・14　国際宇宙ステーションに約半年滞在、日本人初の船長を務めた若田光一が帰還
7・1　安倍内閣は憲法九条の解釈を変更、集団的自衛権行使容認を決定。反対の声、全国にあがる
8・20　広島市北部で豪雨による土砂災害が発生、死者七四人
9・3　安倍首相が内閣改造と自民党役員人事を断行
9・27　長野・岐阜県境の御嶽山が噴火、死者五七人、行方不明六人の戦後最悪の火山災害となる
10・7　ノーベル物理学賞に赤崎勇名城大教授・天野浩名古屋大教授・中村修二カリフォルニア大教授が受賞
11・10　中国・北京で安倍首相と習近平国家主席が会談
11・16　沖縄県知事選挙で辺野古移設計画に反対する翁長雄志前那覇市長が当選
11・17　安倍首相は消費税率一〇%引き上げを延期
12・10　特定秘密保護法が施行
12・14　第四七回衆議院議員選挙で自民党が二九一議席を獲得、圧勝
12・17　米国とキューバが国交正常化交渉開始で合意

【この年】

・ロシア・ソチ冬季五輪で羽生結弦選手が日本人初の金メダル
・「STAP細胞発見」騒動
・テニスの錦織圭が全米オープンで準優勝

平成27年　2015

1・20　過激派組織「IS（イスラム国）」がYouTubeに邦人二名の殺害を予告する映像を投稿、その後、殺害声明の動画を投稿
1・28　国内航空三位のスカイマークが破綻、民事再生法を申請、受理された
3・14　北陸新幹線の東京―金沢間が開業、所要時間は最速で二時間二八分
4・11　オバマ米大統領とキューバのラウル・カストロ国家評議会議長が一九六一年の国交断絶以来初めて会談
5・17　橋本徹大阪市長が掲げた「大阪都構想」是非を問う住民投票で、一万七四一票差で反対多数
5・29　鹿児島県・口永良部島の新岳が爆発的噴火、全島民一三七人が屋久島に避難
6・17　選挙権年齢を「二〇歳以上」から「一八歳以上」に引き下げる改正公職選挙法が成立
7・20　東芝で利益かさ上げの不正会計が発覚し、歴代社長三人が引責辞任
8・11　九州電力が川内原発一号機の原子炉を起動、再稼働させた。福島原発事故以来初めて

9・19　安全保障関連法が成立。これにより集団的自衛権の行使や米軍の後方支援拡大など、自衛隊の海外での武力行使が可能となった
9・19　ラグビーW杯イングランド大会一次リーグ初戦で、日本が南アフリカを34―32で破る歴史的勝利
10・5　環太平洋連携協定（TPP）が五年半に及ぶ協議の末、大筋合意
10・6　ノーベル医学生理学賞に大村智・北里大特別栄誉教授、ノーベル物理学賞に梶田隆章・東京大宇宙線研究所長
10・29　米軍普天間飛行場の辺野古移設計画で、政府が本体工事に着手
11・13　パリで同時多発テロが起き、一二九人が死亡、過激派組織ISが犯行声明

【この年】
・又吉直樹『火花』が芥川賞を受賞、ベストセラーになる
・訪日外国人数が過去最高となり、観光客の「爆買い」が注目
・小型無人機「ドローン」が普及、改正航空法も成立

平成28年　2016

1・15　長野県軽井沢町でスキーバスが転落、大学生ら一五人が死亡
3・26　北海道新幹線が開業、東京―新函館北斗間は最速で四時間二分
3・30　経営不振のシャープの買収を台湾の鴻海精密工業が発表
4・14　熊本でM六・五、最大震度七の地震が発生（前震）、二八時間後にM七・三の本震が発生、死者五〇人、重軽傷者二一七〇人、建物全半壊三万六五三二戸。震度七は二〇一一年の東日本大震災以来
5・12　燃費データ改ざんで該当車種の販売・出荷を停止した三菱自動車が日産自動車との資本業務提携を発表
5・26　G七首脳会議（伊勢志摩サミット）が開催、翌二七日にはバラク・オバマ米大統領が現職大統領としては初めて広島を訪問
7・10　参議院議員選挙で連立与党が勝利、「改憲勢力」が全議席の三分の二に
7・26　相模原の障害者施設「津久井やまゆり園」で元職員の男が入所者一九人を殺害
7・31　東京都知事選挙で小池百合子が当選、初の女性都知事に
8・5　ブラジル・リオデジャネイロで五輪開催、日本は史上最多の四一個のメダルを獲得
8・8　宮内庁が天皇の「生前退位」を望むビデオメッセージを公開
10・3　ノーベル医学生理学賞に大隅良典・東京工業大栄誉

教授
11・9　米大統領選で共和党のトランプ候補が民主党のヒラリー元国務長官を破り当選
12・15　ロシア・プーチン大統領が来日、安倍首相と会談
【この年】
・スマホゲームの「ポケモンGO」が国内外で大ブーム
・人気アイドルグループ「SMAP」が解散
・ボブ・ディランがノーベル文学賞受賞
・アニメ映画「君の名は。」大ヒット

平成29年　2017

1・19　東芝の米原発事業の損失が明らかになり、経営危機が表面化
2・13　北朝鮮の故・金正日総書記の長男・金正男がマレーシアで殺害
2・17　国有地が「森友学園」の小学校用地として格安で払い下げられていたことが明らかになる
3・6　北朝鮮が弾道ミサイル四発を発射、三発が日本の排他的経済水域に落下、その他被害なし
4・4　中学三年生の最年少将棋棋士・藤井聡太四段が公式戦一一連勝、新記録を達成。また六月二六日には二九勝し歴代最多連勝記録を達成
5・17　学校法人「加計学園」の獣医学部新設をめぐる疑惑が浮上、安倍首相は関与を否定
6・15　物品の手配など計画準備段階で処罰可能な「共謀罪」が成立
7・5　九州北部で、五〇〇ミリを超える豪雨により死者・行方不明者が四〇人超
8・25　ミャンマー西部で少数民族ロヒンギャの武装集団と政府の治安部隊が衝突、隣国バングラデシュへ逃れた難民は六〇万人以上
9・3　秋篠宮家の長女・眞子と小室圭の婚約が内定し、記者会見
9・9　陸上の男子一〇〇メートルで桐生祥秀が一〇秒の壁を破る九・九八を記録
10・19　日産自動車で新車完成検査で不正が発覚、また神戸製鋼所の製造現場でのデータ改ざん等が発覚、「ものづくり」の信頼が揺らぐ
10・22　衆議院選挙で自民党が大勝
11・1　第四次安倍内閣が発足
11・5　トランプ米大統領が就任後、初来日
【この年】
・上野動物園のパンダ『シャンシャン』大人気、一般公開の予約殺到
・女子フィギュアスケートの浅田真央選手が引退を発表
・日本ハム・大谷翔平選手、新天地での活躍を目指しメジャーリーグへ

・歌手・安室奈美恵が来秋の引退表明、ベスト盤は一〇〇万枚超え

平成30年　2018

2・9　第二三回冬季五輪ピョンチャン大会で日本は過去最多の一三メダルを獲得（〜二五日）
4・7　韓国の文在寅大統領と北朝鮮の金正恩委員長が板門店で会談
6・12　トランプ米大統領と北朝鮮・金正恩委員長がシンガポールで史上初の会談
6・13　成人年齢を二〇歳から一八歳に引き下げる改正民法が成立（二〇二二年四月一日施行）
6・27　小惑星探査機「はやぶさ2」が小惑星リュウグウに到着
7・5　西日本の各地を襲った西日本豪雨では、一四府県で死者二二〇人超、一万七〇〇〇戸以上が全半壊となり、豪雨災害では平成最悪
7・6　オウム真理教の元代表・麻原彰晃と元幹部六人の死刑執行
7・23　埼玉・熊谷市で国内観測史上最高の気温四一・一度を記録
9・4　大型台風二一号で近畿地方に大きな被害が発生、関西空港が冠水、孤立
9・6　北海道胆振東部地震が発生、M六・七、最大震度七、死者四一人、負傷者七五〇人以上にのぼり、一時道内の約二九五万戸が停電
9・8　テニスの全米オープン女子シングルスで大坂なおみが優勝、四大大会では日本勢初
10・1　ノーベル医学生理学賞に本庶佑・京都大特別教授
10・2　第四次安倍第一次改造内閣が発足
10・11　東京・豊洲市場が開場、築地市場は八三年の歴史に幕
11・19　日産自動車のカルロス・ゴーン会長が金融商品取引法違反の疑いで逮捕され、同社と三菱自動車の会長解任

【この年】
・是枝裕和監督「万引き家族」が第七一回カンヌ国際映画祭で最高賞を受賞
・大谷翔平選手が米大リーグ新人王
・サッカーW杯ロシア大会で日本は一六強

平成31年（令和元）　2019

2・22　小惑星探査機「はやぶさ2」が、小惑星リュウグウへの着地に成功
3・10　トランプ米大統領がシリア・ゴラン高原でのイスラエル主権を承認

4・1　新元号を令和と発表
4・1　外国人労働者の受け入れを拡大する改正出入国管理・難民認定法が施行
4・9　政府は二〇二四年度上期をめどに紙幣の一新を発表、一万円札には渋沢栄一、五千円札は津田梅子、千円札は北里柴三郎、みな各界の名士たち
4・15　パリのノートルダム大聖堂で大規模火災が発生、尖塔や屋根が崩落
5・1　皇太子・徳仁が第一二六代天皇に即位、令和と改元
6・9　香港で一〇三万人が参加する大規模デモ
7・18　アニメ制作会社「京都アニメーション」で放火殺人、社員三六人が死亡、国内外で「京アニ」支援の声が多数
10・1　消費税を一〇%に引き上げ、庶民に重税感強く
10・9　ノーベル化学賞に旭化成の吉野彰・名誉フェロー
10・12　台風一二号が静岡県に上陸後、記録的な大雨に見舞われた関東地方を縦断し、死者九〇人超
10・22　天皇の即位を内外に宣言する「即位礼、正殿の儀」が挙行される
10・31　那覇市の世界遺産、首里城の正殿から出火、焼失
11・4　米トランプ政権が地球温暖化対策の国際的枠組み「パリ協定」離脱を国連に通告
11・18　インターネット検索大手のヤフーと無料通信アプリＬＩＮＥの経営統合を発表
11・23　ローマカトリック教会のフランシスコ教皇が、故ヨハネ・パウロ二世以来三八年ぶりに来日
12・31　中国・武漢市の市場で原因不明の肺炎患者が発生していることを疾病予防センターが発表

［この年］
・大リーグシアトル・マリナーズのイチロー選手が引退
・ラグビーW杯日本大会が開催、日本代表は史上初の八強入り

［編集部作成］

あとがき

新型コロナの蔓延――、それはわが国ばかりか全世界におよび、解決の見透しの立たない状況にある。今、私たちは苛立っている。このような状態の中で暮らす人びとの不安は、いかほどのものであろう。

かつて人類はペスト菌で苦しみ、つづいて結核菌やインフルエンザ菌で長く悶えた。時代が変わり、次にあらわれた新型コロナ禍は、それらに匹敵するかそれを超えるものである。人びとを苦しめ、幸福を奪っている。

このコロナ禍で、欧米先進国はワクチンを大量に生産して注射し、その抑制につとめた。ワクチンの大量投与が、人類を窮地から救い出せるかのようであった。そんな期待が広がりつつあったが、まずイギリスでウイルスが変異した「変異的な」コロナ・ウイルスがふたたび猛威をふるいはじめ、南アフリカやブラジルでも変異株が出現した。さらに、インドではさらなる変異をしたコロナ・ウイルスが猛威をふるっているという。

日本では、令和二年（二〇二〇）の四月に「緊急事態宣言」が出されたあと、年を越えても「緊急事態宣言」が三たび発出される事態に陥っている。関西では「変則的なコロナ・ウイルス」が大流行し、「医療崩壊」に近い状況を呈している。政府や地方自治体は「三密」を避け、「ステイホーム」を呼びかけ、飲食店などの営業時間の制限をしているが、なかなか収まりそうもない。結局、ワクチン接種に期待を望むが、日本政府の対応は欧米先進国にはるかに後れを取っている。そのワクチンも、つぎつぎにあらわれる「変異株」ではたして期待しているような効果があるのかどうか。

平成期になって、日本は大きな災害に見舞われ続けた。令和期に入ってもこのコロナ禍という大災害が続いている。地震や津波など国内の大災害と異なり、それはグローバル化が進んだ地球規模の現代の災害といえる。

一方、「地球温暖化」もグローバルな時代の問題として、平成期以降、日本も含め世界中に問われている。「地球温暖化」によって南極や北極の氷が大規模に解けはじめ、全世界の海水面が二、三センチ上昇するだけで沈没してしまう島国がたくさんある。こういう問題が問われているとき、地球規模の問題意識だけでは解決できない。国連主導の環境政策が絶対必要になる理由《ゆえん》である。

私たちはそうした人類的、地球規模の難問の前に佇んでいなければならないのか。

どうすべきなのか。これこそ地上に住む、すべての人びと、すべての生物が今問われている難問である。

結局のところ、あなたは、あなたの国は、どうするのか。国連の環境政策委員会はどうするのか。今、国境を越えて、全人類が問われている問題に取り組もうではないか。

二〇二一年五月

山梨県北杜市大泉町の住民

色川大吉　記す

色川大吉 著作一覧

『明治精神史』 黄河書房、一九六四年
『明治人――その青春群像』 人物往来社、一九六五年（新版、筑摩書房、一九八七年）
『日本の歴史21 近代国家の出発』 中央公論社、一九六六年（中公文庫、二〇〇六年）
『明治の精神――底辺の視座から』 筑摩書房、一九六八年
『村野常右衛門伝 民権家時代』（村野廉一との共著） 中央公論事業出版、一九六九年
『明治の文化』 岩波書店、一九七〇年
『民衆憲法の創造――埋もれた多摩の人脈』（江井英雄・新井勝紘との共著） 評論社、一九七〇年
『村野常右衛門伝 政友会時代』（村野廉一との共著） 中央公論事業出版、一九七一年
『ユーラシア大陸思索行』 平凡社、一九七三年（中公文庫、一九七三年）
『新編 明治精神史』 中央公論社、一九七三年
『歴史家の嘘と夢』 朝日新聞社、一九七四年
『ある昭和史――自分史の試み』中央公論社、一九七五年（中公文庫、改版二〇一〇年）
『燎原のこえ』 筑摩書房、一九七六年
『暴徒――現代と秩父事件』述 同志社大学アッセンブリ出版会、一九七六年
『歴史の方法』 大和書房、一九七七年
『日本縦断――色川大吉講演集』 人文書院、一九七七年
『日本民俗文化大系一 柳田國男――常民文化論』 講談社、一九七八年
『文明横議 色川大吉対談集』 日本書籍、一九七九年
『流転の民権家 村野常右衛門伝』 大和書房、一九八〇年
『水俣――その差別の風土と歴史』述 反公害水俣共闘会議（水俣）、一九八〇年
『矩形の銃眼 民衆史の視角』 大和書房、一九八一年
『自由民権』 岩波新書、一九八一年

『書物という鏡』 大和書房、一九八一年
『同時代への挑戦』 筑摩書房、一九八二年
『困民党と自由党』 揺籃社、一九八四年
『民衆史の発見』 朝日新聞社、一九八四年
『民権百年 その思想と運動』 日本放送出版協会、一九八四年五月
『日本人の再発見――民衆史と民俗学の接点から』 小学館、一九八六年（小学館ライブラリー、一九九一年）
『シルクロード悠遊』 筑摩書房、一九八六年（ちくま文庫、一九八八年）
『雲表の国――チベット踏査行』 小学館、一九八八年（小学館ライブラリー、一九九一年）
『チベット――曼荼羅の世界』編著 小学館、一九八九年（小学館ライブラリー、一九九五年）
『自由民権の地下水』 岩波書店〈同時代ライブラリー〉、一九九〇年
『昭和史 世相篇』 小学館、一九九〇年（小学館ライブラリー、一九九四年）
『民衆史』 講談社学術文庫、一九九一年
『昭和史と天皇』 岩波書店、一九九一年
『自分史』 講談社学術文庫、一九九二年
『わだつみの友へ』 岩波書店〈同時代ライブラリー〉、一九九三年
『北村透谷』 東京大学出版会、一九九四年（新版、二〇〇八年）
『わが聖地放浪』 小学館、一九九四年
『敗戦から何を学んだか』 小学館、一九九五年
『フーテン老人世界遊び歩記』 岩波書店〈同時代ライブラリー〉、一九九八年
『シルクロード遺跡と現代』 小学館、一九九八年
『近代日本の戦争――20世紀の歴史を知るために』 岩波ジュニア新書、一九九八年
『〝元祖〟が語る自分史のすべて』 草の根出版会、二〇〇〇年
『日の沈む国へ』 小学館、二〇〇一年
『カチューシャの青春――昭和自分史「一九五〇―五五年」』 小学館、二〇〇五年
『廃墟に立つ――昭和自分史「一九四五―四九年」』 小学館、二〇〇五年

『鼎談民衆史の発掘』（芳賀登、齋藤博、松尾章一との共著） つくばね舎、二〇〇六年
『若者が主役だったころ わが60年代』 岩波書店、二〇〇八年
『猫の手くらぶ物語 八ヶ岳南麓』 山梨日日新聞社、二〇〇八年
『昭和へのレクイエム 自分史最終篇』 岩波書店、二〇一〇年
『追憶のひとびと――同時代を生きた友とわたし』 街から舎、二〇一二年
『東北の再発見――民衆史から読み直す』 河出書房新社、二〇一二年
『近代の光と闇 色川大吉歴史論集』 日本経済評論社、二〇一三年
『めぐりあったひとびと 色川大吉人物論集』 日本経済評論社、二〇一三年
『新世紀なれど光は見えず 色川大吉時評論集』 日本経済評論社、二〇一四年
『戦後七〇年史 1945―2015』 講談社、二〇一五年
『わが半生の裏街道――原郷の再考から』 河出書房、二〇一七年
『イーハトーヴの森で考える』 河出書房新社、二〇一九年
『不知火海民衆史』（上 論説篇・下 聞き書き篇） 揺籃社、二〇二〇年

著作集

『色川大吉著作集』 筑摩書房、一九九五―一九九六年
一、新編日本精神史
二、近代の思想
三、常民文化論
四、地域と歴史
五、人と思想

編著

『多摩の五千年＝市民の歴史発掘』編 平凡社、一九七〇年
『日本の名著39 岡倉天心』編 中央公論社、一九七〇年（中公バックス、一九八四年）

『多摩の歴史散歩』編　朝日新聞社、一九七五年
『歴史の視点』　日本放送出版協会、一九七五年
『明治大正図誌6　東北』共編　筑摩書房、一九七八年
『明治大正図誌7　関東』共編　筑摩書房、一九七九年
『三多摩自由民権史料集　上・下』編　大和書房、一九七九年
『大矢正夫自徐伝』編　大和書房、一九七九年
『図説昭和の歴史11　経済大国』編　集英社、一九八〇年
『民衆文化の源流　東国の古代から近代へ』編　平凡社教育産業センター、一九八〇年
『日本歴史展望　第12巻　戦争と平和に生きる　大正―昭和時代』編　旺文社、一九八二年
『水俣の啓示　不知火海総合調査報告（上下）』編著　筑摩書房、一九八三年（新編、一九九五年）
『今日の日本を憂える六人の市民の提言』編　平凡社、一九八三年
『日本の政党を考える』編著　現代評論社、一九八四年
『沙漠に樹を　橋本義夫初期著作集』編　揺籃社、一九八五年
『人生茫々』編　揺籃社、一九八五年
『年表日本歴史6　明治・大正・昭和　1868―1988』共編　筑摩書房、一九九三年
『心とメディア』編　小学館、一九九七年
『転換期の世相』編　小学館、一九九七年
『憲法論争』共著　NHK編　日本放送出版協会〈NHKライブラリー〉、二〇〇五年
『平成時代史考』編著　アーツアンドクラフツ〈やまかわうみ別冊〉、二〇一三年
『五日市憲法草案とその起草者たち』編著　日本経済評論社、二〇一五年

［編集部作成］

＊本書『平成時代史』は、平成二五（二〇一三）年に刊行された
『平成時代史考』〈やまかわうみ別冊〉を増補し、大幅に加筆・修正を加えた。

色川大吉（いろかわ・だいきち）
1925年、千葉県香取郡佐原町（現・香取市）生まれ。
東京大学文学部国史学科卒業。東京経済大学名誉教授。
歴史家。民衆史・自分史の提唱者。
主著『明治精神史』『日本の歴史21　近代国家の出発』
『ある昭和史』『不知火海民衆史』（上・下）他多数。

平成時代史《へいせいじだいし》

2021年8月15日　第1版第1刷発行

著　者◆色川大吉《いろかわだいきち》
発行人◆小島　雄
発行所◆有限会社アーツアンドクラフツ
東京都千代田区神田神保町2-7-17
〒101-0051
TEL. 03-6272-5207　FAX. 03-6272-5208
http://www.webarts.co.jp/
印刷　シナノ書籍印刷株式会社

落丁・乱丁本はお取り替えいたします。
ISBN978-4-908028-63-2　C0021